透过地理看历史

HISTORY IN A WAY OF GEOGRAPHY

李不白 著

战国篇

WARRING STATES

人民日报出版社
北京

图书在版编目（CIP）数据

透过地理看历史.战国篇/李不白著.—北京：人民日报出版社，2024.7（2025.1重印）.—ISBN 978-7-5115-8346-8

Ⅰ.K209

中国国家版本馆CIP数据核字第2024L33W81号

审图号：GS（2024）1865号

书　　名：透过地理看历史：战国篇
　　　　　TOUGUO DILI KAN LISHI：ZHANGUO PIAN
作　　者：李不白

出 版 人：刘华新
选题策划：鹿柴文化
责任编辑：张炜煜　白新月
封面设计：宋　涛

出版发行：人民日报出版社
社　　址：北京金台西路2号
邮政编码：100733
发行热线：（010）65369527　65369846　65369509　65369512
邮购热线：（010）65369530　65363527
编辑热线：（010）65369514
网　　址：www.peopledailypress.com
经　　销：新华书店
印　　刷：大厂回族自治县德诚印务有限公司
法律顾问：北京科宇律师事务所 010-83622312

开　　本：710mm×1000mm　　1/16
字　　数：255千字
印　　张：18.5
版　　次：2024年8月第1版
印　　次：2025年1月第2次印刷

书　　号：ISBN 978-7-5115-8346-8
定　　价：68.00元

序

我们经常将春秋和战国连在一起，是因为它们都属于东周时期，但实际上，战国和春秋有很大的不同。

春秋，可以说是西周的延续，我们仍能看到礼乐文明的余章。而到了战国，礼崩乐坏，社会结构也发生了根本性的变化。

首先是权力的转移。春秋时期是一个权力逐步下移的过程，天子的权力向诸侯转移，如春秋五霸；诸侯的权力向卿大夫转移，如晋国六卿、鲁国三桓；甚至有的诸侯国出现了卿大夫的权力向家臣转移的情况，如鲁国季孙氏的家臣阳虎。而战国则反其道而行之，列国变法，权力开始越来越集中，在这个权力集中的过程中，中间的贵族阶层消失了，君王直接掌管农民，新兴的"贵族"只是替君王打工的官僚。

由于贵族的消失，战争的形式也发生了变化。春秋时的战争主力是贵族，农民只是辅助。贵族从小学习礼仪，各国贵族之间不是族亲就是姻亲，打起仗来也彬彬有礼，总体伤害性不大。而战国时战争的主力出自农民，所谓"礼不下庶人"，农民不讲礼仪，相互之间也没有血缘关系，战争成为生死之战，以杀伤对方为目的。

同时，因为贵族人数少，春秋时的战争规模很小，大多数战争在几天之内就结束，对生产的破坏也有限。而农民的基数大，所以战国的战争规模大得多，动不动出兵数十万，其惨烈程度也是空前绝后。

农民毕竟没有文化，虽然君王掌控一切，国家的管理还需要有文化的人来帮忙，于是士族兴起。士原本是封建制度下最低等级的贵族，有文化，但没有封地，到了战国，所有失去封地的贵族都可以称为士，平民通过学习也可以成为士。这是战国时期最活跃的一个群体。士子们怀揣梦想，博览群书，寻求治国存亡之道，以各种学说游说君王，以期实现自己的抱负，于是我们看到"百家争鸣"的盛况。诸子百家互相学习，又互相攻击，以图用言辞打动君王，最终实现自己的治国理想。这其中，以富国强兵为目的的法家无疑是最大赢家，而倡导恢复周礼的儒家显得格格不入。

如果把战国历史做一个简单的划分，可以分为三个阶段：前期是变法图强，中期是合纵连横，后期是秦并六国。战国的历史比春秋略短，但也有200多年，可我们今天能看到的战国史料却比春秋少得多，春秋好歹有一部完整的《左传》，让我们能看到很多当时的历史细节，而战国的史料大都被秦始皇烧了。秦始皇"焚书坑儒"时，除《秦记》得以保留外，各国史书都被付之一炬，还包括《诗》《书》(《诗经》和《尚书》) 和诸子百家的言论。百家学说和《诗》《书》因为流传广，有很多副本，难以尽烧，但各国宫廷史官记录的史书只有一份，烧了就彻底没了。所以后人能看到的战国史料，主要来自《战国策》和《秦记》，连司马迁也不例外。《战国策》是纵横家游说君王的说辞，其中夸大其词、张冠李戴的事不少，算不得严谨的史料。《秦记》的问题也不少。列国之中，秦国的文化最落后，秦国设置史官的时期很晚（前753年），而且秦国史官所记录的历史很不规范，没有年月不说，还经常报喜不报忧。比如我们经常看到秦国在某年夺取了某城，过了几年，又出现秦国夺取该城，这是因为中间此城被别国夺回去了，但《秦记》没有记载秦国战败丢城的事。还有很多小诸侯国，是如何被大国灭亡的，其间发生了什么事，过程是怎样的，由于《秦记》没有记载，我们也无从得知。司马迁之后，《秦记》也失传了。

战国是中国历史上急剧变革的时代，这个变革影响了中国此后两千年的历史，其重要性不言而喻。虽然我一向奉行"观其大略，不求甚解"的读史原则，尤其不喜欢寻章摘句，但战国给我们留下的史料连"大略"也难以做到。

需要说明的是，由于战国时期列国都有各自的纪年，史料表述各异，容易引起混乱。为方便读者阅读，本书将年份统一换算为公历（以阿拉伯数字表述），而月、日则依据史料仍用农历（以汉字表述）。

总之，我们现在能看到的战国史是一部残缺的历史，缺少很多必要的环节。或许，随着考古文物的出土，将来我们能弥补些许遗憾。

李不白

2023 年 8 月 8 日于北京

目 录

Contents

图　例

古		今	
⊙ **成周**	京城	✳ **北京**	首都
◉ **新郑**	主要城市	⊛ **郑州**	省级行政中心
⊙ **郊城**	普通城市	⊚ **洛阳**	地级行政中心
⊙ 沙丘	重要地名	⊙ 新郑	县级行政中心
• **虎牢关**	关隘	————	国界
• **风陵渡**	渡口	- - - - - -	未定国界
济　水	河流	洛河	河流

中国政区

235千米

俄罗斯

哈
萨
克
斯
坦

阿斯塔纳

新西伯利亚

卡拉干达

热兹卡兹甘

咸海

乌
兹
别
克
斯
坦

土
库
曼
斯
坦

巴尔喀什湖

塔城

科布多

乌里雅

蒙
古

塔什干

比什凯克

伊犁克湖

吉尔吉斯斯坦

伊犁

乌鲁木齐

撒马尔罕

吐鲁番

哈密

杜尚别

吉
克
斯
坦

库车

阿
富
汗

喀布尔

喀什

新疆维吾尔自治区

甘

坎大哈

和田

若羌

敦煌

酒泉

白沙瓦

伊斯兰堡

格尔木

青海省

巴
基
斯
坦

拉合尔

阿里

西藏自治区

玉树

果洛

海得拉巴

新德里

斋浦尔

那曲

昌都

日喀则

拉萨

墨脱

北回归线

印
度

坎普尔

尼
泊
尔

加德满都

不
丹

廷布

迪庆

密支那

大理

阿
拉
伯
海

孟买

那格浦尔

加尔各答

达卡

孟
加
拉
国

吉大港

云南

内比都

曼德勒

缅
甸

西双版纳

清迈

泰
国

孟加拉湾

图例

⊛ 北京	首都	——	国界
⊛ 太原	省级行政中心	----	未定国界
⊙ 洛阳	地级行政中心	——	省界
◦ 若羌	县级行政中心	——	河流

罗　斯

鄂霍次克海

库页
尔
湖

贝
加

库茨克

涅尔琴斯克
(尼布楚)

漠河

尼古拉耶夫斯克
(庙历)

共青城

萨哈林岛
(库页岛)

乌兰巴托

乔巴山

黑河

黑龙江省

哈巴罗夫斯克
(伯力)

北海道岛

古

达兰扎达嘎德

呼伦贝尔

呼
伦
湖

齐齐哈尔

哈尔滨

佳木斯

蒙

自

古

治

区

长春

吉林省

延边

符拉迪沃斯托克
(海参崴)

东京

本
州
岛

京都

包头

呼和浩特

沈阳

辽阳

朝

日　本　海

银川

宁夏回族自治区

大同

承德

朝阳

辽宁省

鲜

本

榆林

山西省

太原

河北省

石家庄

北京市

北京

天津市

天津

勃

海

平壤

韩
国

首尔

日

延安

兰州

固原

省

济南

山东省

四国岛

天水

西安

洛阳

郑州

开封

黄　海

九州岛

汉中

陕西省

河南省

南阳

徐州

江苏省

扬州

寿县

苏州

上海市

上海

重
庆
市

湖北省

襄阳

合肥

南京

琉

太　平　洋

成都

荆州

武汉

安徽省

杭州

东　海

重庆

九江

浙江省

球

赤尾屿

钓
鱼
岛
群
岛

长沙

南昌

温州

贵州省

怀化

湖南省

江西省

福州

台北

贵阳

赣州

福建省

泉州

台湾省

桂林

韶关

潮州

台南

广西壮族自治区

广东省

广州

台湾岛

南宁

澳门

香港

香港特别行政区

澳门特别行政区

东沙群岛

河内

海口

海南省

海南岛

南　海

菲律宾

300千米

南海诸岛

战国疆域图

235千米

阿斯塔纳

新西伯利亚

热兹卡兹甘

卡拉干达

咸海

巴尔喀什湖

塔城

科布多

乌里雅苏台

伊犁

塔什干

比什凯克

伊塞克湖

乌鲁木齐

撒马尔罕

吐鲁番

哈密

杜尚别

库车

额

喀什

喀布尔

敦煌

乌 孙 月

白沙瓦

和田

若羌

酒泉

坎大哈

伊斯兰堡

格尔木

青海湖 羌

拉合尔

阿里

玉树

新德里

那曲

昌都

斋浦尔

日喀则

拉萨

海得拉巴

坎普尔

墨脱

加德满都

廷布

迪庆

大理

孟买

那格浦尔

达卡

密支那

加尔各答

西双版纳

北回归线

吉大港

曼德勒

图例

古		今	
⊙ 成周	都城	● 北京	首都
⊙ 晋阳	主要城市	▲ 太原	省级行政中心
魏	诸侯	◎ 洛阳	地级行政中心
肃慎	部族	◦ 若羌	县级行政中心
	周朝势力范围		国界
			河流

内比都

孟 加 拉 湾

清迈

60° 70° 80° 90°

40°

30°

20°

80° 90° 100°

鄂霍次克海

尼古拉耶夫斯克
(庙街)

萨哈林岛
(库页岛)

50°

库茨克

涅尔琴斯克
(尼布楚)

共青城

漠河

黑河

哈巴罗夫斯克
(伯力)

肃

乌兰巴托

东

胡

佳木斯

北海道岛

齐齐哈尔

达兰扎达嘎德

匈

奴

乔巴山

呼伦贝尔

哈尔滨

慎

符拉迪沃斯托克
(海参崴)

40°

锡林郭勒

长春

延边

日本海

山戎

沈阳

朝阳

辽阳

本州岛　东京

银川

包头

呼和浩特

楼烦

代

蓟
北京

其子朝鲜
平壤

京都

榆林

林胡

大同

中山

顾

天津

渤海

首尔

齐

东莱

朝鲜半岛

四国岛

兰州

固原

义渠

晋阳
太原

石家庄

邯郸

济南

临淄

越

琅邪

黄海

九州岛

30°

天水

秦

咸阳

雍

西安

魏

安邑

韩

平阳

周

成周
商

邺州

大梁
开封

郑

洛阳

宛

鲁

曲阜

宋

睢阳
陈

巨阳

徐州

东

海

汉中

襄阳

寿春

合肥

南京 吴

苏州

上海

成都
成都

巴

重庆

楚

郢

荆州

武汉

九江

杭州

会稽

东海

太平洋

通

贵阳

且兰

百濮

怀化

长沙

南昌

东
瓯
越

温州

赤尾屿

琉

球

钓鱼岛

群

台北

台湾岛

友郎

西瓯越

越

骆

河内

南宁

南越

桂林

韶关

广州

香港

澳门

潮州

赣州

福州

闽越

海口

东沙群岛

南海

海南岛

吕宋岛

南宁　南　广州　越　潮州

骆　河内

澳门 香港 台湾岛

海口　东沙群岛

中　海南岛　西沙群岛

南　中沙群岛　黄岩岛

半　岛　吕宋岛　马尼拉

金边　南海

斯里巴加湾市

曾母暗沙

南沙群岛

新加坡　加里曼丹岛

300千米

南海诸岛

20°

第一章 士为知己者死

赵、魏、韩联合起来灭掉智氏之后，赵襄子（赵无恤）仍对智伯（智瑶）恨之入骨，将智伯的头骨做成了酒杯，以解心头之恨。

话说智伯有个家臣，名豫让。豫让曾先后事奉过范氏、中行氏，都不得志，后投奔智伯，智伯对他宠爱有加。智氏灭亡后，豫让逃到了山中，说："士为知己者死，女为悦己者容，我要为智伯报仇！"他隐姓埋名，伪装成受过刑罚的人。有犯罪记录的人只能干些低下的工作，豫让成功混入赵家，找了份修厕所的工作，准备伺机行刺。某天，赵襄子上厕所时，感觉心跳加速，便让人把那位正在抹墙的修理工抓来审问，一审才发现此人正是豫让，他手中的瓦刀磨得又尖又快，与匕首没什么两样。豫让也直言不讳："我要为智伯报仇。"左右一听，准备杀了豫让，赵襄子却说："这是义士，我自己小心点，躲着他就是了。何况智伯已死，没有后人，却仍有臣子愿意为他报仇，可谓天下贤士！"然后把豫让放了。

豫让并不死心，往自己身上涂漆，使皮肤溃烂长疮，又把胡子、眉毛都剃了，整个模样全变了。当他扮成叫花子沿街乞讨的时候，连他老婆都不认识他了，还奇怪道："这人长得不像我老公，但是他的声音怎么这么像呢？"于是豫让又吞下火炭把嗓子烧哑，这样连他老婆也认不出来了。

但终归还是有朋友认出他来了，说："你这条路太难走，就算成了，也谈不上是大功。你有意志，却不聪明。以你的才干，去投奔赵氏，等得到赵氏的重用，他自然会亲近你，那时你再下手，不是更容易吗？"豫让笑道："如果赵氏重用我，便对我有知遇之恩，为了先恩而杀后恩，为了故君而杀新君，君臣之义不全乱套了？我之所以这么做，就是要明君臣之义，不是容易不容易的问题。大丈夫委身事人，目的却在杀死主子，这是心怀二意以事君，我之所以选择这条最难的路，就是要让天下为人臣子而又心怀二意的人羞愧。"

经过长时间的观察，豫让摸清了赵襄子每次出行的时间和路线。一次，豫让知道赵襄子要出门，便事先埋伏在一座桥下。这座桥后来被命名为豫让桥，位于河北邢台，一说位于山西太原。此时赵氏的都城虽然在晋阳（今山西太原西南），但赵襄子实际一直在邢台活动，所以邢台的豫让桥应为当年的事发地。

这座桥是赵襄子出门的必经之地。赵襄子行至桥上，马受惊，他知道有刺客，道："肯定是豫让！"让人下去查看，果然是豫让。赵襄子数落豫让："你不是曾经事奉过范氏、中行氏吗？智伯灭掉范氏、中行氏的时候，你不替他们报仇，反而委身事奉智伯。如今智伯已经死了，你为什么单单想为他报仇？"豫让说："我事奉范氏、中行氏时，范氏、中行氏以众人待我，我以众人报之。而智伯以国士待我，所以我以国士报之。"赵襄子叹道："你为了智伯，已经名扬天下。我曾放了你，也算是仁至义尽。但这次我不能再放过你，你看怎么办吧？"虽是不忍，但仍命令军士将豫让包围起来。

豫让道："我听说明主不会埋没人的忠义，忠臣为了名节不会爱惜自己的生命。之前您已经宽恕过我一次，天下人莫不称道。今天的事，我当然服罪，只是想请您给我一件您的衣服，让我刺几下，这样就算死了我也没什么遗憾了——不知道是否可行？"赵襄子二话不说，让手下拿了他的衣服给豫让。豫让拔出剑，跳起来，连击三次，大喊道："我为智伯报仇了！"随即自刎而死。这件事传遍赵国，士人们唏嘘不已。

当然，这时称赵国还有点早，因为晋国还在。赵、魏、韩三家把智氏的土地瓜分后，晋出公大怒，向齐、鲁两国借兵讨伐三卿。赵、魏、韩再度联手，晋出公大败，被迫出逃，结果死在路上。

随后，国人立晋昭公的孙子骄为君，即晋哀公。很显然，晋哀公只是三家扶持的傀儡，毫无实权。不久，三家把晋国的土地也给瓜分了，晋国公室仅剩两块土地，一块在都城新田，还有一小块在河内济源一带，只够养家糊口而已。曾经强盛一时的晋国至此已经名存实亡，而赵、魏、韩已经是事实上的诸侯，不管周天子承不承认。因为此时的周王室也是一片混乱，自顾不暇。

前441年，周贞定王死，长子去疾继位，是为周哀王。周哀王上台三个月后，被弟弟姬叔所杀。姬叔自立，即周思王。周思王在位五个月，又被弟弟姬嵬所杀。姬嵬自立，即周考王。

一年后，周考王害怕两位哥哥的悲剧在自己身上上演，于是把弟弟姬揭封到了河南（河南邑，即王城，今河南洛阳西），名西周。姬揭成为西周国的首位君主，谥号桓公。

这样一来，周王室的地盘更小了。不过这还不算完，西周国传到第三代的时候，又分裂出来一个东周国，建都巩邑（今河南巩义西），再加上周王室，于是小小的洛阳盆地被一分为三。

需要注意的是，我们常说的东周、西周，指的是朝代，是后人为了便于理解对周朝进行的人为划分，当时的人们眼里只有一个周，这个周是一脉相承的，而这里的东周国和西周国是诸侯国，和郑国、卫国、蔡国等诸侯国是平级的，名义上也是归周王室统辖。

三家分晋看似赵、魏、韩受益，但实际上最大的受益者是秦国。也可以说，正是三家分晋，彻底改变了战国时期的历史走向。

晋国在强盛时期，不仅独占山西，还把势力往东推进到河北，与齐国接壤；往南，更是牢牢占据崤函战略通道；往西，触角已伸入河西之地，直接掐住了秦国东进的苗头。

整个春秋时期，除了秦穆公时期外，秦国一直默默无闻，正是晋国的强大阻挡了秦国参与中原事务的机会。而当晋国一分为三时，历史给了秦国一个天大的机会。

本来，三晋如果按照地理条件来划分，比如山西、河北、河南由赵、魏、韩各占一块，三家都能依托山川险阻保持自身的强大，秦国也难有出头之日。可问题是三家的地盘偏偏犬牙交错，这给三家留下了日后纷争的隐患，也给秦国创造了各个击破的机会。这一点，从赵、魏、韩的版图分布就可以看出来。

45千米

毛乌素沙漠

包头　呼和浩特　乌兰察布

鄂尔多斯　林胡　楼烦　大同　代　张家口

朔州　蓟　北京　燕

武阳

保定

顾

忻州　灵寿　中山

延安

榆林

太原　晋阳　晋中　魏　阳泉　石家庄

吕梁　赵　衡水

白狄　邢台　德州　齐

临汾　晋²　⁴　邯郸　邯郸

平阳　长治　赵　安阳　鲁

赵　晋³　中牟　濮阳

魏　晋¹　晋城　鹤壁　濮阳

安邑　韩　新乡　卫　菏泽

运城　晋　焦作　韩

栎阳　临晋　三门峡　西周　野王　郑州　大梁　郑

渭南　王城　成周　巩　开封

宜阳　洛阳　周　新郑

秦　阳翟　许昌　商丘　睢阳　宋

商洛　亳州

商　平顶山　漯河　陈　周口

巴　宛　南阳　驻马店　楚　巨阳

十堰　阜阳

先说赵国。

赵国独占山西的北部和河北的中部。山西北部有楼烦、林胡和日渐兴起的匈奴，河北中部有中山国，可以想见，赵国的第一目标是扫除这些少数民族部族，暂时无暇顾及中原事务。但我们也可以看到，赵氏原本的重心在晋阳，为日后进兵中原做准备，赵国逐渐把重心放在了河北，原来的山西部分难免会受到冷落。同时，由于山西和河北之间隔着太行山，交通不便，赵国的两大地块难以形成合力。

再说魏国。

魏国本来占据晋国最发达的运城盆地和临汾盆地，但魏国的心思显然不在这里，而是在中原，所以他们还有一大片土地在河南北部。要命的是，这两片土地并未连成一片，两地之间如果要联络，需要向韩国借道。这一点，对魏国来说极为不便，魏国要想打通两片土地的联络，毫无疑问会向韩国发难。

最后是韩国。

韩国的土地看似连成一片，实际上因为中间隔着王屋山，按自然地理条件也分为两部分，北部在上党高地（今长治盆地和晋城盆地），南部从河内地区一直延伸到熊耳山。因为隔着王屋山，这两部分联系起来也不方便。而且，韩国所瓜分的土地是三家中最差的，除了河内地区外，几乎都是山地。韩国如果想有所作为，必然会把目标投向中原，而这不可避免地会与魏国产生矛盾。

所以，从传统上讲，如果三晋一心遏制秦国，论实力还是没问题的。但从地理上讲，赵、魏、韩因为各自的地盘犬牙交错，日后的矛盾不可避免。而且，按三家与秦国的地理关系，遏秦成了魏国一家的事，如果不是危及自身，另外两家不会轻易插手。

从秦国方面来讲，如果崤函古道在晋国一家手里，几无破绽可攻，但现在分掌在两家手里，秦国的机会就来了。

但秦国暂时还没有精力顾及中原，因为在秦国的北方，有个义渠国越来越强大，成了秦国的心腹大患。

义渠属于西戎的一支，其历史可比秦人久远得多。早在商朝，义渠人就以部落的形式活跃于陇东高原一带。当时周人的祖先也在这一带，当周人祖先古公亶父率众离开南下岐山时，义渠成了陇东最强的部落。因为是近邻，义渠与周人的关系一直不错，并从周人那里学会了种田、建造城市。与其他西戎不同，义渠是个半农半牧的部族。当周人取得天下的时候，义渠俯首称臣，成为周朝的一方诸侯。西周末，申侯联合犬戎杀入镐京，杀幽王于骊山，周平王东迁，义渠趁乱脱离周室，建立义渠国。当秦国在关中平原大杀四方时，义渠国也在陇东吞灭周边小部族，逐渐壮大。

因此，在春秋战国之际，在函谷关以西，实际存在着两个大国，秦国和义渠。秦国要想参与中原事务，必须先解决义渠这个强大的对手。

前444年，秦国派军攻打义渠（今甘肃庆阳东），擒获义渠王。这一仗，让秦国感觉义渠不过如此。

前430年，义渠反击，兵至渭水北岸，直接威胁秦国的生存。秦国这才意识到，要解决义渠的问题，绝不是一朝一夕的事。十一年后（前419年），为避开义渠的锋芒，同时也为了将战略重心转向东方，秦国将都城从雍邑（今陕西凤

义渠和秦国

翔）迁到了泾阳（今陕西泾阳西北）。

如果我们延续春秋时期诸侯称霸的思路，晋国分裂，最高兴的应该是楚国。纵观整个春秋时期，实力最强的诸侯国无疑是晋、楚，如今晋国分崩离析，楚国几乎成了唯一的强国。而且到了春秋末期，楚国的地盘已经扩展到济水（今黄河下游）了，称霸指日可待。

楚国也的确是这么想的。

前447年，楚国攻打蔡国（都下蔡，今安徽凤台）。失去吴国庇护的蔡国终被消灭，蔡侯齐逃亡他国，蔡国祭祀从此断绝。后来楚国在高蔡（今湖南常德）复建蔡国，但这个蔡国只是楚国的附庸，算不得一方诸侯了。

前445年，楚国攻灭杞国，又趁势将地盘推进到泗水一带，侵占了越国的大片土地。越国吞并吴国时，似乎用尽了所有力气，此时竟无力反抗楚国。

到这个时候，楚国如果再拿下宋国，称霸中原就是铁板钉钉的事了。

前439年，楚惠王命公输盘造云梯，准备攻打宋国。

公输盘，姬姓，公输氏，名盘（bān，与般、班通用）。公输盘本是鲁国人，后来到了楚国，给楚国制造兵器，因此也称鲁班。他就是传说中木匠的祖师爷，擅长发明创造，云梯就是他的发明之一。所谓云梯，就是高耸入云的梯子，但到了公输盘手上，它就是专门用来攻城的器械。和普通梯子不同，云梯下方有轮子，可以推动行驶，上方有一截折叠的梯子，可以延伸高度，另外还配有防盾、绞车、抓钩等器具。可以说，云梯是专为对付城墙而生。在春秋时期，各国的城墙依据爵位高低建造而规制不一，小国的城墙很容易被突破，但大国，比如宋国这样的公爵诸侯国，其城墙建制非常高，普通的梯子根本不管用，战车更是无可奈何。楚国曾经攻打过宋国，面对宋国高大的城墙，楚国耗时几个月也没成功，原因就在这里。所以这一次，楚惠王让公输盘造云梯，有了这个城墙的克星，楚国的军士就可以直接冲入宋国城内，看来宋国危险了。

话说楚国和越国经常在长江上水战，越人擅舟楫，想来就来，想走就走，楚国总是吃亏。后来公输盘发明了一种武器，称"钩拒"，越人的战船想跑的时候楚人就用"钩"钩住，想进的时候楚人用"拒"挡住，从此长江水战，楚国就占了上风，公输盘也因此深得楚王信任。但这一次，公输盘碰上了对手，那就是墨子。

墨子，名翟，墨家学派的创始人。据说墨子先祖是宋襄公的庶兄目夷的后代（目同墨，后以墨为氏），但到墨翟时已经是一介平民。一说墨子是滕国（今山东滕州西）人。墨子是诸子百家中唯一一个平民出身的创始人，所以他的思想带有明显的平民思想，主张"非攻""兼爱"。不管墨子是不是宋国人，根据历史的经验，楚国攻宋将是一场旷日持久的恶战，墨子一定要反对。

墨子听到楚国要攻打宋国的消息时，正在鲁国，于是他立即动身，日夜兼程，十天后赶到郢都［楚惠王已将都城从鄢城（今湖北宜城东南）迁回郢城］，来见公输盘。

公输盘问："先生有何见教？"

墨子说："北方有人欺侮我，我想请你帮我杀了他。"

公输盘不高兴了。

墨子说："我给你十金（十斤铜）。"

公输盘说："我是讲道义的，不杀人。"

墨子起身，拜了两拜，说："好，那请你听我说两句。我在北方听说你造了云梯，要用来攻打宋国，宋国有什么罪？楚国有的是地，缺的是人，如今却要损伤不足的人口而去争夺富余的土地，可谓不智。宋国无罪而攻之，可谓不仁。这些道理你都懂，但没有向上争取，可谓不忠。如果你争取了又没成功，可谓不强。你说你讲道义，道义就是要少杀人，而你的云梯使用后，将会造成多少人的死亡，这你知道吧？"

公输盘无话可说。

墨子便道："既然这样，为什么不就此打住呢？"

公输盘说："不能，因为我已经答应楚王了。"

墨子说："那为什么不带我去见楚王呢？"

于是公输盘向楚惠王引见了墨子。

墨子一上来，先给楚惠王讲了个故事："有个人，放着自己华丽的车子不用，看到邻居的破车却想偷；自己的锦绣衣裳也不要，想偷邻居的粗布衣服；自己的好饭好菜不想吃，偏偏想偷吃邻居的糟糠粗食——大王觉得，这是什么人呀？"

楚惠王说："这人肯定是偷东西上瘾，有病。"

墨子说:"楚国的土地方圆五千里,宋国的土地只有五百里,这就好比华车和破车。楚国有云梦泽,那里满是犀牛、麋鹿,长江、汉水的鱼、鳖、鼋、鼍更是富甲天下,而宋国连野鸡、兔子、小鱼都没有,这就好比美食佳肴和糟糠粗食。楚国还有松、梓、楩、樟等木材,宋国却没什么像样的大树,这就好比锦绣衣裳和粗布衣服。臣以为,大王攻打宋国,和那个偷东西上瘾的人一样,有病。大王此举,除了有损道义,什么也得不到。"

楚惠王说:"是啊,虽然……但是,公输盘已经为我造好了云梯,我一定要打宋国。"

墨子说不动楚王,只好要求与公输盘当场比试,看看公输盘到底用什么办法攻城。

于是楚王召见公输盘。

大殿之上,墨子解下衣带当作城,用竹片当器械。公输盘用多种器械攻城,墨子用多种方法阻挡。最后,公输盘的攻城器械都用尽了,而墨子的防守器械还绰绰有余。

公输盘无计可施,只能说:"我知道怎么对付你,可是我不说。"

墨子道:"我知道你要怎么对付我,我也不说。"

楚惠王便问怎么回事。

墨子说:"公输盘的意思,不过是让大王杀我。杀了我,就没有人帮宋国守城了。但是在来楚国之前,我已经让弟子禽滑厘带着三百人去帮宋国守城了,就算杀了我也没有用。"

楚惠王叹道:"好吧,我不打宋国了。"

因为墨子,也因为楚国还顾及着"义"字,宋国躲过一场浩劫。

但楚国人没有意识到,时代已经变了。

第二章　变法图强

这个变化主要来自铁器的普及。

铁器在春秋时就已经出现，但比较稀少。倒不是因为铁的冶炼难度比铜高，而是铁比较难发现。相较于铜，铁很容易氧化，大自然中很难看到游离状态的铁，所以不只是在中国，在全世界，人们都是先发现铜，后发现铁。铁矿的天然储藏量比铜大得多，所以，当人们逐渐掌握了发现铁矿的方法后，铁的成本就降低了很多，于是铁器得以普及。

铁器的普及，首先改变的是农民的生产方式。在春秋时期，重要的生产工具是青铜器，很贵重，只有贵族才掌有，普通农民手上顶多有些木头工具，无力自行开垦荒地，所以那时的农民主要是租种贵族的土地。贵族为了便于管理，把分封得来的土地划成片，每一片又划成"井"字形，分成九块，这就是井田制。

在井田制的生产方式中，中间的一块属于公田，其余八块属于私田。私田分给八户农民耕种，这八户农民在耕种私田之前必须先耕种公田。公田所产归地主（贵族）所有，私田所产归农民自己所有。实际上，公田的产出相当于农民交的税，但当时的人们不会这么说，而是说拿来祭祀社稷（土神为社，谷神为稷）。

到了春秋末期，随着铁器的普及，开荒的成本变得很低。那时人口少，用现在的眼光看到处都是地广人稀，并不缺耕地，只是荒地比较多，开发成本高。铁制农具普及后，普通农民攒一攒，就能凑出一套农具，开垦荒地不再是可望而不可即的事。新开垦的土地所有产出归农民自己所有，农民的积极性很高，渐渐

井田制

```
                            陌

        私田        私田        私田

阡      私田        公田        私田      阡

        私田        私田        私田

                            陌
```

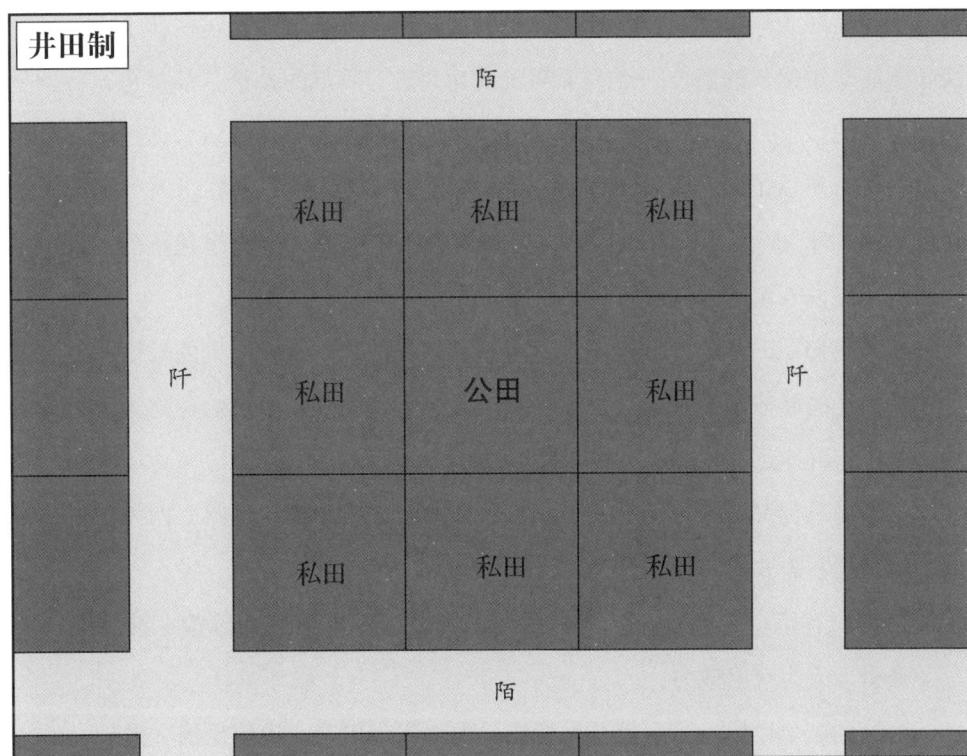

地，农民觉得给贵族种地不合算了，于是公田渐渐荒废，井田制逐步瓦解。

井田制的瓦解造成两个后果：一是农民自由了，不再受卿大夫的土地制约，变成了自耕农；二是传统的贵族利益受损，贵族们要想让农民帮自己种地，必须付出更高的成本。

但这对国君来说是一个天大的机会。

传统的国君不管是打仗还是搞国家建设，都需要卿大夫出钱出力，不可避免地会受到卿大夫的制约。但现在，卿大夫丧失了对一线劳动人民（农民）的控制力，如果国君直接向农民收税，整个国家就掌控在国君一人之手，也就是从卿大夫分权走向君主集权。当然，这需要一个过程，毕竟传统的官员都是卿大夫传承下来的，国家还需要他们来管理，如果把这些世袭的贵族变成由国君任命的官僚，那才叫真正的集权。那么这些官僚又从哪里来呢？

答案是士族。

通常一个妻妾成群的卿大夫会有几十个孩子，这些孩子从小生活在高门大院，受过良好的教育，礼、乐、射、御、书、数样样精通。但这些孩子中，只有嫡长子能继承父辈的爵位，或为上卿，或为大夫，其他的孩子，都是士，特别是那些庶出的孩子，通常只能在近郊获得一块面积不大的田地糊口。这些士人从小受过教育，所以忙时种田，闲时读书，这就是"耕读传家"。在当时，卿大夫的封地才叫"家"，士是没有封地的，但卿大夫孩子众多，家族起起落落，某个不起眼的旁支说不定哪天飞黄腾达，就继承了祖上的家业。

在分封初期，士的群体还不大，经过几百年的繁衍，卿大夫的数量并没有增加多少，士的群体却越来越大，逐渐形成了一个新的阶层，我们称之为士人或士族。当士族群体足够大时，各种人才井喷而出。

士人受过良好的教育，有管理国家的能力，又急于寻找出路，四方游说。他们，正是国君需要的官僚人选。

自耕农有了，士人有了。国君需要做的是，推出更好的政策，鼓励农民开荒，吸引士人为政府效力。

为达到这个目标，各国都开始变法，而率先走出这一步的是魏文侯。

魏文侯魏斯亲身经历了三家分晋，政局稳定后，魏文侯做的第一件事就是拜子夏为国师。

子夏，姒姓，卜氏，名商，字子夏，是孔子的弟子。孔子死后，子夏来到魏国讲学。

子夏最有名的话就是"仕而优则学，学而优则仕"。与孔子强调"仁"和"礼"相比，子夏更主张积极入世，与时俱进。子夏弟子众多，其中就有曾申（曾参次子）。曾申有两个重要的弟子：李悝[kuī]和吴起。

前425年，魏文侯任李悝为相，开始变法。

李悝的变法无非两点：第一，废除井田制，使农民自由活动，鼓励农民开荒，按丰年与荒年的收成不同而制定合理的税收；第二，废除卿大夫的世袭制，任用贤能。

可以说，李悝正是把握了时代发展的特点，所以其变法才切中要害。后来各国的变法无一不受李悝影响。

变法有所成就之后，魏国开始扩张。此时的魏国核心在运城盆地，面对的敌人主要是秦国。李悝在拜相之前，曾做过上地郡的郡守，上地郡位于河西北部，因而得名。战国时的郡，通常下辖数县，以郡为单位在各县征募农民当兵，这样就绕过了传统贵族把控军队的局面，也是各国中央集权的手段。最开始的郡基本在边疆，其职责是就地征兵、守卫边疆，所以其长官称为"守"或"郡守"，尊称为"太守"。汉朝时的太守一职就是从这里来的。

上地郡与秦国接壤，李悝任上地郡守时，经常与秦国人交手，对秦国恨之入骨，所以他建议魏国的第一个扩张目标就是秦国。

前419年，魏国在黄河西岸的少梁（今陕西韩城南）筑城，以此作为进攻秦国的据点。随后魏军西向进兵，掠取秦国的土地，但遭到秦军的强力抵抗。恰好这时吴起投奔而来，于是李悝和翟璜（与李悝同为魏国相国）向魏文侯推荐了吴起。

吴起是卫国人，本来家境富有，为了谋取官职散尽家财，结果一无所获。为此，吴起遭到同乡的嘲笑。吴起一气之下，杀了三十多人。离开家乡前，他对母亲说："我如果当不上卿相，绝不再回卫国。"此后他投入曾申门下学儒学。

母亲去世后，吴起没有按儒家的信条回家奔丧。曾申认为他不孝，断绝了与他的师徒关系。于是吴起前往鲁国，钻研兵法。

鲁元公本想重用吴起，但鲁国和齐国长年征战，而吴起的妻子又是齐国人，鲁元公因此犹疑。为求功名，吴起杀了妻子，以示忠心。于是鲁元公任吴起为大将，让他率鲁军进攻齐国，大胜。吴起在战场上屡建奇功，不可避免遭到一些人的忌恨，鲁元公听信谗言，便撤了吴起的官职。这其实是战国初期新兴的士族想要从传统的贵族手中夺取权力时必然面临的问题，特别是像鲁国这种传统势力很强的国家。在鲁国，吴起终究难以获得重用，于是选择离开。

听说魏文侯礼贤下士，吴起便来到魏国。魏文侯问李悝的意见，李悝认为，吴起虽然贪婪好色，但用兵如神，连司马穰苴都不如。于是魏文侯命吴起为将。

吴起为魏国创建了一支不同于以往的军队——魏武卒。

传统的军队都是以战士（驾驭战车的贵族）为主，跟在战车后面的步卒（徒步的平民）只是辅助。吴起第一次以步卒作为国家军队的主力，但这些步卒不同于以往。传统的步卒出身平民，没有钱置办铠甲，都是轻装上阵，而且平时以种地为主，缺少训练，战斗力非常有限。而吴起训练的是重装步兵，武卒们身披重甲，手持长戈，身佩利剑，操十二石强弩，带五十支箭，携三日口粮，半天能走一百里。铠甲兵器当然都由国家负担，像以前只给贵族配备的剑也配上了。不仅如此，成为武卒的人还能享受各种优厚待遇，包括吃穿用度以及免除徭役赋税等。这些平民以前在物质和精神上从未享受过这等待遇，因此打起仗来格外卖命。战国时期，随着各国开始征募农民参军，步兵逐渐成了战场的主角。农民不像贵族从小受过良好的教育，特别是礼乐的教化，和敌国士兵也几乎没有血缘关系，他们在战场上只有一个目的，那就是杀敌立功。因此我们会看到，战国时期的战争比春秋时残酷得多，动不动就血流漂杵，春秋时期那种谦谦君子之风彻底烟消云散。当然，各国的步兵大多仍是轻装上阵，以数量取胜，魏国这样花大价钱打造一支重装步兵是独一无二的。

有了这支军队，魏文侯开始向秦国发难。

不同于当年晋国土地有足够的纵深，魏国在山西的土地主要在运城盆地，这

里既是魏国都城安邑（今山西夏县西北）的所在地，也是魏国的核心。但是这里离黄河太近，如果魏国和秦国以黄河为界，那么秦军就会随时东渡黄河，威胁魏国的都城。所以，为了安全，魏国必须拿下河西之地，好给安邑留下足够的纵深。

前409年，受魏文侯之命，吴起带着他的魏武卒，进兵河西，连克临晋（今陕西大荔东）、元里（今陕西澄城南）、洛阴（今陕西大荔南）、合阳（今陕西合阳东）等地，并修筑城池。第二年，吴起再度西进，长驱直入攻至郑县（今陕西华州）。秦军节节败退，退守洛河以西。这样一来，加上此前魏国占领的繁庞（今陕西韩城南）和魏国修筑的少梁，整个河西之地完全落入魏国之手。于是魏国在此设置西河郡，由吴起担任西河郡守。自此，秦国的势力被压制在洛水（今陕西洛河，也称北洛河，与河南洛河同名）以西长达八十年。

巩固好西部防线之后，魏国便把精力投入东方。

在东方，魏国的邻居中有郑、卫两个小国，这本来是魏国蚕食的最佳对象，但郑国背靠楚国，卫国背靠齐国，大国不好惹，魏文侯便把目光投向河北腹地的中山国。

第三章　三晋称侯

中山国是由白狄人在河北中部建立的国家，比燕国离中原还近，但在华夏诸侯眼里，他们始终是敌人。

白狄原本在陕北黄土高原一带，其中有一支进入了山西。到春秋时期，这支狄人逐渐越过太行山，由山西进入了华北平原，并发展出鲜虞、肥、鼓、仇等几个大的部落，以鲜虞部落打头，所以也可以统称为"鲜虞"。

进入华北平原后，鲜虞人逐渐学会了农耕，并和华夏诸国一样开始扩张。但随着晋国的强大，鲜虞人才真正碰上了敌人。

前530年，晋国借道鲜虞，进入鼓人的都城昔阳（今河北晋州西），但并未一鼓而下；同年八月，晋国灭肥（今河北藁城西南）；第二年冬，晋国破鲜虞中人城（今河北唐县西南）。三年后（前527年），晋军俘获鼓君，又七年后，晋灭鼓。

鲜虞人大怒，于前507年出兵晋国平中（不详，或在今河北阜平境内），大破晋军，俘获晋国勇士观虎，算是为肥、鼓两个部落报了仇。

前506年，鲜虞人在中人城建国。因城中有山，得名"中山"，中山国便由此而来。

前491年，晋国内乱，晋卿中行寅逃入中山国。中行寅原本是中山国的死敌，但为了削弱晋国，中山国收留了中行寅，并将其安置在柏人（今河北隆尧西）。

前489年，为报复中山国，晋国大夫赵鞅率军讨伐，给中山国以沉重打击。

在灭掉中山国之前，晋国还需灭掉鲜虞人的最后一个帮手——仇由（qiú
yóu，即前文仇）。

仇由的都城位于今山西盂县，位于太行山的腹地，路险难行。晋国智伯便心
生一计，新铸一口大钟，声称要送给仇由君。大钟由青铜铸造，一口大钟相当于

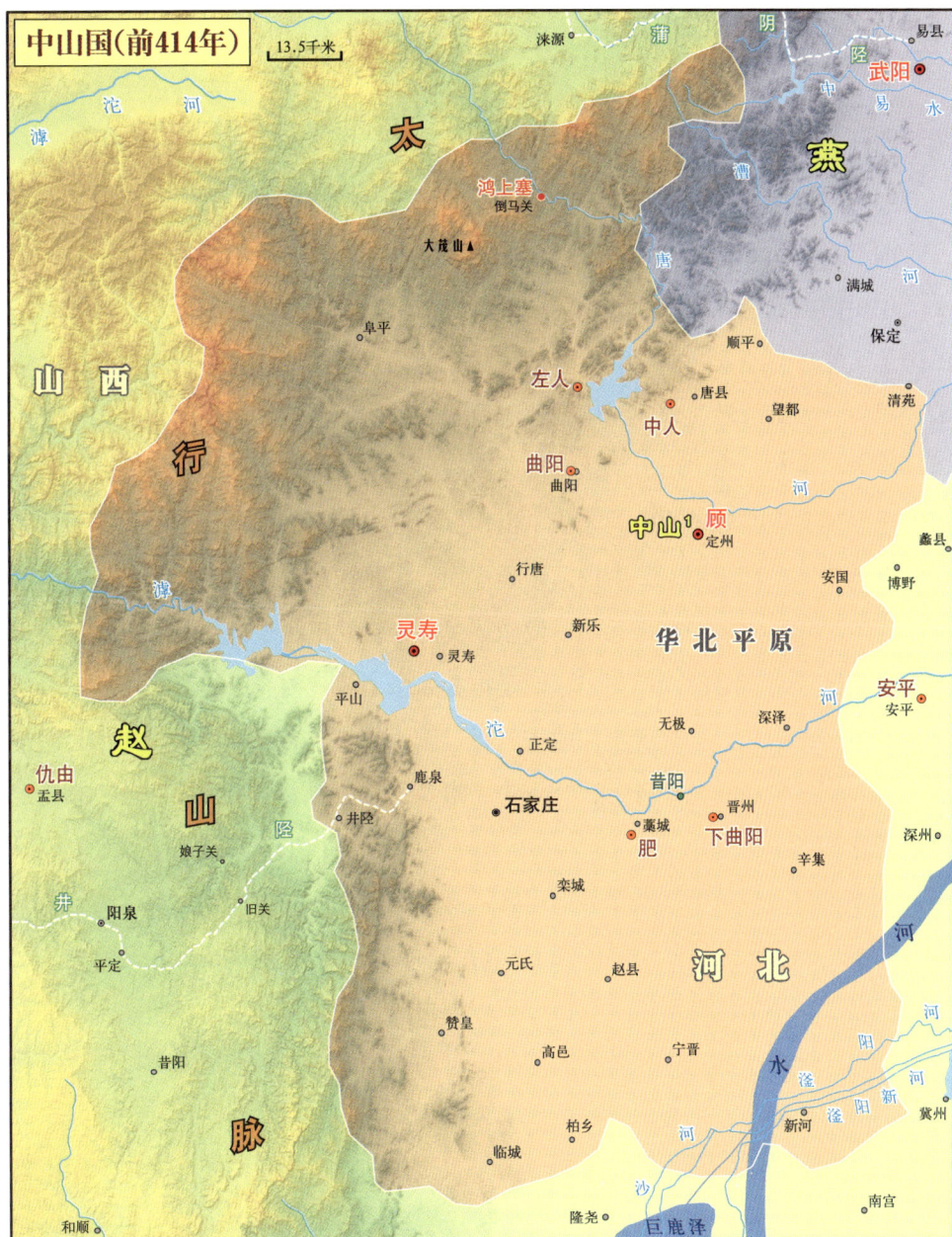

中山国（前414年）

13.5千米

017

一堆铜钱，仇由君禁不住诱惑，不听手下人劝告，逢山开路，遇水架桥，以迎接晋国送的钟，智伯趁机突袭仇由，仇由灭。

至此，鲜虞人的左膀右臂都被剪去，独木难支，这时晋国才大举进攻中山本土。前459年，晋国取穷鱼之丘（今河北易县境内）。前457年，晋国占领左人、中人。中山国几乎覆灭。

前453年，赵、魏、韩三家分晋，中山国获得喘息之机。

前414年，中山武公继位，为避开三晋锋芒，率部东迁，在顾城（今河北定州）建都。中山国复兴。

但晋国的继承者并没有忘掉这个心腹大患。

前408年，中山武公病逝，中山桓公继位。魏文侯瞅准时机，发兵中山。

中山国与魏国并不接壤，魏国便向赵国借道。赵烈侯本不想答应，自己嘴边的肉怎么能让与他人？赵国大臣赵利认为：魏国攻打中山，如果不能取胜，必定消耗国力；如果取胜，魏国与中山并不接壤，魏国不能越过赵国而占领中山，所以最终的结果是，魏国出力，赵国得地。赵烈侯便答应了。

于是魏文侯命乐羊为将，攻伐中山，又命吴起领河西之兵合击中山。

这两个人，都是狠人，中山国碰到他们，也是在劫难逃。

先说吴起。军队中有士兵伤口发脓，吴起亲自跪下身子给他吸脓。士兵的母亲听说后哭了，不是感动得哭了，而是担心儿子要战死沙场了。原来她的夫君当年也是给吴起当兵，吴起就给他的夫君吸过脓，结果夫君战死沙场。如今吴起把这一套又用在自己的儿子身上，儿子为了报答主将之恩，必定拼死杀敌，难免血洒疆场。

乐羊更狠。乐羊原本是翟璜的门客，听说魏国要攻打中山，主动请缨。乐羊有个儿子乐舒，曾杀死了翟璜的儿子翟靖，而后逃往中山国。按说，翟璜和乐羊有杀子之仇，不报仇就不错了，但翟璜思虑再三，为国家计，还是向魏文侯推荐了乐羊。魏国群臣都认为，乐羊去了中山可能就不会回来了，但翟璜以性命担保乐羊不会背叛魏国。于是魏文侯命乐羊为主将。

乐羊到了中山，将中山国都顾城围了个水泄不通。这一围就是三年，中山人无计可施，中山桓公便把乐舒杀死，煮成肉羹送给乐羊。乐羊坐在大帐之中，面不改色把肉羹吃完，以示决心。

魏文侯听说后，感动不已，说："乐羊为了我，吃了他儿子的肉。"堵师赞说："他连自己儿子的肉都吃，还有谁的肉不敢吃呢？"

前406年，中山国亡。魏文侯派长子击为中山君，治理中山。

回国后，乐羊向魏文侯汇报，面带骄色。魏文侯看在眼里，让人把大臣们的上书都拿来，让乐羊自己看。乐羊一看，吓出一身冷汗，里面全是责怪他攻打中山国的事。他忙下退，拜道："攻克中山，非臣之力，乃国君之功也。"

魏文侯最终把灵寿（今河北灵寿西）封给乐羊，但从此不再重用他。乐家人就在灵寿世代繁衍，一百多年后出了位名将，叫乐毅。

魏国在战国初年能一跃而成为强国，离不开一个重要的人，即前文提及的翟璜。翟璜看似没办过一件具体的事，但他推荐李悝变法，推荐吴起守西河，推荐西门豹为邺城令防备赵国，推荐北门可为酸枣令抵御齐国，推荐乐羊灭中山。可以说，在魏国通往强国的路上，每一步都离不开翟璜的布局。

翟璜不仅有战略眼光，而且机巧善辩。灭中山不久，魏文侯与几位大夫宴饮，席间问："我是一个什么样的君主？"群臣都说："您是一位仁君。"任座却说："您得了中山，不把它封给弟弟，却封给儿子，这叫什么仁君？"魏文侯大怒，任座吓得跑了出去。魏文侯便问翟璜，翟璜说："您是仁君。"魏文侯说："何以见得？"翟璜说："仁君的臣子说话都直。刚才任座说话就很直，所以您是仁君。"魏文侯立马高兴了，让翟璜把任座叫回来，他还亲自下堂迎接，待任座为上客。

战国初年，各国还延续着春秋称霸的思维。魏国要称霸，下一步就得剑指中原。恰在这时，齐国大夫田会在廪丘（今山东鄄城东）向三晋求救，这真是天赐良机。

不只是魏国，赵、韩两国也把扩张目标瞄向了中原。

先说赵国。

三家分晋时，赵氏的都城在晋阳。但赵襄子的采邑一直在邢邑（今河北邢台），所以赵氏的都城实际在邢邑。因为政治中心的转移，赵氏的目光自然而然转向河北，晋北逐渐荒废。当初，赵简子（赵鞅）放弃了嫡长子伯鲁，让赵襄子

（赵无恤）继位，这让赵襄子一直心怀不安，他觉得这有违宗法，想把爵位还给伯鲁一系，于是立伯鲁的儿子赵周为嗣，封他为代成君。但赵周早死，赵襄子又立赵周的儿子赵浣为嗣。赵襄子死后，赵浣继位，是为赵献子。

但赵襄子的弟弟（一说其子）赵嘉不服，驱逐了赵献子，在代郡（今河北蔚县）自立为君。一年后，赵嘉死，谥号桓子。

国人杀桓子之子，迎赵献子复位。

赵献子在位时，将都城迁至中牟（今河南鹤壁西北）。这里的中牟不是河南的中牟县，而是位于太行山余脉牟山东麓的一座城邑。从地图上可以明显看出，

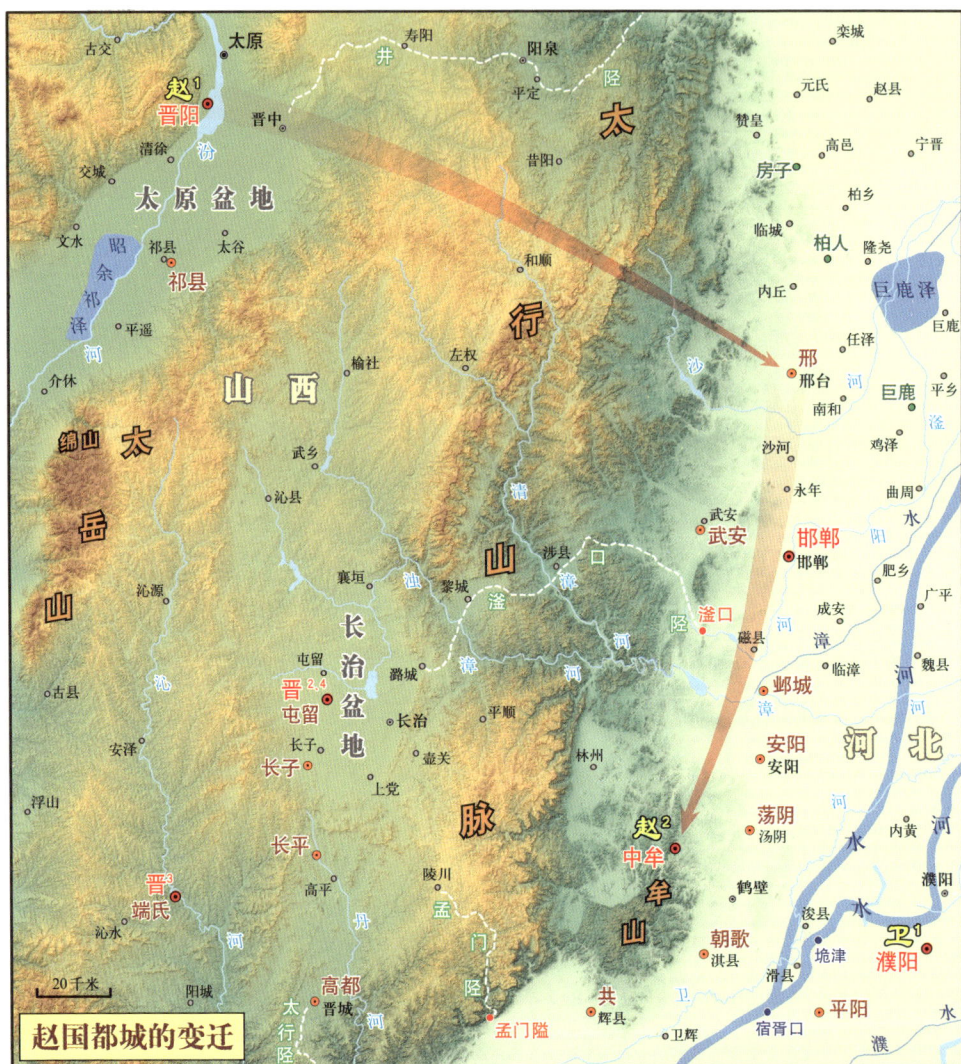

赵国都城的变迁

中牟就像一把尖刀一样插在魏国东部地块的腰部。当然，赵国不会轻易图谋魏国，中牟扼控太行山到黄河之间最狭窄的地带，又居高临下，赵国迁都至此更多是对魏国形成一种高压势态，为日后图谋河北做打算，毕竟，三晋还有共同的敌人——齐国和楚国，从这里进出中原，方便快捷。但中牟毕竟处于山地，交通不便，本身发展受限，当赵人在河北根基稳固之后，他们才把都城从中牟迁到邯郸。

赵献子死后，其子赵烈侯继位。

再说韩国。

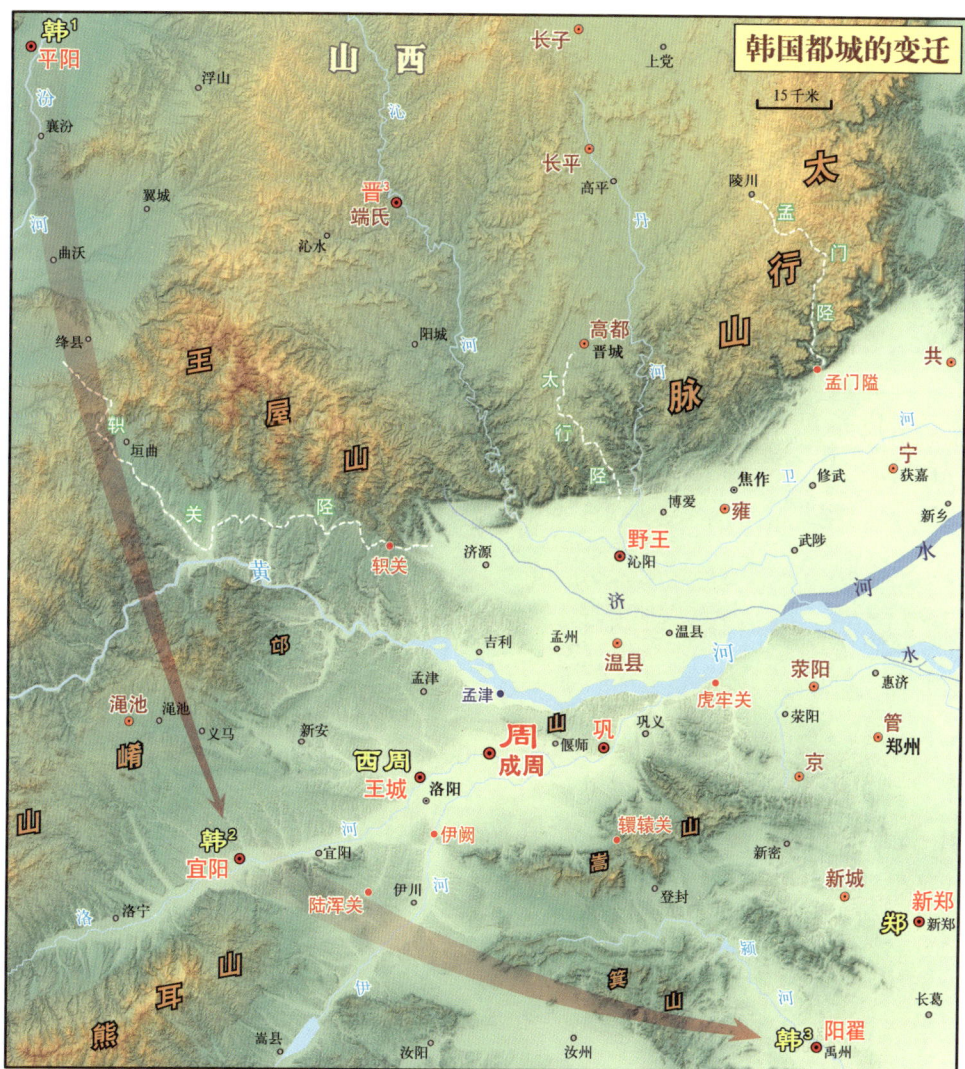

韩国都城的变迁

韩国的都城也发生了变迁。三晋之中，韩国最弱。魏国向西可以掠取秦国，向东可以图谋齐国。赵国很显然要向河北扩张。而韩国，夹在赵、魏之间，在山西已无利可图，只能把目光投向南方。这时，他们发现位于中原的郑国已经虚弱不堪，便把扩张目标直接瞄准郑国。韩康子（韩虎）死后，韩武子（韩启章）继位，眼看韩国在山西无所作为，便把都城从平阳迁到宜阳（今河南宜阳西）。宜阳在洛阳盆地，地处洛河上游，从这里攻打郑国，要越过熊耳山和嵩山，十分不便，所以韩景侯继位后，又把首都从宜阳迁到了阳翟（今河南禹州）。阳翟地处中原，与郑国为邻，其间一马平川，从此，韩国对郑国连年用兵，欲置之死地而后快。

话说齐国，此时已经完全被田氏操控。但也正因如此，为争夺权力，田氏内部发生了矛盾。

前405年，田氏宗主田悼子去世，齐国内乱，田布杀死了田孙，田会在廪丘叛齐，投靠赵国。田布派兵包围廪丘，田会向三晋求援。

上面短短几句话，冒出了一大堆田氏族人，如果不搞清他们之间的关系，我们就会看得一头雾水。可惜我们已知的史料并没有说明他们之间的关系，只记载

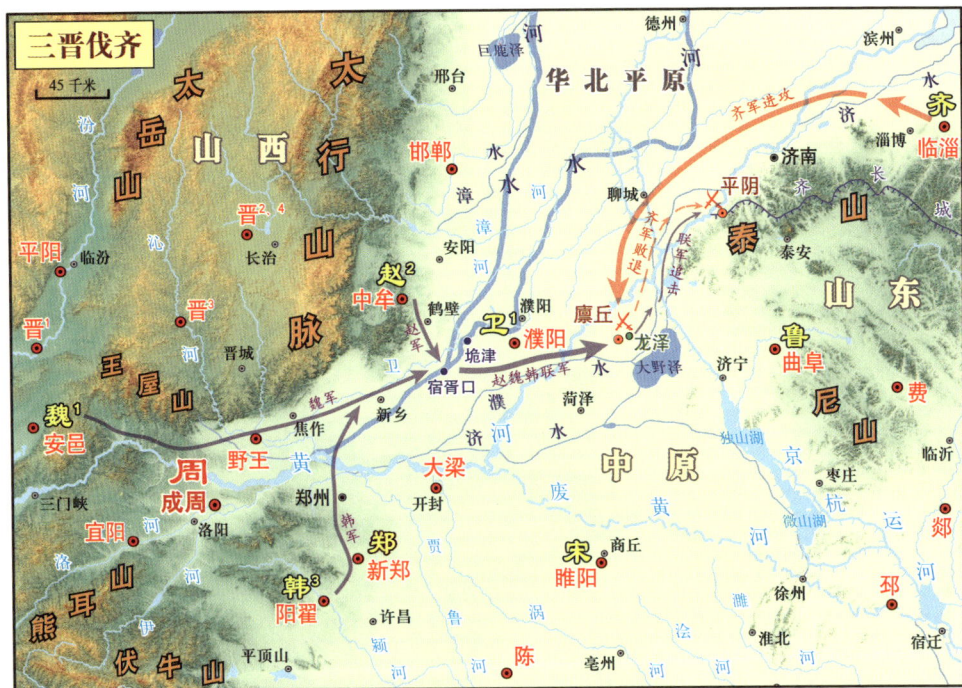

了这次事件，那么我不妨做一些假设，以弄清这件事情的来龙去脉。

首先，田悼子（其名未知）有个弟弟叫田和这是肯定的，从后来的事态发展看，不管田布是什么身份，总之他是听候田和调遣的。而田孙（也称公孙孙）很有可能是田悼子的嫡长子，田会（也称公孙会）应该是田悼子的另一个儿子。

如果这种假设成立，那么事情就很简单了：田悼子死，理论上应该由田孙继任，但田和为了夺取宗主之位（实际是齐国的控制权），派田布杀死了侄子田孙，田孙的弟弟田会不服，跑到了廪丘与田和叫板，并投靠赵国，田和派田布讨伐田会，田会向三晋求救。

廪丘位于大野泽西北，处于中原地带。魏文侯正愁没借口出兵中原，于是欣然同意，联合韩、赵出兵，解救田会。

虽然魏国离廪丘最近，但魏国的兵力主要在国都安邑，所以实际上魏国军队离廪丘最远。和以前晋国进兵中原的路线一样，魏军先经轵关陉到达河内地区，然后沿黄河东进，到达黄河渡口宿胥口。韩国的军队沿郑境西侧北上，渡黄河后与魏军会合。赵军的行军路线最短，由中牟南下后直插黄河。三军在宿胥口南渡黄河后，借道卫国，往东，直扑廪丘。

联军以魏军为主，魏将翟角（也是翟璜所荐）为主帅。三晋都是经历过变法的国家，而且因为历史包袱小，变法见效也快，所用的士兵以步兵为主。而齐国是个传统的大国，越是大国，传统势力越大，越难接受新鲜事物，其所用的军队依旧以战车为主。在战法上，步兵机动灵活，而战车要列好阵才能冲锋。结果是，联军以包抄迂回穿插的方式，把齐国排列整齐的战车冲得七零八落，齐军惨败，损失两千辆战车和三万名士卒。

联军乘胜追击，与田布战于龙泽。田布再败而退。联军一路追击，进入齐国长城以内，围攻平阴要塞。是的，齐国修筑了长城，从济水岸边的防门，沿着泰山、鲁山、沂山山脊，到穆陵关，而后南折，沿五莲山，一直到越都琅琊（古作琅邪）北部的海岸。不光是齐国，战国伊始，各国都开始修筑长城防御外敌。长城弥补了山东丘陵地带山体不高的缺点，再加上北部的济水，齐国就安全多了。当然，安全也是相对的，齐军作战不力，致使三晋联军攻破长城，齐国举国震惊，田和立即派人同三晋讲和。

三晋伐齐，表面上是讨伐不守礼制的田和，师出有名，实际上却是为了求名。这一点，田和的谋臣田括子已经看出来了，他一语道破天机。田和立即明白，其实他和三晋宗主的处境何尝不是一样？于是他让傀儡国君齐康公带着三晋宗主去朝见周天子，请求封三晋为诸侯。

前403年，周威烈王正式册封魏斯（魏文侯）、赵籍（赵烈侯）、韩虔（韩景侯）为侯。之前我们称这三人为侯，只不过是按后世的习惯而已，三家宗主名义上还是晋国的卿大夫，卿大夫的封地称为家，所以叫三家分晋。

至此，赵、魏、韩正式列为诸侯，三家变为三国，战国七雄逐渐浮出水面。

这一年，也被很多人认为是战国元年，比如《资治通鉴》就是以这一年为始。

第四章 吴起变法

前396年，魏文侯病重。临死前，魏文侯召见吴起、西门豹、北门可等人，将世子击托付给他们。吴起守西河，防守秦国；西门豹守邺城，防守赵国；北门可守酸枣，防守齐国。这三人，都是魏国举足轻重的人。

魏文侯去世后，魏击继位，即魏武侯。即位初，李悝去世，田文（一作商文，不是齐国的田文）继任相国。吴起功高盖主，却仍任西河郡守，很不服气，就找田文理论。

吴起说："率领三军，让士兵乐于效命，敌国不敢图谋，你跟我比怎么样？"

田文说："不如你。"

吴起说："治理百官，亲附万民，充实府库，你跟我比怎么样？"

田文说："不如你。"

吴起说："据守河西而令秦国不敢向东，韩、赵服从，你跟我比怎么样？"

田文说："不如你。"

吴起不乐意了，说："这三样，你都不如我，却位居我之上，凭什么？"

田文说："国君年少，国人心怀疑虑，大臣还未一条心，百姓也不信任。这个时候，是把国事交给你好，还是交给我好呢？"国人指的是传统贵族，大臣是朝中官僚。国君太年轻，人心不稳，而吴起手握兵权，此时如果把朝中政务也交给吴起，会让更多人心怀不安。

吴起立即明白，自知不如田文。

魏国要称霸诸侯，除齐国外，另有两个重要的竞争对手：秦国和楚国。秦国那边，有吴起防守河西，秦国暂时不能东进。魏国最主要的对手还是楚国，楚国连年扩张，疆土已经伸入中原腹地，任何与楚国接壤的国家都会瑟瑟发抖。

要对付楚国，单靠魏国一方不行。前391年，魏武侯号召韩国、赵国结成三晋同盟。同年，三晋同盟进兵楚国的大梁（今河南开封）、榆关（今河南中牟南）。榆关最终被楚军保住，魏军占领大梁，又轻取襄陵（今河南睢县）。而后联军南下，向楚国腹地推进。一时之间，楚国朝野震惊，楚悼王急派使臣向三晋求和，三晋不许。楚悼王无奈，一面派人带着财物、珍宝赴秦，贿赂秦惠公，一面遣使入齐，希望齐国出兵对付三晋。

秦惠公收下贿赂后，派兵攻打三晋中最弱的韩国，并攻占了宜阳的六座城池。

相对于楚国，秦国对魏国的利害关系更大，毕竟魏国（山西、陕西部分）与秦国为邻，而与楚国之间还有韩国作为缓冲。因此，魏武侯立即掉转马头，专心对付秦国，放松了对楚国的进攻。

前390年，魏武侯率魏军主力，西渡黄河，攻打秦国的武成（亦称武城、武都、武下，今陕西华州东），以示报复。吴起在今三门峡以西设置陕县，防止秦军东进。

齐国趁魏军主力西去，从魏军手里抢占了襄陵，白捡了一个便宜。

秦惠公出兵，当然不是贪图楚国的这点钱财，而是因为魏国与楚国交锋，楚国地大，魏国一时难以脱身，秦国如果能趁此机会夺取河西之地，将为秦国立下万世之功。

所以，第二年（前389年），秦惠公调集全国上下五十万秦军，声势浩大，直扑阴晋。

在河西南部、渭河以南，秦国据有武成，晋国拥有阴晋，两城长期对峙，历经百年。秦惠公此次倾全国之力，对阴晋势在必得，如果拿下阴晋，秦国不仅可以北上攻占河西之地，还可以东出函谷。

秦军在阴晋城外布下营垒，魏国形势危急。魏武侯亲临前线犒军，吴起率五万魏武卒迎战秦军。这五万魏军以前都没有立过战功，但打起仗来个个勇猛，以一当十。为保万全，魏武侯又加派战车五百、骑兵三千参战。总计下来，魏军不超过十万，但此战的结果是，五十万秦军大败。

经此一战，秦国人意识到，即使晋国一分为三，秦国仍不是晋国的对手，秦国已有数百年未参与中原事务，与中原诸国的差距越来越大了。

前387年，吴起领兵西进，与秦人战于武成，而后向关中腹地推进，秦国毫无还手之力。吴起自己曾说，在河西期间，与秦国大战七十六次，全胜六十四次，其余为平局。这话虽然有吹牛的成分，但与事实也差不太多。

有一次，魏武侯乘船沿西河（河东、河西之间的黄河）而下，船至中流，魏武侯看着壮丽的黄河，还有两岸的山岚，对吴起道："太美了，山河险固，这是魏国之宝啊！"吴起说："山河之固，在德不在险。"吴起列举了历史上三苗、夏桀、殷纣等人都拥有山河之险，最后却都亡了国的事例。吴起作为一名将领，又以善战闻名，当然知道山川险要对一个国家的重要性。但他认为，作为一国之君，却不能仅仅依靠山川险要来治国，还要多修德。这里的德不是通常意义的仁德，而是一国之君应有的仁政，也就是要会用人，所以吴起又说："国君如果不修德，满船的人都会投奔敌国。"大概这个时候，吴起已经感觉到自己在魏国待不下去了。

话说田文死后，公叔痤（《史记》称为"公叔"，是否为公叔痤有争议）继任为相。不像田文那么大度，公叔痤担心吴起早晚取代自己，便想除掉他。公叔痤的仆人看出吴起是一个为人廉洁而又重视名誉的人，便向主人提出一计。

于是公叔痤跟魏武侯说，吴起是个人才，但魏国只是个小国，而秦国是大国，两国又挨得这么近，魏国怕是留不住吴起。魏武侯便问他该怎么办。公叔痤建议将一位公主嫁给吴起，如果吴起答应，就是有心留下来，如果他不答应，肯定是不想留在魏国了。魏武侯听从了公叔痤的建议，向吴起发出婚约，问吴起的意见。

公叔痤自己娶的就是一位魏国公主，他请吴起到家里做客。其间他故意让妻子发飙，而他则低眉顺眼不敢抗争。吴起看在眼里，担心日后自己在家里也是这般待遇，便拒绝了魏武侯的婚约。

从此魏武侯对吴起有了疑心，吴起担心性命不保，于是投奔楚国而去。

魏武侯并没有意识到吴起的离去会对魏国造成多大损失，此时他正沉迷在霸主的美梦之中。当年，田和帮助三晋位列诸侯，现在是时候回报田和了。

和当初三家分晋一样，田氏代齐已经到了瓜熟蒂落的地步，所缺的只是一个名分。早在前391年，田和趁三晋攻打楚国之机，便废了齐康公，将其放逐于山东沿海的某个小岛上，给了一座城作为齐康公的食邑。但这唯一的食邑后来也被收回，等于废齐康公为平民。齐康公穷困潦倒，只能在土坡上挖洞为灶。十二年后，齐康公死，吕氏绝祀。

前386年，田和请魏武侯向周天子讨封。此时的魏武侯已经威震天下，周安王迫于压力，封田和为齐侯，田和便是齐太公，为了与齐国的开国君主姜太公区别开来，我们通常称之为田齐太公或田太公。

田氏代齐等于再一次警告诸侯，卿大夫是有可能取代国君的，像春秋时期那种国君与卿大夫分权的治理模式很危险。除楚国外，各国不约而同地向集权方向发展。

得了魏武侯恩惠的田和自然会亲近魏国，这时的魏国毫无疑问是天下的霸主。但就在同年，三晋联盟也走向了终点，原因是赵、魏反目。

赵烈侯在位时，立儿子赵章为世子。前400年，赵烈侯去世，因赵章年幼，赵国群臣立赵烈侯之弟为君，是为赵武侯。前387年，赵武侯去世，此时赵章已成年，于是赵国群臣立赵章为君，是为赵敬侯。但赵武侯的儿子赵朝不干，认为既然君位已经传到了自家，断无再交回去的道理，于是在第二年起兵造反，失败后逃往魏国。魏武侯想趁机挟持赵国，于是出兵协助赵朝袭击赵国的邯郸，但同样失败。

魏武侯攻打邯郸，当然是想让魏国东部的土地和中山一带连接起来。这让赵国意识到邯郸的重要性，假如魏武侯得手，赵国在河北就没有任何机会。于是就在同年，赵敬侯把首都从中牟迁到了邯郸。自此，赵、魏结仇。

前383年，赵国筑刚平城（今河南清丰西南）作为前沿阵地，进军攻打卫国。卫国早已沦为魏国的附庸，卫慎公不能抵挡，立即向魏国求救。魏武侯出兵反击，于兔台（今河北成安东南）大败赵军。

前382年，赵国准备再次攻打卫国。魏武侯联合齐国，协助卫国反击。三国联军攻取刚平，而且兵锋向西，一直打到赵国的故都中牟。赵国丢失了大片河北土地。

前381年，以卫军为前哨，魏军又大举进攻赵国。赵敬侯意识到，单凭赵国打不过魏国，于是立即遣使向楚国求救。而此时，执掌楚国兵权的正是吴起。

话说吴起到楚国后，得到楚悼王的重用，奉命驻守楚国北部重镇——宛城（今河南南阳），以防韩、魏。一年后，楚悼王升吴起为令尹。

按魏国的经验，吴起深知，一个国家的军事强大只是表象，背后整个政治、经济结构强大才是根本。楚国虽大，但依然采用春秋时的分封模式，封地是卿大夫的私产，在各个封地里，卿大夫都是各自为政，楚王实际直辖的地方有限。为了从根本上强大，楚国有必要进行一场变法，就像李悝在魏国做的那样。

吴起在楚国的变法，总结下来有三：

第一，制定法律，确定法律的权威，为接下来的改革做铺垫；

第二，凡已传三代的贵族取消爵位，并将这些贵族迁移到偏远地带拓荒；

第三，对官员，裁撤冗员，削减俸禄，节流以强兵。

其中第二条最关键，传统贵族把控着资源，把控着朝政，如果能消灭传统贵族，所有资源和权力就都会向楚王手里集中，全国就能一盘棋，就像魏国那样。但吴起似乎忘了，楚国不是魏国，魏国刚刚位列诸侯，魏侯手下有功臣，但没有占据大片封地的卿大夫，改革可以一蹴而就，而楚国不是，楚国的土地是这些贵族一代一代人打下来的，有些家族的历史并不比楚王短。吴起的改革，无疑得罪了楚国最有权势的一批人。

变法虽然阻力重重，但效果立竿见影。吴起在任时，向南攻打百越，将楚国的版图又拓地千里，从洞庭（今湖南）到苍梧（今广西），都成了楚国的势力范围。对楚国所占的陈、蔡故地，吴起也设法加强了统治。

前381年，吴起率楚军北上援赵。

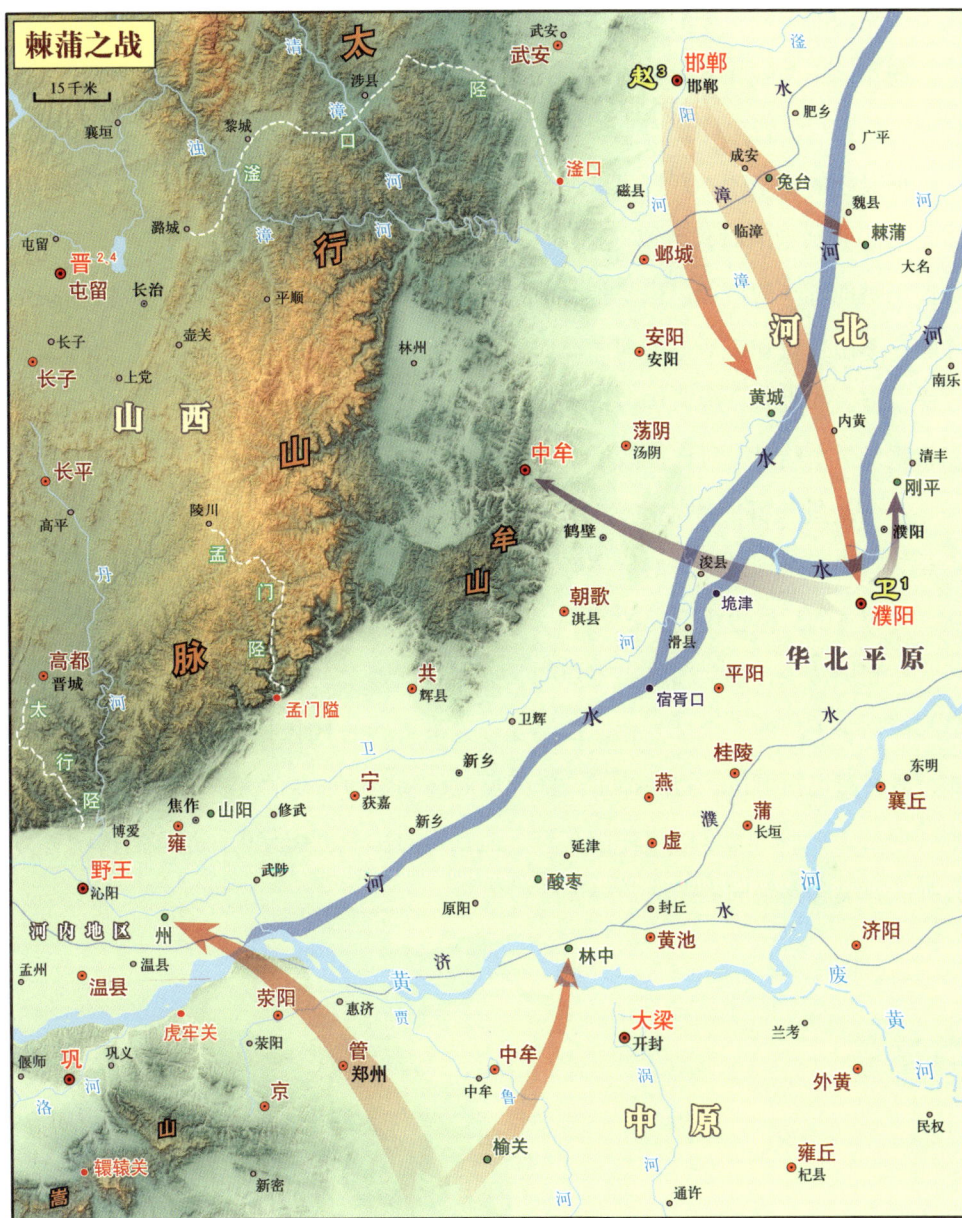

棘蒲之战

吴起兵分两路，一路直插河内地区的州县（今河南沁阳东），另一路穿过大梁西侧，驻军于林中（大梁以北）。从地图上就可以看出，吴起出兵稳、准、狠，不拖泥带水，直中要害。州县位于河内地区的咽喉，据此直接切断了魏国山西和河北部分的联系；驻军林中又切断了大梁与河北的联系，使大梁成为一座孤城。

赵国也趁机出兵南下，从北方攻取了魏国的棘蒲（今河北魏县南），而后又攻下了魏国的黄城（今河南内黄西）。

魏军困于两线作战，又得不到来自都城安邑的支援，只好向赵国求和。赵国同意，毕竟，三晋之间还有太多牵扯不断的关系。

但吴起的日子就不好过了。

吴起回到楚国时，楚悼王已经去世。吴起在楚国属于客卿，没有任何背景，楚悼王是他唯一的依靠，也是他变法最大的支持者。如今楚悼王不在，以吴起的聪明，不用想就知道后果如何。此时，他完全可以离开楚国，就像当初离开魏国一样。但吴起没有，他已经位极人臣，变法者最大的成功，就是身死而法在，吴起希望是这个结果，所以他毅然去给楚悼王吊丧。

那些被吴起得罪的宗室大臣早就准备好了，等吴起一到，他们就用弓箭射杀吴起。吴起跑到楚悼王的尸体旁，趴在尸身上。羽箭纷飞，吴起最终被射杀而死，楚悼王的尸体也中箭无数。

按楚国法令，用兵器伤害王尸的，灭三族。楚肃王继位后，命令尹将因射杀吴起而伤害王尸的人全部处死，最终受牵连被灭族的有七十多家。吴起用这种方式，既替自己报了仇，也除掉了一部分反对他制定的法令的人。

但是，随后，吴起的尸体被车裂，他制定的法令也被废止。楚国的传统势力太强大，吴起在楚国的变法，以失败告终。

第五章 韩国灭郑

棘蒲之战后，赵国一时取代魏国，成为三晋中的老大。

楚国新君刚立，内部斗争尚未平息，暂时无暇北顾。三晋眼下主要的敌人是齐国。

齐国当然也想称霸中原。田和封侯后两年就死了，其长子田剡继位。前384年，田剡出兵收复廪丘，被魏赵联军打败。前380年，齐国发兵，攻占燕国的桑丘。

桑丘位于燕国的南境，今保定以北，也不知道田剡是怎么想的，这里虽然离齐国的北部不远，实则毫无价值。齐国位于河北的土地大都处于黄泛地带，本就地广人稀，不是齐国经营的重点。相反，桑丘离中山和赵国更近，中山此时属于魏国，但离魏国本土太远，因而桑丘与赵国的干系更大。

果然，燕简公立即向赵敬侯求救，赵敬侯联络魏武侯和韩文侯，三晋之君各率一军，大败齐军。

眼看魏国江河日下，成了赵国的跟班，中山桓公趁机复国。

田剡不服，两年后（前378年）再次伐燕。燕国依然向赵国求救。赵敬侯还是拉着魏武侯和韩文侯，三军联合，大败齐军。齐军败退，三晋追击，直到灵丘（今山东高唐南）才退兵。田剡因为连吃败仗，在国内权威扫地，三年后被弟弟田午弑杀。田午立田剡之子田喜为傀儡国君，后来想了想，不用这么麻烦，干脆杀了田喜，自立为君，是为齐桓公。为了与春秋首霸齐桓公区别开来，我们通常称之为田桓公。

从对齐国的战事中腾出手来后，魏武侯立即出兵讨伐中山国，结果大败。

既然魏国收复不了中山国，那么赵国再打中山国就名正言顺了，于是赵敬侯也出兵中山，结果也是大败。看来复兴的中山国已今非昔比。

中山国暂时啃不下来，赵、魏干脆掉转马头，拉上韩国，回到山西把残存一

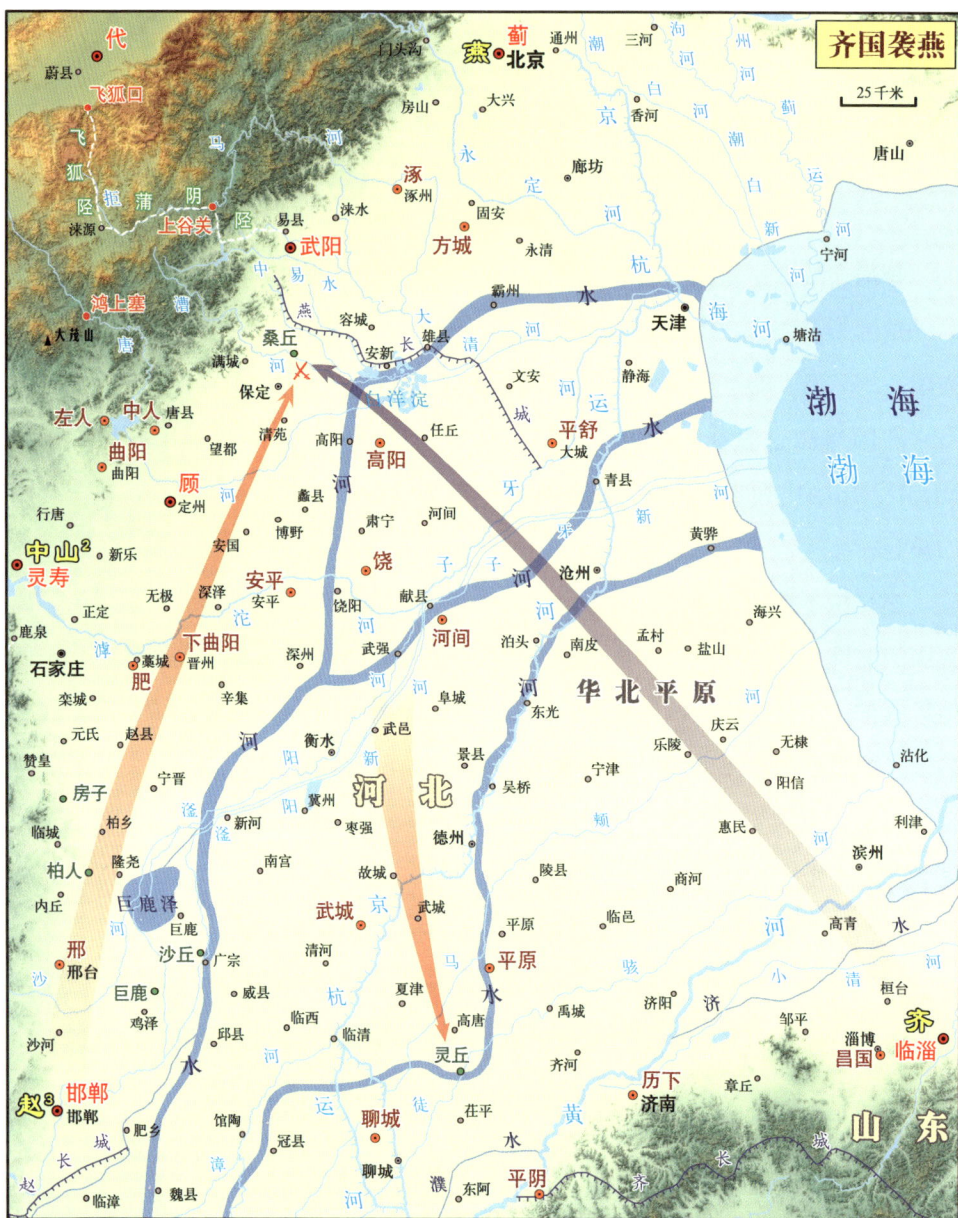

齐国袭燕
25千米

息的晋国灭了。自从三家分晋之后，晋君形同虚设，就算又传了四世，反而要不时向三家朝贡。但赵、魏、韩还是容不下晋国的存在。前376年，赵敬侯、魏武侯、韩哀侯瓜分了晋国公室仅剩的一点土地，将晋静公废为庶人，和晋国公室一起迁到上党地区的屯留（今山西屯留南）。至此，晋国彻底消亡。

韩哀侯在位时间很短，但他干了两件大事：其一就是参与灭亡晋国，其二就是灭亡郑国。

韩国灭郑，经过几代人的努力，采取了先取两翼，然后直捣中枢的战略方针。

早在前408年，韩景侯在位时，韩国发兵攻占了郑国的雍丘（今河南杞县）。雍丘是郑国一块位于楚、宋之间的飞地，也是郑国的左翼屏障。郑国不服，一年后反攻韩国，在负黍（今河南登封西南）打败韩军，但于大势无补。到了前385年，也就是韩文侯在位时，韩国攻占了郑国的阳城（今河南登封东南），郑国右翼屏障也失。阳城往北不远处，有一山谷名曰鬼谷，相传鬼谷子便隐居在此。

至此，郑国都城新郑几乎成了一座孤城。灭郑，韩国只需等待一个时机。毕

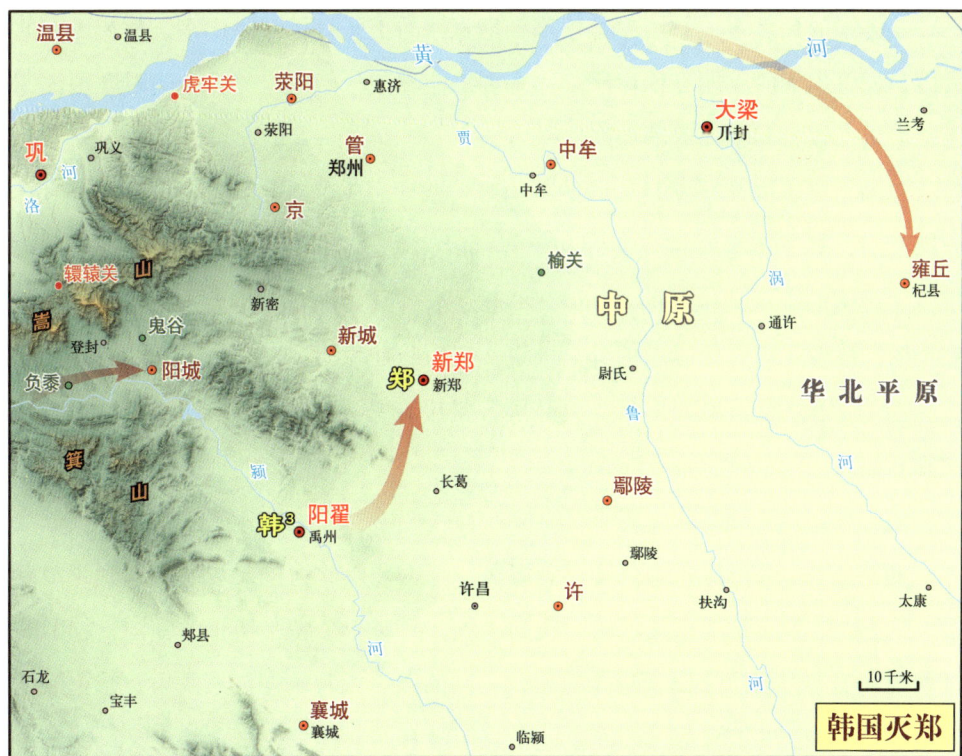

韩国灭郑

035

竟，郑国还有楚国这个靠山。

前375年，魏国已有迁都大梁的意图，开始清理大梁的外围，于是举兵伐楚，攻占了楚国的榆关。魏、楚大战之际，韩哀侯趁郑国孤立无援，立即发兵围攻新郑。结果，郑国——春秋时期第一个称霸的诸侯国，成了战国时期第一个被灭掉的大国，从此消失在历史长河之中。

随后，韩国把都城迁到了新郑。对韩国人来说，没有什么新郑、旧郑之分，统称为郑。又因为新郑在整个韩国的南部，所以他们也称之为南郑。不过，因为在同时期的关中还有个郑县（旧郑，今陕西华州），汉中也有个南郑，为了区分它们，我们还是按习惯称其为新郑。

战国初期，三晋无疑是历史的主角，而传统的大国，如齐国和楚国，似乎无所作为，反而被三晋牵着鼻子走。其实这是一种错觉。别忘了，春秋时期最后一任霸主是越国，如果从天下的局势来看，正是因为齐、楚的压制，越国的势力一直没能伸入中原，三晋才能在中原兴风作浪。

从齐国的角度看，越国定都琅琊，最直接的扩张目标就是山东。作为山东的大国，如日中天的越国在南岸登陆，齐国怎能不战战兢兢！只是，当时齐国内部面临着内部权力斗争，无暇他顾。

越国，可以说几乎就是勾践的越国。勾践死后（前465年），其子鹿郢继位。鹿郢死后，其子不寿继位。鹿郢和不寿都延续着勾践的路线，对诸侯以礼相待，维持了越国的霸主地位。前446年，不寿之子翁弑父自立，是为越王朱勾。朱勾在位时，改变了前三位越王的外交政策，开始四处征战。

前414年，越王朱勾出兵，灭滕国。紧接着又灭郯国（今山东郯城北），俘虏郯君鸪。

前410年，朱勾去世，太子翳即位。

前391年，田和将齐康公发配到海岛，越王翳以此为借口攻齐，遭到齐国反击。前386年，周安王正式承认田氏为诸侯。面对一个脱胎换骨的齐国，越国的都城反而需要时时小心。而这个时候，吴国的旧贵族开始在江东闹事。越王翳权衡再三，于前378年将都城迁回了江东，但没有回会稽，而是定都于吴，即姑苏城，此举显然是为了加强对吴国故地的控制。

前375年，即韩国灭郑的那一年，越王翳的弟弟豫，为了谋取王位，在得到吴人的支持后，怂恿越王翳杀死了三位王子。随后，又挑唆越王翳除掉太子诸咎。

但越王翳没干。太子诸咎担心自身难保，干脆发动政变，先赶走叔叔豫，又杀死了越王翳。但诸咎也没能当上王。十月，吴人杀死太子诸咎。这时，被赶走的豫又杀回来，拥立诸咎之子错枝为王。错枝不想当这个傀儡王，但迫于压力，不得不当。

此时，越国的政权实际把控在豫和吴人手中。越人不甘。前373年，留在越国故地的大夫寺区率兵平叛，杀死豫，废黜错枝，然后立越王翳之子无余为君。从此，越国政权就把控在寺区家族手里。

十二年后，寺区的弟弟杀死了无余，立无颛为越王。

至此，越国的霸业已不复存在。同时，越国因为将重心放在江东，与楚国的矛盾就不可避免。

楚国对越国的防范之心比齐国更强。当年，楚国一不小心差点让吴国灭了国，而越国俨然是一个翻版的吴国。勾践死后，楚国乘机东扩，势力已达泗水之上。因为楚国的东扩，越国的势力其实被拦腰截断，南北不能形成合力。

东扼越国，是春秋战国之际楚国的主要目标。当三晋兴起后，楚国又面临在北方与三晋作战。新生的三晋经过改革，实现了君主集权，其合力已经远超当年的晋国。所以与三晋交战，楚国连连吃亏。

除了东、北两条战线，楚国还要西图巴、蜀，南征百越，可谓四面出击。

总之，楚国虽然地盘大，几乎拥有半个天下，但力量太分散。而吴起变法失败，楚国又没能实现中央集权，楚王对付外敌能调集的资源有限。对其他诸侯国来说，这未尝不是一件好事，不然，以楚国的体量，一旦实现中央集权，其他国家就没有任何机会了。

在外交上，楚国只有秦国一个坚定的盟友，至于其他国家，则见机行事。

而秦国，自春秋时秦穆公之后，沉寂了两百多年，一直悄无声息，被中原诸侯视为野蛮国家。秦国处于戎狄环伺之中，许多风俗与戎狄无异，又久不通中原，文化上的确落后，被诸侯们看不起也正常。但其实，秦国也在悄悄改变。

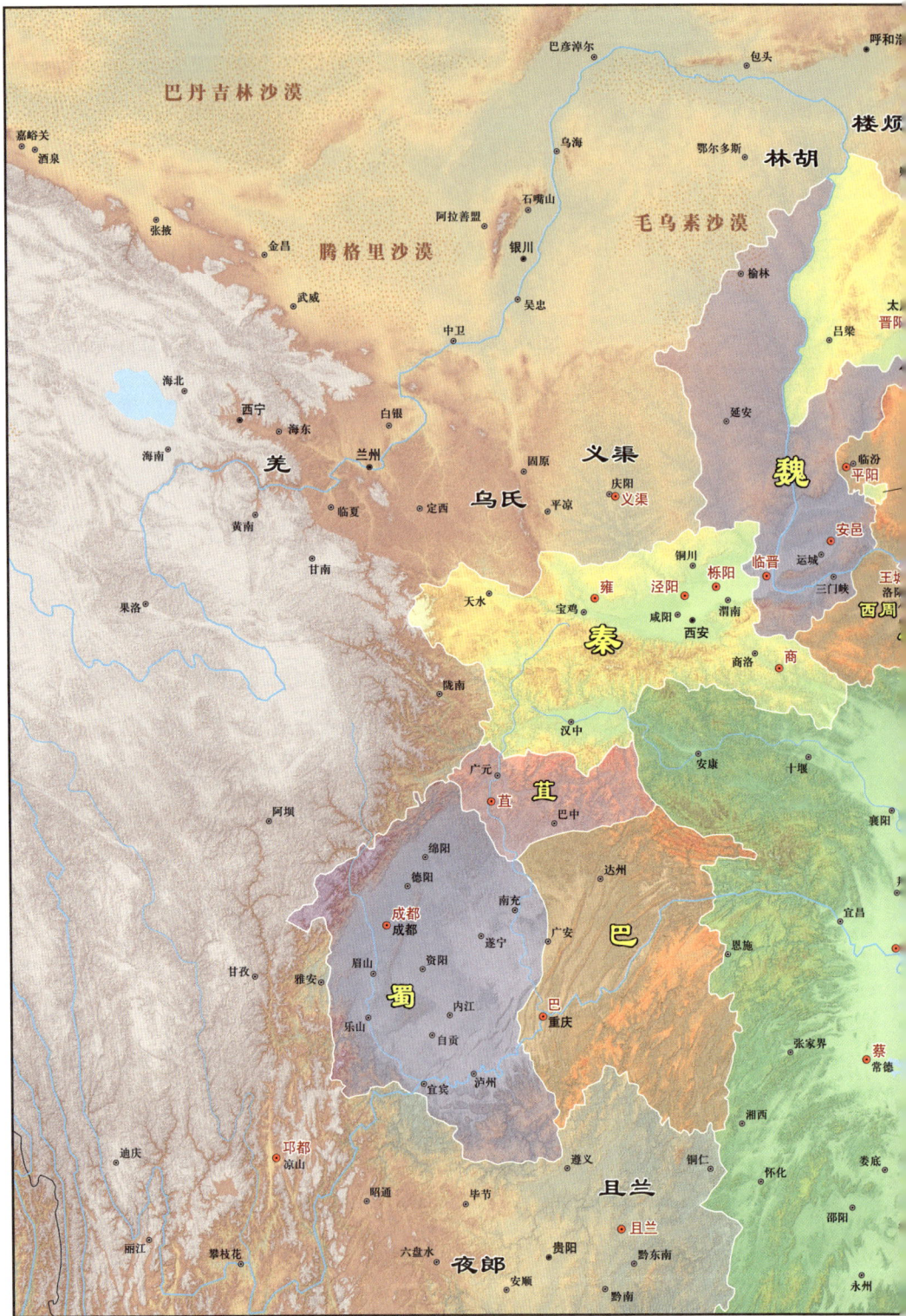

巴丹吉林沙漠

楼烦

林胡

毛乌素沙漠

嘉峪关
酒泉

张掖

金昌
腾格里沙漠

武威

海北

西宁
海东

海南

羌

黄南

乌海

鄂尔多斯

阿拉善盟

石嘴山

银川

吴忠

中卫

白银

兰州

甘南

甘孜

阿坝

迪庆

丽江

攀枝花

呼和浩

包头

榆林

吕梁

太
晋阳

延安

临汾
平阳

魏

安邑

运城

王城
洛阳

西周

临夏

定西

天水

陇南

固原

平凉

庆阳
义渠

铜川

雍

泾阳

咸阳

宝鸡

西安

栎阳

渭南

临晋

三门峡

秦

商洛

商

汉中

广元
苴

苴

巴中

安康

十堰

襄阳

绵阳

德阳

成都
成都

眉山

资阳

乐山

宜宾

南充

遂宁

内江

白贡

泸州

蜀

达州

广安

巴

重庆

宜昌

恩施

张家界

常德
蔡

湘西

铜仁

怀化

邛都
凉山

昭通

毕节

遵义

且兰

且兰

贵阳

黔东南

娄底

邵阳

永州

六盘水

夜郎

安顺

黔南

038

代
蓟
北京 燕
武阳
张家口 承德
唐山 秦皇岛
廊坊
保定 天津
渤 海
渤 海
灵寿 顾
石家庄
中山 衡水
沧州
辽阳
鞍山
盘锦 营口
葫芦岛
锦州

丹东

平壤 元山

大连

开城
首尔
仁川

朝鲜半岛

邢台
德州
滨州 东营
烟台 威海
邯郸
邯郸
安阳 聊城
济南 淄博
临淄 潍坊
即墨
鹤壁
濮阳 泰安
齐
莒

卫
韩
濮阳
济宁 曲阜 鲁 费
郑 小邾
薛 临沂
郯
青岛
日照
琅邪

黄 海

大梁
开封
郑
睢阳 宋
商丘
亳州 淮北
徐州
宿迁

连云港

许昌
陈
周口
宿州
邳

河
驻马店
信阳
巨阳
阜阳
淮南
寿春
蚌埠
淮安

盐城

楚
武汉
黄冈
鄂州
黄石
咸宁
桐
安庆
六安
合肥
滁州
南京
马鞍山
芜湖
铜陵
池州
宣城
扬州
泰州
南通
镇江
常州 无锡
吴
苏州 上海
湖州 嘉兴

东 海

黄山
越
杭州
会稽
绍兴
宁波
舟山

九江
南昌
景德镇
衢州
金华
丽水
台州

东 海

宜春
新余
乡
抚州
鹰潭
上饶
温州

吉安

闽越
南平
宁德
福州

三明

80千米

战国初期局势(前368年)

最早做出这种改变的是秦简公。秦简公做了两项改革，让秦国在战国初期也乘上了改革的春风。

第一件，允许官吏、百姓带剑。官吏多出自平民，百姓也是平民，从前只有贵族能随身带剑，现在平民也可以了，这实际上是在削弱传统贵族的地位。

第二件，承认私田的合法性。所谓私田，就是农民私自开垦的田地。农民不愿耕种贵族的公田，私自开荒种地，贵族当然不愿意，是要想办法打击的，但国家予以承认，贵族就没办法了。而且，耕种私田的农民与贵族再无瓜葛，直接向国家交税。这实际是从经济上瓦解传统贵族的势力，最终目的还是实现中央集权。

秦简公死后，其子秦惠公继位。为了与春秋时期的秦惠公作区分，一般也称为秦后惠公。秦惠公最有名的事迹就是阴晋之战，五十万大军被吴起五万魏武卒打得落花流水。但在随后的两年，秦惠公转而南下，攻取南郑，这看似是无奈之举，却为秦国日后的发展落下了一枚关键棋子。

秦惠公死后，其子秦出公继位，年仅两岁，由母亲小主夫人主持朝政。秦小主夫人重用宦官与外戚，贤臣不悦，纷纷隐居，百姓也是怨声载道。秦出公有位族兄名叫师隰[xi]，是秦灵公的儿子。当年秦灵公去世时，国人拥立秦灵公的叔叔秦简公继位，师隰被迫流亡魏国。此时，师隰已在外流亡三十年，听说国人对新君不满，便想回国主政。他带着一帮随从来到郑县，守关的将士却不肯放他进去。师隰没办法，只好绕道戎狄，来到秦国北方的焉氏塞（即后来的萧关，今甘肃平凉西北）。而后，由庶长菌改迎接进入秦国。

秦小主夫人得知此事后，立即派军捉拿师隰。大军走到半路发生哗变，由迎击敌寇改为迎立新君，全部倒向师隰。于是师隰率众回到秦都，杀死秦出公和秦小主夫人，沉尸深渊。随后师隰即位，是为秦献公。

秦献公上台后做了两件大事。

第一件，废除秦国的人殉制度。人殉是一种非常古老原始的丧葬仪式，这也是秦国最被中原诸国诟病的地方。我们知道，当年秦穆公独霸西戎、威震华夏，但他死时带走了大量贤才，正是这个人殉制度造成的，而秦国也从此一蹶不振。有人殉制度的存在，人才都不敢入秦。秦献公废除人殉制度，等于向各国人才敞开了大门。

第二件，把都城从泾阳迁到栎阳。迁都新址是为了摆脱旧贵族势力的影响，更重要的是从军事方面考虑，栎阳离河西更近，直面前线，秦献公以此表示收复河西的决心，给魏国施以压力。

从秦献公开始，沉寂数百年的秦国才真正迎来转机。

第六章　商鞅变法

前370年，魏武侯去世。因生前未立世子，魏武侯的两个儿子——魏罃[yīng]和魏缓，开始争夺君位。

魏缓势力较弱，处于下风，便跑到邯郸向赵成侯求救。这时，一个叫公孙颀[qí]的人从宋国来到赵国，又从赵国到韩国，游说韩懿侯与赵国一同攻魏。韩懿侯大喜，觉得机不可失，便与赵成侯各率本国军队在黄河北岸集结。

关于公孙颀的身份，史书没有记载，许多人认为他是魏缓的谋士。如果真是魏缓的谋士的话，他就可以从魏国直接进入韩国，没必要跑去宋国一趟。而且，从宋国到韩都新郑的距离很近，也没必要绕道赵国。所以，公孙颀很可能就是宋国人。再有，魏缓只是向赵国寻求帮助，而公孙颀却要让三晋火并，三晋自相残杀，对周边小国只有好处没有坏处。

韩赵联军先占领了魏国的葵邑（今河南焦作西北）。当时的上党高地几乎都被韩、赵瓜分，只剩葵邑一带被魏国占据，攻占葵邑其实就是把魏国的势力从上党高地清理出去。

随后，联军西进，经轵关陉，进入运城盆地。魏罃坐镇都城安邑，派大军前往迎敌。此时的作战方式还有春秋时的遗风，魏国虽然有魏武卒，以步兵为主，但并没有在轵关陉等险要处埋兵设伏，而是在平坦地带摆开阵势等候敌军。

前369年，双方战于浊泽（一名汲泽，今山西运城盐池），魏军大败，联军趁势包围了安邑。

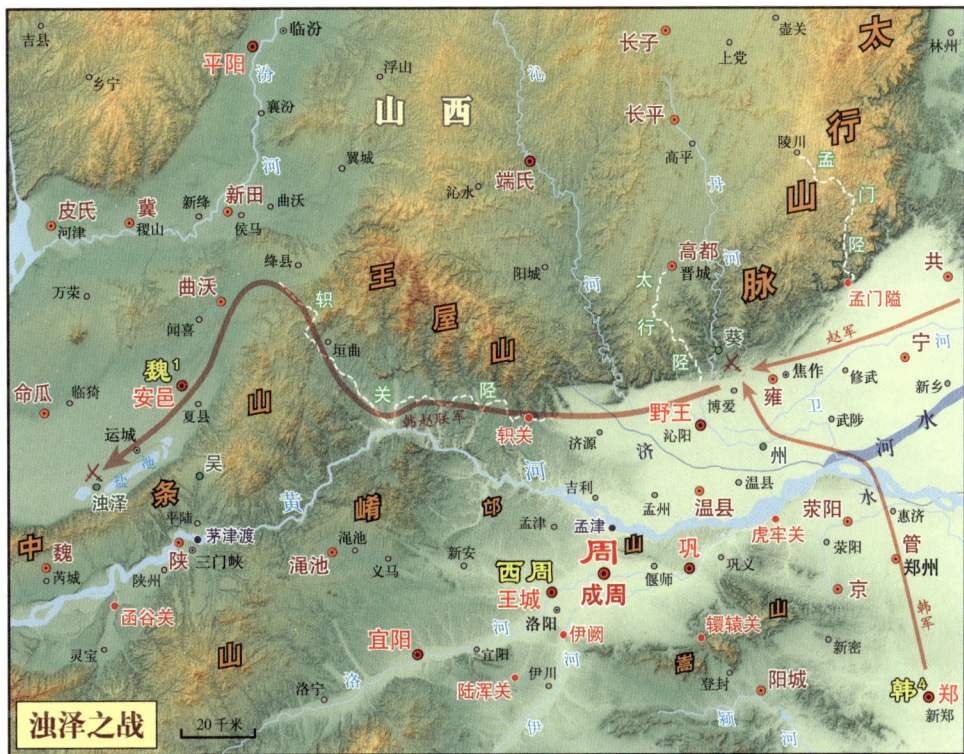

浊泽之战　20千米

此时的魏䓨已然束手无策，只能坐以待毙。

没想到的是，联军内部出现了分歧。眼看胜利在望，赵成侯认为，应该废除魏䓨，立魏缓为君，让魏国割地。而韩懿侯则认为，杀人国君是暴，割人土地是贪，不如将魏国一分为二，这样魏国就会沦为宋、卫一流的小国，对韩、赵也就没有威胁了。

赵成侯不听。韩懿侯很不高兴，当晚就带着军队撤了。赵成侯势单力孤，也只好撤军。

结果魏缓失败被杀，魏䓨自立为君，即魏惠王。当然，此时魏君还没有称王，魏惠王是谥号，我们只是按后世的习惯称呼而已。

魏惠王侥幸逃过一劫，但不幸的是，接下来他的对手是秦献公。

秦献公在秦国除了废除人殉和迁都栎阳外，还做了两项改革。

第一，编制户籍。

在周朝时期，一国之民分为"国人"和"野人"。"国人"即城里人，主要是贵族，也包括一些手工业和服务业从业者，"野人"即农民。秦献公编制户籍时，不分"国人""野人"，让人民统统按照军队的编制，以五户为一"伍"。秦人以"伍"为基本单位，军农合一，平时种地，战时打仗。以前秦国的军队，都是贵族的私人武装，如今秦献公直接寓兵于农，绕开了贵族，由国家直接掌控军队，既可以向农民征收税赋，保证钱粮，又可以调动军队，掌控国家机器。

编入户籍的国民称为"户民"，都登记有详细的资料，还要互相监督，这既便于国家管理，也便于国家征税。总之，户籍制度能让国家控制每一个人，调动每一个人的资源。这是中国后世户籍制度的雏形。

当然，改革不可以一蹴而就，尤其在一些传统势力强大的地方，弄不好就会反弹，功亏一篑，所以秦献公需要搞一些试点，这就是第二项改革。

第二，推广县制。

县最早的作用就是由国君直接控制，征收兵赋。春秋时，楚国设置了中国历史上的第一个县——权县。在日后吞并周边小国时，楚国又陆续设置了很多县，如申县、息县。所以楚国在对抗北方诸侯时，能从申、息等县直接征兵，而不用千里迢迢从国都调遣，非常便利。但春秋时期还是以车战为主，兵源主要是贵族，也就是士人，数量终究有限。到了战国时期，战事以步兵为主，征兵的对象主要是农民，军队数量一下子庞大了许多。秦献公推广县制，是因为在县境之内没有贵族封地，土地都由国君直接管辖，县里的国民也都由国君直接管辖，这既便于秦献公搞户籍制，更便于大量征收兵赋。

可以说，商鞅后来能在秦国变法取得巨大成功，正是因为有秦献公在前面铺路。战国时期的一切变法，都是在向中央集权迈进，秦献公只是往前走了一小步，就让秦国的实力大增，效果也是立竿见影。

前366年，魏惠王与韩懿侯在宅阳（今河南郑州北）会盟，准备联合攻打秦国。为此，魏国在武成筑城。秦献公得到消息后，先发制人，派兵进攻武成，大胜。而后秦军乘胜追击，在洛阴击败韩魏联军。多少年来，秦国在河西之地一直被魏国压制，毫无还手之力，这一次终于打了个翻身仗。

乘胜利之威，两年后，秦军攻入河东，与魏军交战于石门（今山西运城西南），斩杀魏军首级六万。石门山离盐池不远，上次浊泽之战时，魏军也是在这

石门之战

15千米

陕北高原　龙门渡　皮氏　冀　新绛　曲沃

黄陵　黄龙　河津　汾　河　侯马　新田

宜君　韩城　岸门　万荣　山西　闻喜

繁庞　少梁　命瓜　临猗　运城　夏县　魏[1]　安邑　条　山

白水　澄城　合阳　智　河东之地　盐池　吴

元里　合阳　运城盆地　平陆　茅津渡　河

蒲城　河　河西之地　蒲阪　永济　石门山　陕　三门峡　中

关中　临晋　蒲津渡　魏　陕州　函谷关

富平　大荔　河　洛阴　芮城　风陵渡　灵宝　崤

秦[3]　栎阳　渭河平原　华阴　阴晋　黄　河　桃林塞　山

高陵　渭南　郑县　武成　潼关

临潼　渭　华州　华　山

东周国和西周国

6千米

济　水

河内地区　温县

黄　吉利　孟州　温县

邙　孟津　孟津

孟津　山　巩义

周　成周　东周　巩

西周　王城　偃师　洛　河

洛阳　伊阙　洛阳盆地　辕辕关　山

宜阳　伊　嵩

陆浑关　伊川　登封　鬼谷

里被韩赵联军打得丢盔卸甲，看样子，这里就是魏军主力的大本营。

这是自战国以来秦国对关东诸国的首次大胜，一时天下震动，周显王派人送来礼物表示祝贺，史称"献公称伯"。

周显王之所以谥号"显"，是因为很久没有露脸的周王室在他手上要频频亮相了。与诸侯国纷纷改革搞郡县制不同，周王室誓死将分封制进行到底。前367年，西周国君周威公死后，其大儿子朝继位，是为西周惠公，但周威公的小儿子根（也称班）不服，在韩、赵的支持下，公子根跑到巩邑另建一国，号东周。因为有韩、赵的武力支持，最终天子承认了东周国为诸侯。公子根也就是东周惠公，同时也是周王室的卿士。所以东周国虽小，但地位高。这时的周天子，只剩下成周及附近七座城了。

韩国在南下扩张时，侵吞了周王室不少的土地，周王室对三晋都没什么好感，所以此时看到秦国把魏国打得灰头土脸，莫名高兴，便派人向秦献公祝贺。

前363年，秦献公再接再厉，出兵攻打魏国的少梁。魏军不敌，向赵国求救，秦军这才退兵。

第二年，秦献公派兵再次攻打少梁，大胜，俘获魏国世子和大将公叔痤，并占领庞城（繁庞）。

同年，秦献公去世。其子渠梁继位，是为秦孝公。

秦国在河西的连连获胜，让魏惠王坐立不安。安邑离河西太近，而且中间无险可守，按照常规的经验，秦军只要突破黄河一线，就可以长驱直入，直逼安邑。面对秦军的咄咄逼人，魏惠王思虑再三，把都城从安邑迁到了大梁。

当然，说魏国迁都大梁是为秦国所迫也不全对，此时的秦国对魏国还没有压倒性优势，河西还在魏国手里。大梁地处中原，魏惠王迁都大梁的主要目的还是争霸中原。至此，赵、魏、韩都把都城迁出了山西，三国迁都的主要目的也一样，都是为了争霸中原。山西与中原隔着太行山，隔着黄河，进出多有不便。只是如此一来，整个山西的防守就很薄弱，这就给秦国创造了冲出关中的机会。而且三晋没有想到的是，定都中原固然方便争霸，但位处四战之地，强盛时可以借机扩张，稍有衰落就会沦为郑、宋一样的结局。

即使是在平原地带，水运依然是最便捷的运输方式，特别是运送粮草，能

太行山脉

牟山

河北

华北平原

中原

河内地区

15千米

平顺
壶关
林州
陵川
孟门陉
孟门隘
焦作
修武
武陟
虎牢关
荥阳
惠济
荥阳
管
郑州
京
新密
新城
郑
新郑
韩⁴
中牟
牟山
朝歌
淇县
共
辉县
新乡
宁
获嘉
新乡
延津
酸枣
原阳
林中
中牟
中牟
逢泽
榆关
尉氏
通许
长葛
鄢陵
鄢陵
许昌
许
扶沟
阳翟
禹州
襄城
襄城
临颍
郏县
昆阳
叶县
楚
叶
方城
舞阳
合伯
西平
漯河
西华
商水
周口

安阳
安阳
黄城
荡阴
汤阴
鹤壁
浚县
塿津
滑县
宿胥口
卫辉
水
平阳
桂陵
燕虚
蒲
长垣
濮
封丘
黄池
济
河
黄
魏²
大梁
开封
兰考
丹
睢
雍丘
杞县
襄陵
睢县
陈
淮阳
太康
项城
项
沈丘

内黄
清丰
刚平
濮阳
卫¹
濮阳
东明
襄丘
济阳
外黄
民权
宁陵
信陵
宋
睢阳

南乐
范县
马陵
鄄城
菏泽
定陶
陶
曹县
黄
河
废
水
水
柘城
郾城
苦县
鹿邑

鸿
涡
沟
河
颍
河

节省大量的人力物力。按魏惠王的设想，大梁四通八达，单凭水路就可以四面出击：东南，经睢水到达宋国；东北，经济水到达齐国；往北，经河水可达赵国。至于韩国，因为比较弱小，不是魏国进攻的目标，有时还需要拉它做帮手。唯一麻烦的是南方，没有一条水路可以直通楚国。而楚国，才是魏国争霸的头号对手。为此，魏惠王组织人力物力，开凿了一条人工运河，这便是著名的鸿沟。

鸿沟西起荥阳（今河南荥阳北），引黄河水为源，向东流经中牟（今河南中牟东北）、大梁，在大梁的护城河绕了一圈之后，折而南下，最终入颍河，而颍河通着淮河，淮河连着泗水、邗沟，也就是说，有了鸿沟，大梁城的船只可以直接开到江东，魏惠王的野心可见一斑。但在魏国迁都大梁初期，大梁南方的陈邑（今河南淮阳）还属于楚国，而且魏惠王开挖鸿沟的目的太明显，楚国也不可能让他一下子挖到颍河。所以，鸿沟的开挖肯定不是一次性完成的，而是在日后逐步延伸的。

因为迁都大梁，人们又习惯把魏国称为梁国，而魏惠王因之被称为梁惠王。

前361年，即魏惠王迁都大梁的第二年，魏国相国公叔痤病重。魏惠王前往探望，说："如果您有什么不测，江山社稷怎么办？"

公叔痤便向魏惠王推荐了卫鞅。

卫鞅，卫国人，名鞅，因此称卫鞅。又因为是卫国公族之后，所以也称公孙鞅。

卫鞅到了魏国后，投奔在相国公叔痤门下，任中庶子，也就是一个普通的侍从官。公叔痤早就看出卫鞅有才，但直到这时才向魏惠王推荐："公孙鞅虽然年轻，但有奇才，可以把国家大权交给他。"又说，"国君若不用卫鞅，就杀了他，千万不要让他投奔别国。"

魏惠王觉得公叔痤病糊涂了，没有采纳他的建议。

公叔痤连忙召见卫鞅，将事实告诉他，劝他赶紧离开魏国。卫鞅说："国君既然不肯听您的话用我，当然也不会听您的话杀我。"并没有立即离开魏国。

不久，公叔痤去世。卫鞅在魏国看不到前途，听说秦孝公发布求贤令，便离开魏国，前往秦国。

到了秦国，卫鞅通过秦孝公的宠臣景监见到了秦孝公。第一次见面，卫鞅用帝道之术游说秦孝公，秦孝公听得直打瞌睡，事后对景监说卫鞅是个狂妄之徒。五日后，卫鞅再次求见秦孝公，以王道之术游说，秦孝公还是没兴趣。第三次见面，卫鞅以霸道之术游说，秦孝公点了点头，但也没什么动作。卫鞅此时已经明白秦孝公在想什么了，于是最后一次求见，向秦孝公献上富国强兵之策，秦孝公听得十分入迷。一连数日，两人畅谈甚欢。卫鞅这才得到秦孝公的重用。

所谓帝道，就是黄帝之道，以道家为指导思想治国。道家也称"黄老之学"，起源于黄帝，成形于老子。道家的中心思想是无为而治。王道指的是周王的治国方式，周王只称王未称帝，以周礼治国，周朝是孔子推崇的理想社会，所以王道成为儒家的治国理想。而霸道，来源于春秋五霸，是以武力获取霸主地位，前提就是富国强兵，法家的手段在这一方面见效最快，所以霸道成为法家的治国理想。秦孝公的理想是恢复昔日秦穆公的荣光，争霸天下，所以对耗时太久的帝王之道没有兴趣。

卫鞅后来被秦孝公封为商君，所以称为商鞅。为了叙述方便，从这时起，我们就统一称之为商鞅。

商鞅是法家的代表人物，法家以法律为手段，以富国强兵为己任。为实现秦国富强，商鞅需要改革秦国的法令，此即"商鞅变法"。

前356年，即商鞅入秦五年后，秦孝公任商鞅为左庶长（非公族成员最高官职），在秦国实行第一次变法。

变法内容主要有：

一、颁布并实行魏国李悝所制定的《法经》，增加连坐法，轻罪用重刑。

二、废除世卿世禄制，奖励军功，禁止私斗，颁布按军功赏赐的二十等爵制度。

三、重农抑商，奖励耕织，特别奖励垦荒；规定生产粮食和布帛多的，可免除本人劳役和赋税，以农业为"本业"，以商业为"末业"，并且限制商人经营的范围，重征商税。

四、焚烧儒家经典，禁止游宦之民。

五、强制推行个体小家庭制度。

《法经》是中国历史上第一部成系统的成文法典，不仅吴起用、商鞅用，后世的很多法典都是以此为蓝本。正因为它成系统，能照顾到方方面面，所以拿来直接用，能省去很多精力。在《法经》之上，商鞅增加了连坐法，这才是商鞅的独创。所谓连坐法，就是以"伍"为单位，相互监督，相互揭发。前文说过，秦献公开创户籍制度时，以五户为一"伍"。这个"伍"来自军队，在军队里，五人为一"伍"，所以我们今天有"队伍"这个词。在春秋时期，打仗以战车为主，一车有三士，三三得九，对应井田制的九户。到了战国，打仗以步卒为主，步卒使用的武器主要有弓箭、殳[shū]、矛、戈、戟，共五种。这五种兵器各有优缺点，如果把持五种兵器的步卒组成一组，便能取长补短，互相掩护，增强战斗力，这便是一"伍"，是战国时军队中最小的单位。秦献公编制户籍时，从军队中引入了"伍"的概念，以五户为一"伍"。商鞅的连坐法，在军队和户民里同时进行：军队里，一人犯罪，四人连坐；户民里，一户犯罪，四户连坐。连坐法就是用高压手段控制每一个兵卒、每一户户民。注意，我们今天常用一个词"家家户户"，看起来"家"和"户"的意思差不多，但在先秦时期，"家"和"户"是不同的，大夫的封地称为"家"，编入户籍的称为"户"。商鞅变法针对的是"伍"，即军队里的普通士兵和百姓里的普通户民，军官和大夫以上爵位的人不在此列。普通士兵来自普通百姓，军官来自士大夫，商鞅变法从根本上就是为统治阶级服务的。

当然，在商鞅的设计之下，除一国之君外，统治阶级不再是固定不变的，以前的世袭制是不行了，想获取爵位就得靠立军功。爵位分二十级：一公士，二上造，三簪袅，四不更，五大夫，六官大夫，七公大夫，八公乘，九五大夫，十左庶长，十一右庶长，十二左更，十三中更，十四右更，十五少上造，十六大上造，十七驷车庶长，十八大庶长，十九关内侯，二十彻侯。只有最高级别的彻侯有封地，封地大小通常为一县，可自治官吏。关内侯有食邑，或叫封户，只能吃封户的租税，不能实际统治。不过这是最终的版本，因为此时秦国也还只是个伯爵诸侯国，不可能给大臣封侯爵，只有等秦君称王甚至称帝时才有封侯的可能。当时只有十八等爵位，都是拿俸禄、按年计，所以叫岁俸，即国家一年给的粮食。粮食通常是小米，比如最低的公士，一年50石[dàn]，一石等于十斗，各国度量有所不同，秦一石约等于30公斤，也就是一年1500公斤，合每天4.1公斤粮食，这只是国家给的，再加上自己种的，公士一年所得也只够一个小家庭吃饱饭，谈不上富有。

假如一个普通士兵想获得爵位，那么他只要按秦法在战场上获得一颗甲士的首级，即可获一级爵位，成为公士。甲士即披甲的士，通常是军官，这是传统的士人；公士也是士，这是秦国新兴的士族，不论出身，唯军功论。传统的士人从小要习武，而普通农民出身的步卒要想在战场上拿下军官的首级谈何容易！但爵位的诱惑在那里，秦国人就是玩命也得上。在商鞅制定的体制下，秦国实际已经军民不分了。

当然，这里的民，指的是农民，其他人，特别是商人，游走各地，不好管理，也不生产粮食，而打仗需要粮食，所以商人必须打击，重农抑商是国策。

除此之外，为保证新法实行，任何质疑新法的声音都要禁止，焚烧儒家经典只是其中之一。同时，因为收税是按户计算的，为了多收税，家庭数量越多越好，兄弟好几个的，成年后必须分家，给国家增加税收来源。

在战国时期，诸子百家中影响最大的就是儒家和法家。儒家用教化的方式推崇礼制，也就是社会等级，只要各个等级的人安分守己，国家便好统治。法家则反其道而行之，用严刑峻法，打破这种等级制度，用赏和罚驱使百姓为国家服务。说到底，儒家和法家最终都是为帝王服务的，只是法家对民力的攫取太狠，国富了，民穷了。现代人经常把法家和法治混为一谈，其实两者有本质的区别，法家是利用法律手段为君王服务，现代法治的核心是以法为大，君主也必须在法律的框架下行事。法治是为了保障每个公民的权利，而在秦法下，百姓的权利是没有保障的——一个为民，一个为君，虽然都是以法律为武器。

春秋时，一个普通的农民只要种完公田，私田的收成就是自己的，即便打仗，也只是做做服务工作，犯不着卖命；到了战国时期，秦国一个普通的农民，除了要交地租外，还要服兵役、徭役，因为铁器的普及，生产力提高了，农民的负担却重了，除了上战场杀敌立功，似乎也没有别的出路。应该说不只是秦国，对各国的农民来说，他们也不会想到，好不容易逃过了贵族的剥削，却成了战场上的消耗品。

总之，经过商鞅变法，秦国国库充盈了，士兵们都在摩拳擦掌等着上战场。富国和强兵，秦国都做到了。魏惠王万万没有想到，自己放走一个商鞅，却给魏国树立了一个强大的敌人。

第七章　围魏救赵

再说魏国迁都大梁之后，对此最为不满的是楚国和齐国。

楚国把主要精力放在越国，暂时不会对魏国出手。对楚国来说，最好的办法就是与秦国结好，从西方牵制魏国，以保证楚国北方边境的安宁。

魏国的挑战主要来自齐国。

齐国的田桓公一生吃了不少败仗，为摆脱齐国的被动局面，创办了稷下学宫，广纳天下贤才。稷，是齐都临淄的一个城门，稷下学宫就是临淄城门附近的一个学院，它是中国历史上第一个官办学院。与其说它是一个学院，不如说它是一个学术研讨之地。田桓公规定，凡到稷下学宫的士人，无论其学术派别、思想观点、政治倾向，以及国别、年龄、资历等如何，都可以自由发表学术见解。在稷下学宫兴盛时期，先后到此的名士有孟子（孟轲）、淳于髡、邹子（邹衍）、田骈、慎子（慎到）、申子（申不害）、接子、季真、涓子（环渊）、彭蒙、尹文子（尹文）、田巴、儿说、鲁连子（鲁仲连）、驺子（驺奭）、荀子（荀况）等。战国时期百家争鸣的局面，集中体现在稷下学宫。也正是稷下学宫储备的人才，为齐国的复兴打下了基础。

前357年，神医扁鹊来见田桓公，站了一会儿，说："您有些小毛病，在肌肤纹理之间，不治的话病情恐怕会加重。"

田桓公说："我没病。"

扁鹊走后，田桓公说："医生就喜欢说没病的人有病，好显摆自己的本领。"

过了十天，扁鹊又来了，说："您的病已经到了肌肉，不治的话还会加重。"

田桓公没理他。扁鹊走后，田桓公一脸不高兴。

又过了十天，扁鹊第三次来了，说："您的病已经深入肠胃，不治的话还会加重。"

田桓公还是没理他。扁鹊走后，田桓公又是一脸不高兴。

又一个十天过去了，扁鹊远远地看见田桓公，掉头就跑。田桓公觉得奇怪，便派人去询问原因，扁鹊说："小病在纹理，热敷就可以；病在肌肉，可以针灸；到了肠胃，火剂汤可以治好；到了骨髓，那是神仙的事，医生是没办法了。现在病已到了骨髓，我也没什么可说的了。"

五天后，田桓公浑身疼痛，派人找扁鹊，但扁鹊已逃去秦国，田桓公不治而亡。

成语"病入骨髓"正是出自这里。后来，人们又从这个故事里提炼出另一个成语"讳疾忌医"。中学时我们学过一篇课文叫《扁鹊见蔡桓公》，说的正是这件事。故事的出处是《韩非子》，但韩非在文中称田桓公为蔡桓公，当为误记，蔡国早在春秋末灭于楚国。《史记·扁鹊仓公列传》中称田桓公为齐桓侯，扁鹊是战国人，这个齐桓侯当然不是春秋时的姜齐桓公，只能是战国时的齐桓公田午，也即田桓公。

田桓公死后，其子田因齐继位，是为齐威王。当然，齐威王此时还没有称王，应该称侯或公，我们只不过是按谥号习惯称呼而已，而且这样不会与之前姜齐的国君称呼重复。二十年前，姜齐康公去世，吕氏绝祀。绝祀不是说姜子牙的后代没了，只是说姜姓吕氏的大宗没人祭祀了，其他旁支还有很多，但他们祭祀的是自己分支的祖先，没资格祭祀大宗的祖先。

齐威王元年（前357年），三晋趁齐国国丧之机，出兵攻打齐国的灵丘。在春秋时期，趁人国丧出兵是大忌，为此晋国在崤之战将秦军全歼，以示报复。到了战国，这些禁忌都没有了，真正"礼崩乐坏"的时代到来了。

齐威王刚继位时，沉迷于酒色。为此，老臣邹忌劝谏道："我曾问我的妻、妾、客三人，我与城北的徐公谁美，我的妻子偏爱我，我的妾害怕我，我的客人有求于我，所以都夸我比徐公美。但我知道我不如徐公美。当今齐国方圆千里，城池多达一百二十个，宫中姬妾和左右没有不偏爱国君的，朝中的大臣没有不害怕国君的，四方百姓没有不有求于国君的——由此看来，国君遭受的蒙蔽比我大多了！"

齐威王说："说得好。"于是下令："能当面挑出寡人过失的，受上赏；上书劝谏寡人的，受中赏；能在公共场所议论我的过错的，受下赏。"政令刚下达时，群臣进谏，门庭若市。几个月后，偶尔有人来进言。一年后，倒是还有人想进谏，但已经没什么可说的了。

于是齐威王拜邹忌为相，齐国大治。

齐国在魏国的东方，秦国在魏国的西方，这一东一西两个大国先后复兴，作为战国初期的霸主，魏国注定日子不好过了。可惜的是，魏惠王不仅错过了商鞅，还错过了孙膑。

孙膑是兵法家孙武的后人，曾和庞涓一同学习兵法。传说两人的师父是鬼谷子，但这个说法只是来源于一些历史小说，正史并无记载。在战国时期，兵家也是百家之一，想学习兵法倒也不用跑到深山老林里去，城里就有开馆讲学的。或许孙膑有家学传承，所以他学得更好。

后来，庞涓到了魏国，得到魏惠王的重用，被任为将军。庞涓自知才能比不上孙膑，便暗中派人把孙膑请到魏国。孙膑到了魏国之后，庞涓担心孙膑得到重用，对自己的地位构成威胁，心生嫉妒，便捏造罪名将孙膑处以膑刑和黥刑。膑刑又称"刖刑"，有人说是挖去膝盖骨，有人说是砍脚，总之受此刑罚之后不能走路。黥刑是在脸上刺字，使人无颜在外抛头露面。庞涓想以此手段，让孙膑永远隐匿于世。

一天，齐国使者出访大梁。孙膑以刑徒的身份偷偷会见齐使，向他游说。齐使觉得孙膑不同凡响，又是齐国人，于是偷偷用车将孙膑载回齐国，并引荐给齐国将军田忌。田忌赏识孙膑的才华，收其为门客。话说回来，孙膑的祖上是田氏的一个分支，孙膑和田忌其实是很远的远房亲戚。

田忌是齐国公族，经常和齐威王及诸公子赛马。孙膑发现大家的马都差不多，按脚力可分为上、中、下三等。孙膑让田忌加大赌注，他可以保证田忌赢得比赛。

比赛开始，田忌和齐威王下了千金做赌注。在以前的比赛中，大家都是上等马对上等马、中等马对中等马、下等马对下等马，同一级别的马里齐威王的马条件自然好一些，田忌想赢很难。这一次，孙膑让田忌用下等马对齐威王的上等马，结果必输无疑；然后用上等马对齐威王的中等马、中等马对齐威王的下等马，这两局必胜。三盘两胜，最终是赢。

按孙膑的计策，田忌果然赢了齐威王，得千金。齐威王很不服气，觉得田忌背后有高人。田忌趁机向齐威王引荐孙膑。齐威王向孙膑请教兵法，孙膑对答如流，齐威王大喜，拜孙膑为师。

孙膑和庞涓，终究要在战场上一较高下。

前354年，赵国进攻卫国，攻占了漆和富丘两地（均在今河南长垣北）。两地位于卫国最南端，再往南，就是魏国地界，离魏国都城大梁也不过百里之遥。一直以来，卫国都是魏国的小跟班，小弟被欺负，做大哥的当然要管。但这还不是关键，魏国和赵国是亦敌亦友的关系，赵国攻占漆和富丘，直接威胁着大梁的

魏卫地理关系

安全。赵国的意图很明显，魏国也知道赵国的意思。所以，箭在弦上，魏惠王绝对不能坐视不管。

于是魏惠王派庞涓领兵北上，渡黄河，深入赵国腹地，直接将邯郸城包围。

这一围，就围到了第二年，赵国派使者向齐、楚两个大国求救。

先说楚国这边。

楚国与赵国之间隔着魏国，要穿过魏境去解救邯郸并不现实，如果不是为了对付魏国，楚国也没有理由帮赵国。所以廷议时，令尹昭奚恤（昭氏，楚昭王之后）主张坐山观虎斗，让赵、魏两败俱伤。但大司马景舍（景氏，楚平王之后）认为，如果完全坐视不管，赵国终将屈服于魏，到时两国共同与楚国作对，情况更不妙，应该派出少量兵马，使赵国坚决抵抗，等魏、赵两败俱伤时，再举兵向魏。楚宣王采纳了景舍的意见，派景舍出兵。景舍只是在魏国南境做做样子，并没打算与魏军动手。

重点在齐国。所谓唇亡齿寒，如果魏国灭了赵国，下一个倒霉的就是齐国。

齐威王召集群臣商议，邹忌主张不救。大夫段干朋认为，不救对齐国不利。段干朋建议分一路兵马向南攻打襄陵（大梁东南，今河南睢县），以牵制魏军，等邯郸城破后再出手相救，这样一来，既救了赵国，也削弱了魏、赵两国的国力。

齐威王采纳了段干朋的建议，兵分两路：一路围攻魏国的襄陵；另一路由田忌、孙膑率领，救援赵国。围攻襄陵的一路还叫来了宋、卫两国助战。魏国一直在侵吞宋国的土地，宋国参战可以理解，而且攻打襄陵要过宋境，没有宋国的帮忙不行。只是卫国怎么也参战了？而且是帮着齐国攻打魏国，这场战争不是因为魏国保护卫国而起的吗？现实是，卫国也不傻，魏国出兵赵国，护卫只是个旗号，说到底还是为了魏国自身的利益，假如真让魏国把赵国灭了，那么夹在赵、魏之间的卫国就是砧板上的肉了。

一开始，齐威王想让孙膑担任主将，但孙膑以身体残疾为由拒绝了，于是齐威王命田忌为将，孙膑为军师。

齐、楚都等着赵、魏先消耗一阵子，因此，邯郸毫无悬念地陷落了。

景舍立即进兵，攻占了睢水到濊水之间的土地。魏国在睢水到濊水之间的土地就是襄陵一带。而齐军此时正在襄陵围城，倒不是齐、楚喜欢凑热闹，襄陵是魏都大梁南方最重要的城市，襄陵失，则大梁危，齐军攻其必救，是在消耗魏军。

再说齐军主力，田忌本想直扑邯郸，与魏军主力交战，但被孙膑阻止。孙膑认为，此时魏军主力在外，国都空虚，应该向大梁方向进兵，大梁有危，庞涓就会放弃邯郸，回援国都，到时邯郸之围自解。

从齐国到大梁，齐军在穿过济南通道后，还要经过平陵（今山东定陶东北）。平陵的价值在陶邑（今山东定陶北），而陶邑原是曹国的都城，在宋国灭曹后，成了宋国的城邑，后来又被魏国抢走。陶邑的地位原本不足为奇，直到春秋末期，吴王夫差北上称霸，为了让吴国的水师能直达河、济，便开挖了一条运河，这便是菏水，把泗水和济水打通了。从此，陶邑成了南北汇集之地，也成为商贸发达之地，天下的钱粮汇集于此，富可敌国。

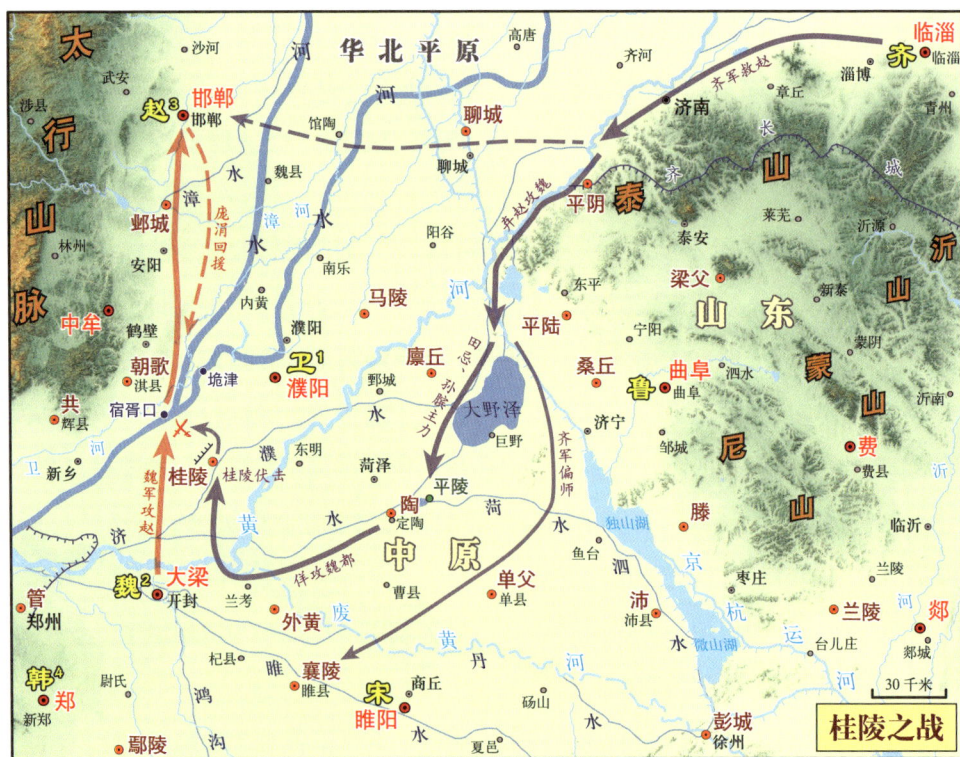

桂陵之战

在菏水的西端，有一片湖，名为菏泽，菏泽西端是陶邑，菏泽东端是平陵。显然，陶邑是魏国的钱袋子，平陵是因为陶邑而存在的。所以平陵虽小，但驻有重兵，是魏国都城大梁以东的战略要地。

孙膑建议攻打平陵，但不是真想打下来，而是给庞涓制造齐军将领无能的错觉，因为此时庞涓并不知道孙膑在齐军之中；如果齐军直扑大梁，庞涓会觉得齐军里有高人，不免心生警惕。

田忌听从了孙膑的建议，率军往平陵而来。到达后，田忌派临淄、高唐两城的都大夫攻城。果然，魏军防守严密，两支齐军大败。庞涓知道这个结果后，心里一定想：齐军将领就是个傻子，放着兵力空虚的大梁不打，偏要去啃平陵这个硬骨头。

接着，在孙膑的建议下，田忌派出轻装战车，直捣大梁城郊。

庞涓担心大梁有失，立即回援，但他并没有放弃邯郸，而是将主力留在邯郸后，轻装简车，昼夜兼程回援大梁。

田忌又派出少量部队佯装拦击庞涓，以示其弱，使庞涓轻敌。

从邯郸回大梁，要过黄河。邯郸往南，便是河内，从河内到中原，黄河的渡口依然在朝歌一带。相比春秋，战国时的黄河渡口更靠下游一些，在黄河的分叉处，因为这里的水流更平缓，利于渡河。这个渡口名为宿胥口，是庞涓从邯郸返回大梁的必经之地。宿胥口往南，有一座城邑，名为桂陵，属于卫国，与赵国占领的富丘相邻。孙膑便将齐军主力埋伏在桂陵一带。

庞涓渡黄河时，见没有出现半渡而击的情况，附近也没有出现齐军，认为齐军都在围攻大梁，于是放松了警惕，急切往南。

当庞涓到达桂陵一带时，孙膑率齐军杀出，一举擒获庞涓。

虽然庞涓被擒，但魏军的主力还在。

前352年，秦孝公任商鞅为大良造（大上造之良者，当时秦国最高军功爵位）。商鞅趁此时魏国国内空虚之机，率兵长驱直入，攻占了魏国的旧都安邑。魏国举国震惊，魏惠王急忙派人在河西修筑长城以防秦，又调用韩国的军队击败了包围襄陵的齐、宋、卫联军。这下齐国有些被动了，齐威王请楚国大司马景舍出面调停。魏惠王也不想四面受敌，相对于秦、楚、齐，赵国还可以做个盟友。最终，各国休战。

前351年，魏惠王与赵成侯在漳河边结盟，而后从邯郸撤军。齐国也将庞涓放回魏国，魏惠王仍以庞涓为将军。终归，魏军的精锐要葬送在庞涓手里。

第八章 马陵之战

商鞅变法的功效显而易见，为此，申不害在韩国也开始变法。

申不害是郑国人，出生在京邑，也就是春秋初年共叔段受封的那个京城。韩国灭郑后，申不害也就成了韩国人。无论是作为郑人还是韩人，申不害原本都只是一个小官，韩昭侯时期，申不害才得到重用。前351年，韩昭侯拜申不害为相，开始变法。

当时各国变法的核心内容差不多，都是中央集权。春秋是一个权力逐步下移的时代，王权向诸侯转移，诸侯的权力向卿大夫转移，卿大夫的权力向家臣转移。虽然各国权力转移的程度不同，但总体趋势不变。如果这种趋势不变，国家可能会四分五裂，如三家分晋；或卿大夫篡位，如田氏代齐。为逆转这一趋势，战国的改革家们无一例外地都选择反其道而行之，将权力向上集中，即中央集权。所谓强国之路，这里的国是国君的国，不是百姓（贵族）的国，更不是黎民（平民）的国，按法家的理念，只有国君强大了，国才能强大。国君如何强大？那就是将原来卿大夫手中的权力集中到国君手中，原来是国君管中央、卿大夫管地方，现在地方由国君派官员管理，卿大夫不存在了，这就叫中央集权。除国君一人之外，取消所有人的世袭权力，国君在中央一言九鼎，这就是君主专制。中央集权不一定君主专制，但君主专制必定中央集权。战国时期，除楚国外，各国基本都实现了中央集权下的君主专制，集权和专制是郡县制下的必然结果。

我们常说，集权或专制会导致思想禁锢，战国为什么反而出现了百家争鸣的盛况呢？这是因为战国是家国模式，还不是家天下模式。在分封制下，诸侯立国，卿大夫立家，实际在一国之内，诸侯直接控制的领土和卿大夫差不多，也算是一家，当诸侯一家掌控整个诸侯国时，就是家国，到秦始皇一统天下后，以一家掌控天下，就是家天下。家国模式下，各国处于竞争关系，需要广纳贤士，百家因此兴盛。家天下模式下，再无竞争者，需要统一思想，所以"焚书坑儒"，所以"罢黜百家"。

商鞅重法，同样作为法家，与商鞅不同的是，申不害重术。所谓术，就是我们常说的权术，也称"帝王之术"。权术可以说是专制体制下的必然产物，当一国之君集所有权力于一身的时候，属下的官吏没有一个有安全感，随时会被国君生杀予夺，因此国君很难听到真话。与此同时，当某个官员功高盖主，一旦对君权形成威胁，他只有两个选择：要么退隐，要么篡位。能摆脱权力诱惑，主动放弃权力的人是极少数，篡位几乎成了必然选择。对国君而言，手下的每个臣子既是帮手，也是敌人，为了不让臣子们将矛头都冲向自己，他需要动用一方去平衡

列国变法

另一方，让臣子们明争暗斗，以此达到操控官员的目的，这便是权术。

法在明处，术在暗处。法管民，术管吏。申不害认为，国君最大的威胁来自大臣，为掌控大臣，国君需要玩弄权术。权术在国君内心，外人不得而知，这就需要国君本身的素养高。商鞅的法在明处，只要执行得好，国君的好坏影响不大，但申不害的术在暗处，国君玩不好就会把自己玩进去。韩昭侯本身是一个有抱负的君主，在申不害的改革下，韩国也一时强大起来。

与此同时，商鞅在秦国实行了第二次变法。第二次变法是第一次变法的强化，主要内容有：

一、废井田，开阡陌；

二、废分封，行县制；

三、迁都咸阳；

四、统一度量衡。

现代汉语中阡陌是田间小路，南北为阡，东西为陌。过去井田制时代，阡陌是划分一块块田地的界线，废除井田，就是要打破这些界线。在各国的改革中，不可能一下子把原来的封建贵族全部清除掉，只能一步步来，老人老办法，新人新办法，让新的制度逐渐成为主流，比如保留原来贵族的封地不动，用开荒的方式让自耕农逐渐成为主流。但商鞅做得比较彻底，直接废除了原来贵族的封地，这一下子把秦国所有的贵族都得罪了。

废井田、开阡陌最大的影响是从法律上承认了土地私有。在井田制下，土地属于国君或卿大夫所有，农民只是租种，地租就是耕种"井"字中间的那块田，无论收成好坏，地租都按实际产出计算。何况在井田制下，同一片土地的很多农民与卿大夫有或远或近的血缘关系，属于卿大夫的庶子或庶子的后人，卿大夫不会对他们肆意盘剥。井田制下，土地可以称为公有，这个"公"当然是指国君或卿大夫，而不是公众，国君的土地是天子分封的，卿大夫的土地是国君分封的，从法理上讲不允许买卖。商鞅变法之后，土地可以买卖，短时间看不出有什么坏处，时间长了就会发现，井田制也是均田制，能最大限度上保证耕者有其田，而土地私有之后，土地兼并就不可避免，后世的王朝发展到一定程度，土地兼并越来越严重，当失地的农民积累到一定程度，就会爆发农民起义，推翻旧王朝，建立新王朝；新王朝建立起来后，一开始都会想尽办法均田地，但时间一长，土地兼并日益严重，又一个循环开始。这就是中国历史逃不脱周期律的根本原因。让耕者有其田是历史上许多政治家的梦想，但井田制一旦废除，就再也回不去了，因为伴随它的卿大夫贵族阶层已经消失，后世的世家大族与土地及土地上农民的关系，已经不可同日而语。举个例子，汉朝的地租最少时只有土地收成的三十分之一，比战国时普遍实行的十分之一轻多了，假如碰到天灾或变故，农民交不起地租（为管理方便，地租按预估值收，不会因为实际产出为零就不收），就会变卖土地，来年只能租种地主的田地，而地主收的租金却高达五成，此时国家再免除地租，也只会让地主得好处，真正失地的农民却享受不到，于是贫富差距越来越大。除了地租，农民还要服徭役、兵役，有些农民为了逃避各种差役，干脆典身为奴，于是土地兼并愈演愈烈。王莽其实已经发现了这个端倪，所以想恢复井田制，只是时过境迁，社会基础不存在了，最终只能以失败告终。

迁都咸阳也是为了摆脱旧贵族的势力。秦国之所以改革得最彻底，和频频迁都大有关系。当然，最重要的还是靠执行，也就是严刑峻法。为了让新法顺利执行，商鞅采取的是杀鸡儆猴的办法。

有一次，世子驷触犯了禁条，商鞅要处罚。因为世子是未来的国君，国君是一个国家的体面，不能留下残疾，商鞅便处罚了世子的两位老师，让他们一个受劓[yì]刑，另一个受黥刑。劓刑是割鼻子，黥刑就是在脸上刺字，再染上墨，效果类似文身，终生留痕。

这个方法非常管用，十年后，秦国道不拾遗，人人守法，兵强马壮，诸侯畏惧。

但商鞅认为，秦国暂时还不是魏国的对手，所以建议用尊魏为王的办法来麻痹对方，也就是我们今天常说的"捧杀"。

前344年，商鞅奉秦孝公之命，游说魏惠王，劝他先称王，然后图谋齐、楚。魏惠王果然上当，自称为王，用天子仪仗，同时召集卫、宋、鲁、邹等国在逢泽（今河南开封南）会盟，秦国派代表参加，赵国也派了代表，总共有十二个诸侯国参加，阵势浩大。会后，魏惠王还带着他们一同朝见周天子。

但逢泽会盟遭到了韩国的反对。韩国知道，魏国一旦称王，对韩国意味着什么，于是和齐国亲近起来。

前343年，魏国果然攻打韩国，韩国向齐国求救。

为了消耗魏国的兵力，齐威王虽答应救韩国，但没有马上出兵。韩国人自恃有齐国救援，与魏国死战，但五战五败，于是向齐国告急。齐威王这才派出大军，以田忌为主将，田婴为副将，孙膑为军师。和桂陵之战一样，这场战斗齐军的实际指挥者是孙膑。

孙膑还是采用围魏救赵的战术，没有派人支援新郑，而是领军直扑大梁。

庞涓得知消息后，立即从新郑回师魏国，迎战齐军。魏惠王派太子申为上将军随军。

眼见魏军来势汹汹，孙膑率齐军佯退，而且减灶诱敌。所谓减灶诱敌，就是每天减少军队饭灶的数量，以迷惑敌人。军队出征，都是在野地里做饭，做饭需

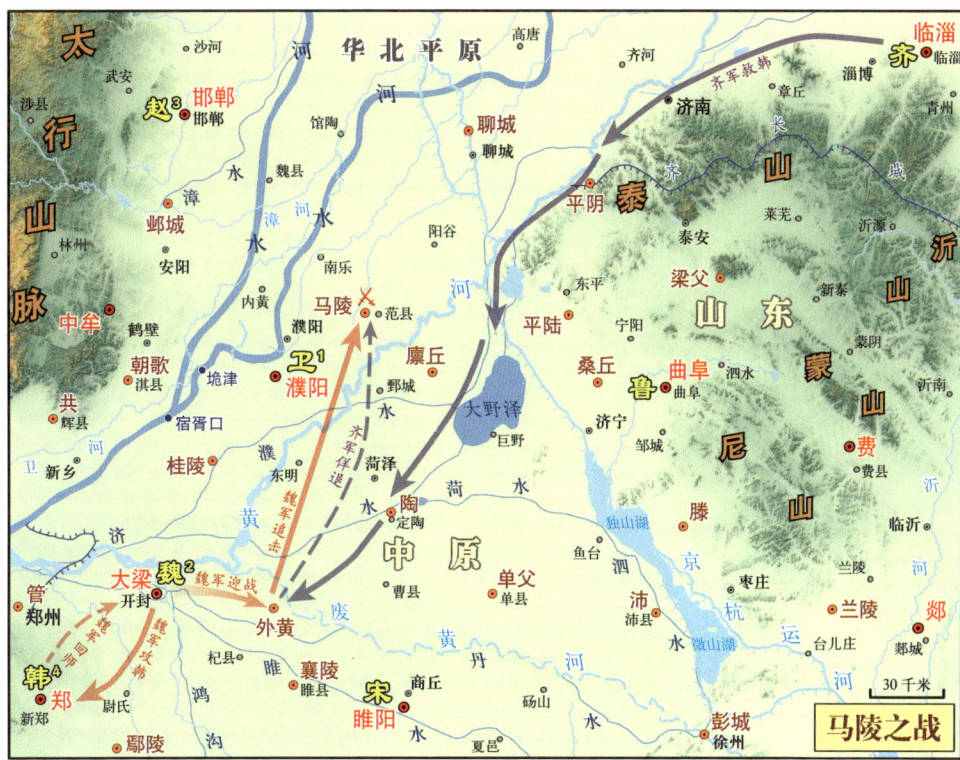

马陵之战

要搭一个简易的土灶，或许就是几块石头，但烧火会留下烟熏火燎的痕迹。军队离开后，就能从留下来的营地里数出灶的数量，一口灶能供多少人吃饭，以此推断对方的人数。从这里也可以看出，战国时军队里做饭的炊具是釜，项羽破釜沉舟的釜说的就是它。釜是锅的前身，锅到南北朝时才出现。我们常说钟鸣鼎食，鼎在周朝很盛行，但那是贵族在家里吃大餐的排场，相对于鼎来说，釜的造价低、携带方便，不过釜没有足，需要搭灶才能使用。

孙膑让军队在进入魏境后造十万个灶，撤退一段距离后，第二天减少到五万个灶，第三天减少到三万个灶。当然，这只是个计策，通常军队赶时间，都是同时搭灶做饭，如果有意为之，一个灶可以多次使用，这样就可以减少灶的数量，而实际吃饭的人数并没有减少。

庞涓追了三天，见齐军火灶越来越少，大喜道："我就知道齐军胆怯，才进入我国三天，士卒就逃亡过半了！"于是甩开步兵，只带着精锐日夜兼程追赶齐军。这里的精锐，当然不是骑兵，而是车兵，因为骑兵要到赵武灵王时才出现。战国时期虽然是以步兵为主，但车兵并没消失，甚至一直到汉朝还在使用，车兵有步兵替代不了的作用。

孙膑推测庞涓当晚该到马陵（今河南范县西），而马陵道路狭窄，道旁又有树木土丘阻隔，是个埋兵设伏的好地方。孙膑挑了一万名弓弩手埋伏在道路两侧，下令到晚上一看见有人举火就放箭。他又命人将路旁一棵大树的皮剥掉，上书"庞涓死于此树之下"。

当晚，庞涓果然来到树下，见有字，因天黑看不清，便点上火把细看，还没看完，两侧埋伏的齐军看见火光便万箭齐发，魏军死伤无数，乱作一团。庞涓见大势已去，拔剑自杀。

齐军乘胜追击魏军主力，大破魏军，俘获魏军主帅太子申。

马陵之战让魏国元气大伤，魏国的霸主地位从此不再，齐国称霸东方。

魏国的衰败，对秦国来说是天赐良机。

前341年，秦孝公命商鞅进攻河西，魏惠王派弟弟公子印迎战。两军对峙，商鞅派人给公子印送了一封信，信中说："我当初在魏国时和公子相处得很好，如今你我成了敌人，我不忍心与你相互攻击，我想和公子见一面，签订盟约，痛痛快快地喝几杯，然后各自罢兵，从此秦、魏相安无事。"公子卬信以为真，前往赴会。酒至半酣，商鞅埋伏的甲士破帐而出，擒获公子卬。随后，趁魏军群龙无首，商鞅率大军攻魏，大破魏军。魏惠王被逼无奈，最终割让部分河西之地求和。正是因为这次功劳，秦孝公将商於之地十五座城封给了商鞅，封号商君。商鞅的称谓也是从这时才有的。

关于商於之地，历来说法不一。最早的商於之地，其实是楚国的叫法，商指的是商密，於指的是於中（或於，今河南西峡东）。商密原是都国的都城，后来成为楚国的一个县，从商密到於中，扼控楚国到秦国的东端，战略位置十分重要，楚国将其笼统地称为"商於"。

但自从商鞅受封之后，情况就变了。商鞅的封地原名为邬（今陕西丹凤），在商鞅受封后才被改名为商，因此按习惯也称之为"邬商"。在当时，邬与於同音，所以也称"於商"，或者"商於"。于是，秦国的邬商和楚国的商於就混淆了。不巧的是，商於将是秦国和楚国交锋的主战场，在秦、楚交锋的过程中，商

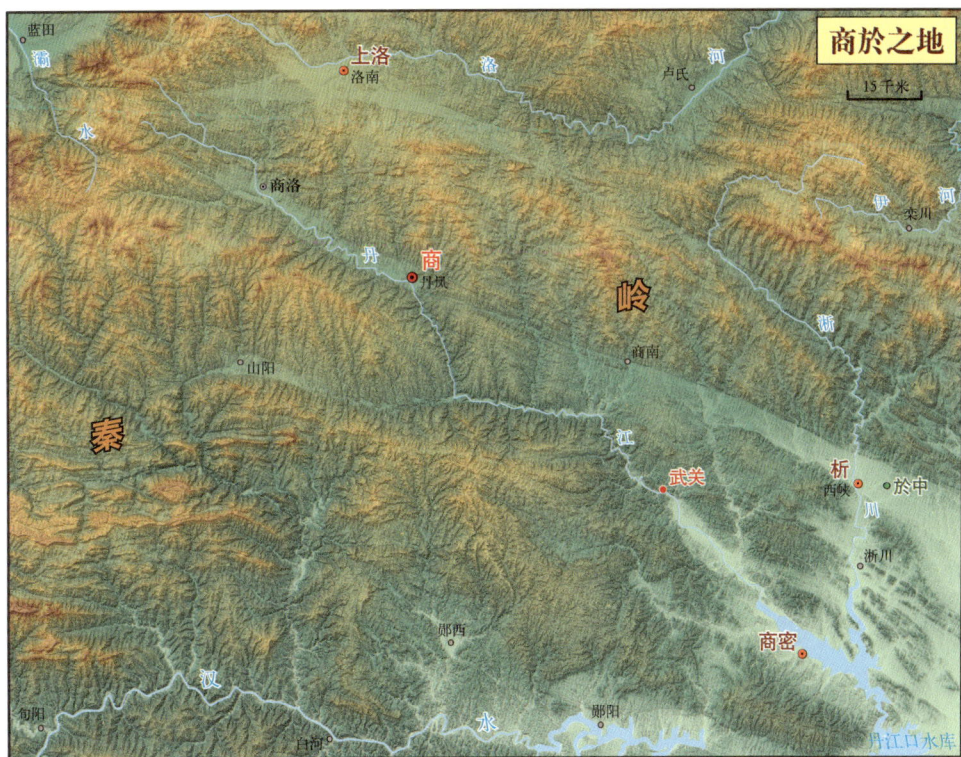

商於之地

15千米

於之地将频频出现。所以，秦国的商於之地和楚国的商於之地还是有区别的，秦国的商於之地就是商鞅的封地，楚国的商於之地指的是从商密到於中这一片的土地。但有时，商於之地又是泛称，指从秦国的商於之地到楚国的商於之地这一片广袤的土地，从地理上讲，实际就是武关道一带。武关道指的是从关中蓝田（今陕西蓝田西）穿过秦岭到达南阳盆地的一条通道，因其关键在武关而得名。在未来秦、楚两国的争斗中，谁掌控了武关道，谁就掌控了主动权，所以商於之地成了两国争夺的焦点。

再说封君，不只是秦国有，其他各诸侯国也有。封君其实是以前卿大夫的替代品，各国既然在变法中取消了卿大夫的世袭制，就不能再封卿大夫了，但各国为了留住人才，还需要给予丰厚的奖赏，那就封君。与卿大夫不同的是，封君通常不能世袭，即便继承也不能超过三代。同时，封君没有封地的行政权，只能享受封地的租税，可以有一定的武装，仅限于保护自己的家室，与卿大夫的家兵不可同日而语。总之，封君的土地还是在国家的管辖范围之内，封君主要享有封地的经济利益，没有政治权力。君的本义是主人，凡是有土地的都可以称君，天子是天下之君，诸侯是一国之君，卿大夫是一家之君。封君一开始在形式上都是向卿大夫看齐的，但到后来，其权益越来越小，有的封君只有待遇，没有土地；有的只是个荣誉称号，并无实际利益。在各诸侯称王之前，封君是各国臣子能享受到的最高待遇；称王之后，可以封侯，封君也就被取消了。

受封为商君，是商鞅一生最辉煌的时刻，但这仅仅维持了两年。

前338年，秦孝公去世，世子驷继位，史称"秦惠文王"（此时并未称王）。前文说过，秦惠文王当世子时，曾经因为触犯法令，两位师傅替他受罚。这两位师傅是世子傅公子虔和世子师公孙贾。公子虔和公孙贾都是公族。公子虔是秦献公之子，秦孝公之弟，秦惠文王之叔。秦惠文王当年犯法时，公子虔被割掉了鼻梁，从此不敢出门。秦惠文王继位后，公子虔带着一帮贵族罗织商鞅的罪名，其中最大的罪过就是谋反。商鞅得罪的贵族太多了，秦惠文王心里很是明白，与秦国庞大的贵族群体相比，商鞅的命并不重要，何况他也对商鞅怀恨在心，便下令捉拿商鞅。

商鞅闻讯后想流亡他国，到了边关，要住店。店主告诉他，商君有令，住店

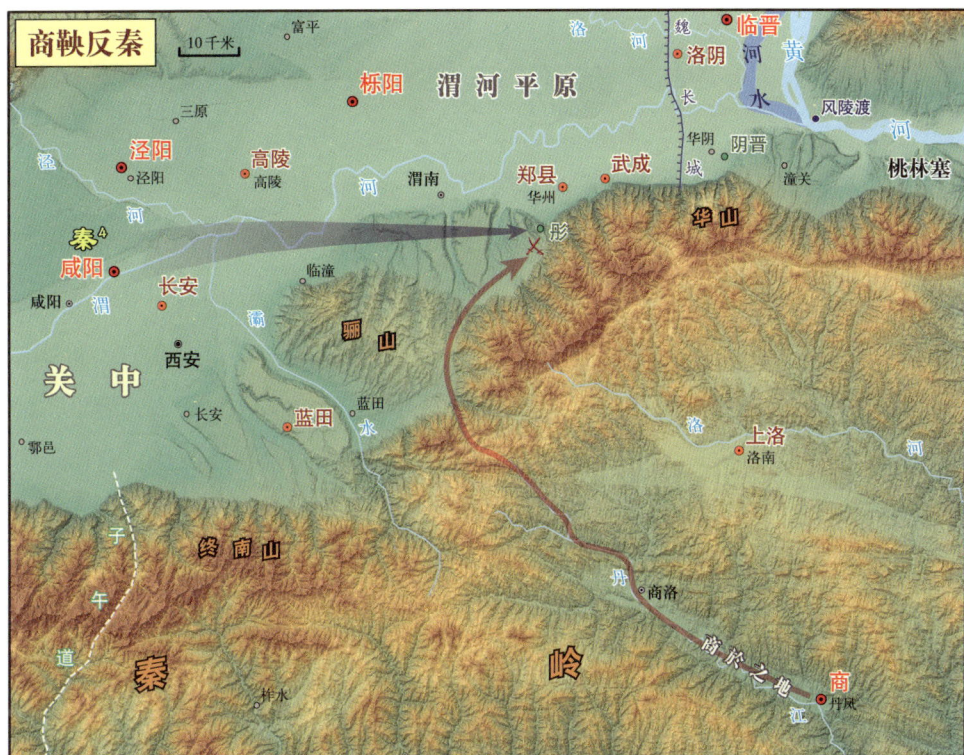

商鞅反秦

需要凭证，留宿没有凭证的人是要受罚的。这个凭证（类似今天的身份证）正是商鞅的发明，此时商鞅就算有凭证也不敢拿出来，只好离开。

商鞅想去魏国，但魏国因为他曾欺骗公子印，拒绝他入境。

魏国去不成，其实还有楚国可以选。但商鞅知道，楚国与秦国是盟友，去了也是送命。

走投无路之下，商鞅回到商於，带着家兵真的反了，随后北上攻打郑县。大概，商鞅是想拿下郑县，然后以此为投名状与魏国谈判。但他那点儿兵力根本不是秦国正规军的对手，不久商鞅在彤地（今陕西华州西南）兵败被杀。

随后，商鞅的尸体被带回咸阳，处以车裂（五马分尸）。同时，秦惠文王下令诛灭商鞅全家。对商鞅之死，秦人毫不怜悯。

商鞅为秦国做出了巨大贡献，为什么秦人反而恨商鞅？其实从《商君书》里我们可窥探一二。

有人会认为，商鞅变法打击贵族对平民有利，剥夺了贵族的特权，好处会平摊到平民身上，其实并不是。《商君书》里有一篇《弱民》，开篇即是"民弱国强，民强国弱。故有道之国，务在弱民"。商鞅并没有提高秦国的生产力，只不过是把老百姓手里的财富转移到国家。一个普通的秦国农民，平时要交地租，要交人头税，国家有什么工程建设时要服徭役，战时还要服兵役，一辈子疲于奔命，毫无幸福可言。表面上，战国时期农民可耕种的田地多了，但比起春秋时那种田园牧歌式的生活，幸福感差远了。剥夺贵族的利益是为了国君，盘剥平民也是为国君，国君强大，国家就强大了。商鞅将国君和国民放到了对立面，而且心肠太狠，手段太残酷，除了国君，秦国上下没有不恨他的。不仅秦人，后世批评商鞅的人很多，司马迁说他"天资刻薄"；《旧唐书》称其为"酷吏"；贾谊说他"违礼义，弃伦理"。当然，也有人喜欢他，那就是历代帝王，表面仁义道德，暗中奉商鞅之法为圭臬。

商鞅的结局和吴起几乎一样，但有一点不同，秦惠文王并没有废除商鞅制定的法令，而是继续执行。

总之，商鞅把秦国打造成了一辆战车，所有秦人都在为这辆战车服务。这辆战车一旦开启，没有人能让它停下来，即便是商鞅自己。

第九章　徐州相王

　　魏惠王显然还没有意识到秦国这辆战车已经开启。他以为商鞅一死，魏国就可以喘口气，便想起了上次称王的事。

　　上次称王因马陵之战而中断，没有得到大国的普遍承认，还不能算数。马陵

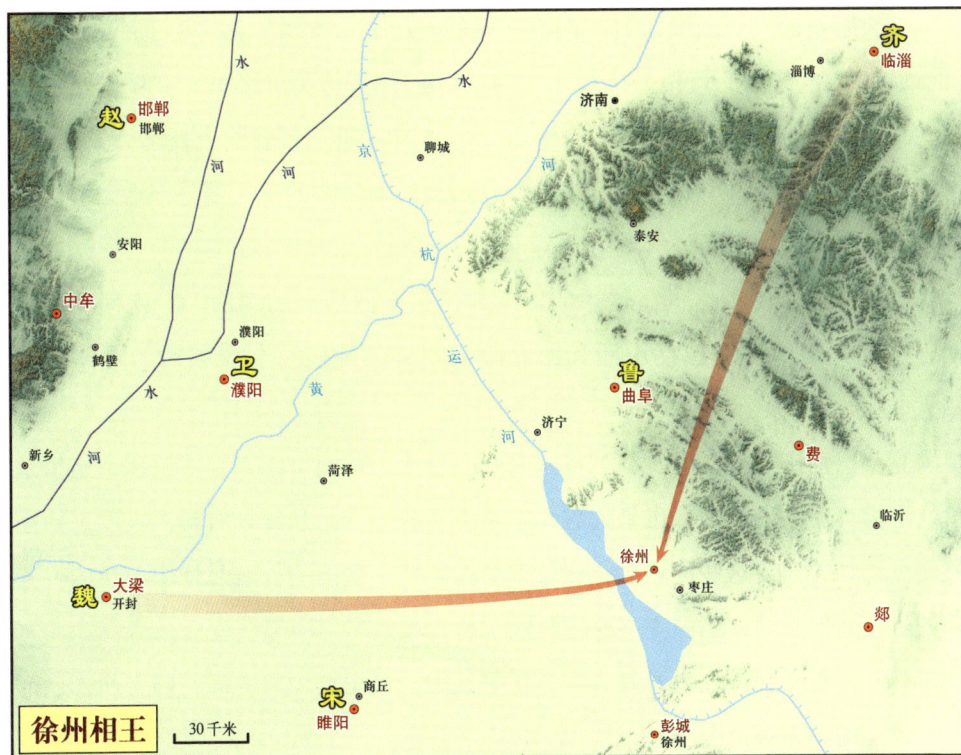

徐州相王　30千米

之战虽然让魏国遭受重创，著名的魏武卒全军覆灭，但称王的事一旦提起，就像在心里种了草，必须拔之而后快。

前334年，魏惠王采用相国惠施的建议，前往徐州与齐威王相见，正式尊齐威王为王。齐威王也尊魏惠王为王。两国相互称王，史称"徐州相王"。这里的徐州不是今天的徐州，今天的徐州在当时称彭城。战国时有两个徐州：一个是齐国北境的徐州，也称平舒，位于今河北大城；另一个是薛邑，今山东滕州南，也称南徐州，齐、魏相王的地点就在南徐州。薛邑原是薛国的都城，前418年齐国灭薛，薛邑便成了齐国的一座城邑。按《竹书纪年》："梁惠成王三十一年，邳迁于薛，改名徐州。"梁惠成王即魏惠王，梁惠成王三十一年为前339年，即徐州相王的五年前，邳国迫于楚国的压力，北迁至薛，因此，此地又称上邳，原邳国所在地又称下邳。按常理，徐州和薛邑应该是两座城邑，但相隔不远。战国时，以州命名的城邑很少，州原本是大禹治水后划分天下的地理片区，每一州所涵盖的范围很大，通常不会以州为邑名，但也有一些例外。

说到这里，有必要说一说九州的来历。

今天所说的九州主要源自《尚书》里的一篇文章《禹贡》。我们常说一个人"饱读诗书"，这里的诗指《诗经》，书指《尚书》，可见《尚书》在儒家经典中的地位。《禹贡》是《尚书》中的一篇，是战国时期一名魏国人托名大禹所作，根据《禹贡》还原的九州地图就是禹贡九州。后来汉朝的州大部分都沿袭了禹贡九州，所以我们有必要了解一下。

冀州，位于两河之间。这里的两河，一指山西西部的黄河，一指河北的黄河，从地理上来说，包括山西和河北除兖州外的地区，与汉朝时的冀州差别较大。

兖州，河济之间，即黄河到济水之间。今天的黄河下游正是古济水，这里是黄河下游最肥沃的土地，也是最容易洪水泛滥的地方。从春秋时起，人们开始修筑河堤约束黄河，这些河堤有一些就演变为长城。楚国的长城是依山而建的，齐国的也是，但赵国、燕国等平原地区国家的长城大多由河堤演变而来。

青州，海岱为青州。海是大海，岱是泰山，泰山到大海之间，即青州，比今天地理上的山东省范围略小。

徐州，即淮北，其中包含了部分山东丘陵，徐州的来源是这里原来有个徐国。当然，徐州相王的徐州也在此范围内。

扬州，淮河至大海为扬州。这个范围很笼统，说明当时的人对东南的认识还比较模糊；不仅是对东南，对西南、西北的认识也很模糊。

荆州，荆山以南称"荆州"，比汉时的荆州范围略小，这是楚国最早的发源地。"荆"和"楚"本是同义字，时而连用，所以我们也把这片土地称为"荆楚"。

豫州，荆州到黄河之间，位于九州之中，也称中州。豫州所在地即我们常说的中原，今天的河南省简称"豫"，正源于此。"豫"的本义是大象，由此可知，战国时期河南还有大象。

梁州，相当于汉朝时的益州，包括巴蜀、汉中。此时的人们对云贵一带还没有认识，梁州往南其实就是夜郎。

雍州，范围也很大，包括关中、陕北、陇东、陇西，甚至河西走廊。战国时

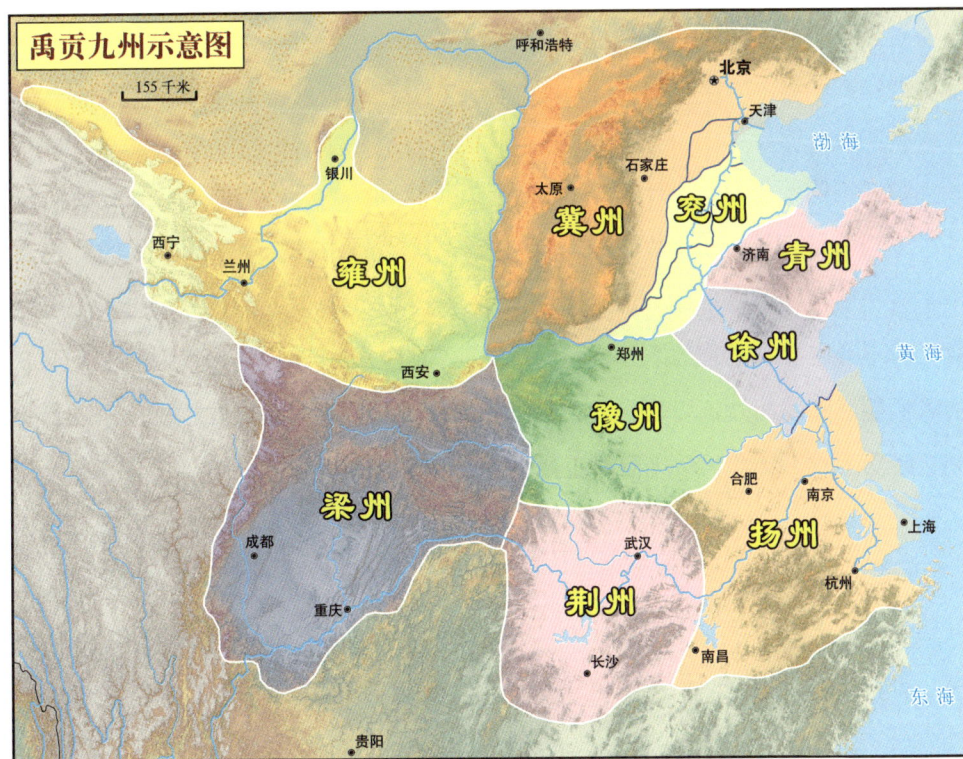

禹贡九州示意图

155千米

期各诸侯国的势力都没有到达河西走廊，但应该对那里有些了解，因为《禹贡》中提到了黑水、弱水。

之所以说《禹贡》为战国时期的作品，一个简单的证据就是，禹贡九州与战国时期华夏文明的势力范围大致相当。那么，魏人为什么要假托大禹之名？当然是为了流传，因为除此之外九州还有其他几个版本：

冀州、兖州、青州、徐州、扬州、荆州、豫州、幽州、雍州——《吕氏春秋·有始览》

冀州、兖州、青州、并州、扬州、荆州、豫州、幽州、雍州——《周礼·夏官·职方氏》

冀州、兖州、营州、徐州、扬州、荆州、豫州、幽州、雍州——《尔雅·释地》

其中禹贡九州流传最广，这说明作者的目的达到了。《禹贡》实际是当时的人们设想的在战国结束、天下归一时的治国方案。

那么大禹到底有没有划天下为九州呢？

答案是有的。

楚庄王问鼎中原时，王孙满曾说："当年夏朝正当有德的时候，远方的人把各种东西画成图像，九州的长官贡献了铜，铸成鼎，把各种东西的图像铸在鼎上，各种事物都得以备载，让人民认识神圣与邪恶的东西。因此人们进入川泽山林，就不会碰上有危害的东西。魑魅魍魉，各类鬼怪都不会遇到，因而上上下下的人们能够和睦相处，以领受上天赐予的福分。后来夏桀德行昏聩，九鼎迁到商朝，经历了六百年。再后来商纣王暴虐，鼎又迁移到周。"

《左传·宣公三年》："昔夏之方有德也，远方图物，贡金九牧，铸鼎象物，百物而为之备，使民知神、奸。故民入川泽山林，不逢不若。螭魅罔两，莫能逢之。用能协于上下，以承天休。桀有昏德，鼎迁于商，载祀六百。商纣暴虐，鼎迁于周。"

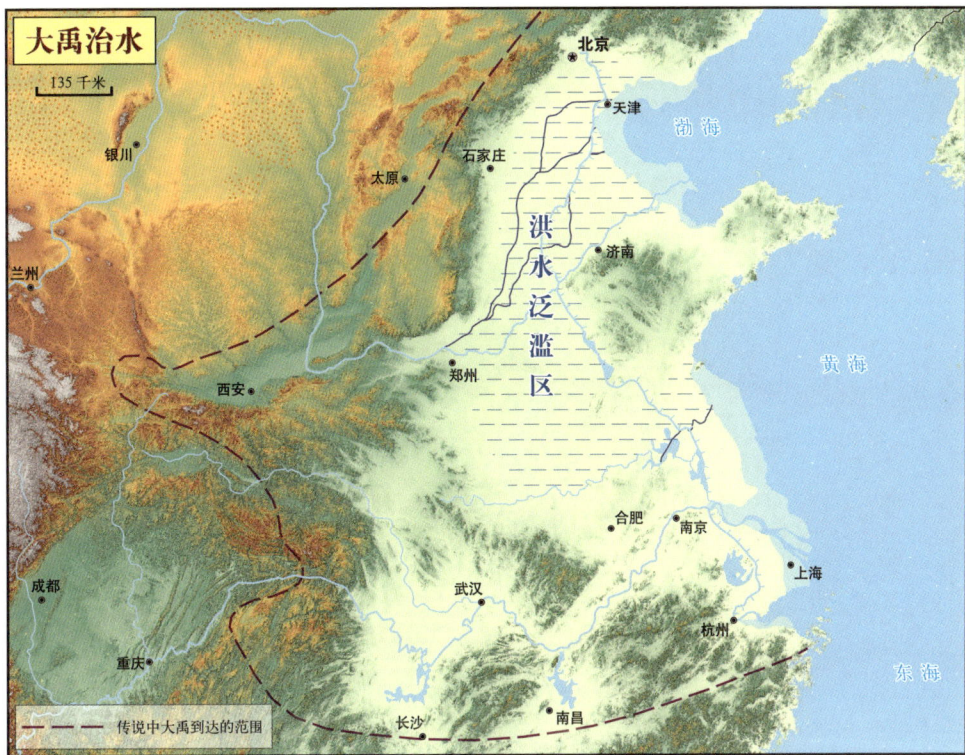

大禹治水

135 千米

北京
天津
银川
太原
石家庄
济南
渤海
黄海
兰州
西安
郑州
洪水泛滥区
成都
合肥
南京
上海
重庆
武汉
杭州
东海
长沙
南昌

—— 传说中大禹到达的范围

　　王孙满作为王室成员，能看到九鼎是很正常的事，不仅能看到，他还对九鼎的来历一清二楚，他的话有实物作为证据，极为可信。外人则很难看到九鼎，所以会出现多个版本有关九鼎的传说。九鼎最终失传，我们无法知道大禹划定的九州范围，以及九州的名称。不过从常识上判断，大禹时期的九州应该没有战国时期的范围广，大禹治水治的是黄河泛滥的水，黄河只有在中下游才会泛滥，大禹的足迹主要在黄河中下游，往南会到达长江流域，但巴蜀一带他应该是没有去过的，河西走廊更是无从谈起。

　　总之，大禹曾划定九州，后来汉朝依此设州牧，直到唐以后，州的范围才开始变小。但在春秋战国，州通常是一些非常小的聚落，除齐国的徐州外，还有楚国的夏州（汉水与长江合流之处，今湖北汉阳北）、鲁国的阳州（今山东东平西北，后属齐）、卫国的戎州（今山东定陶西，原戎人国，为卫所灭，设戎州）。想想也是，邿国流亡到此，齐国不可能给他们很大的地盘，邿国的新都城可能和一个村子差不多大。

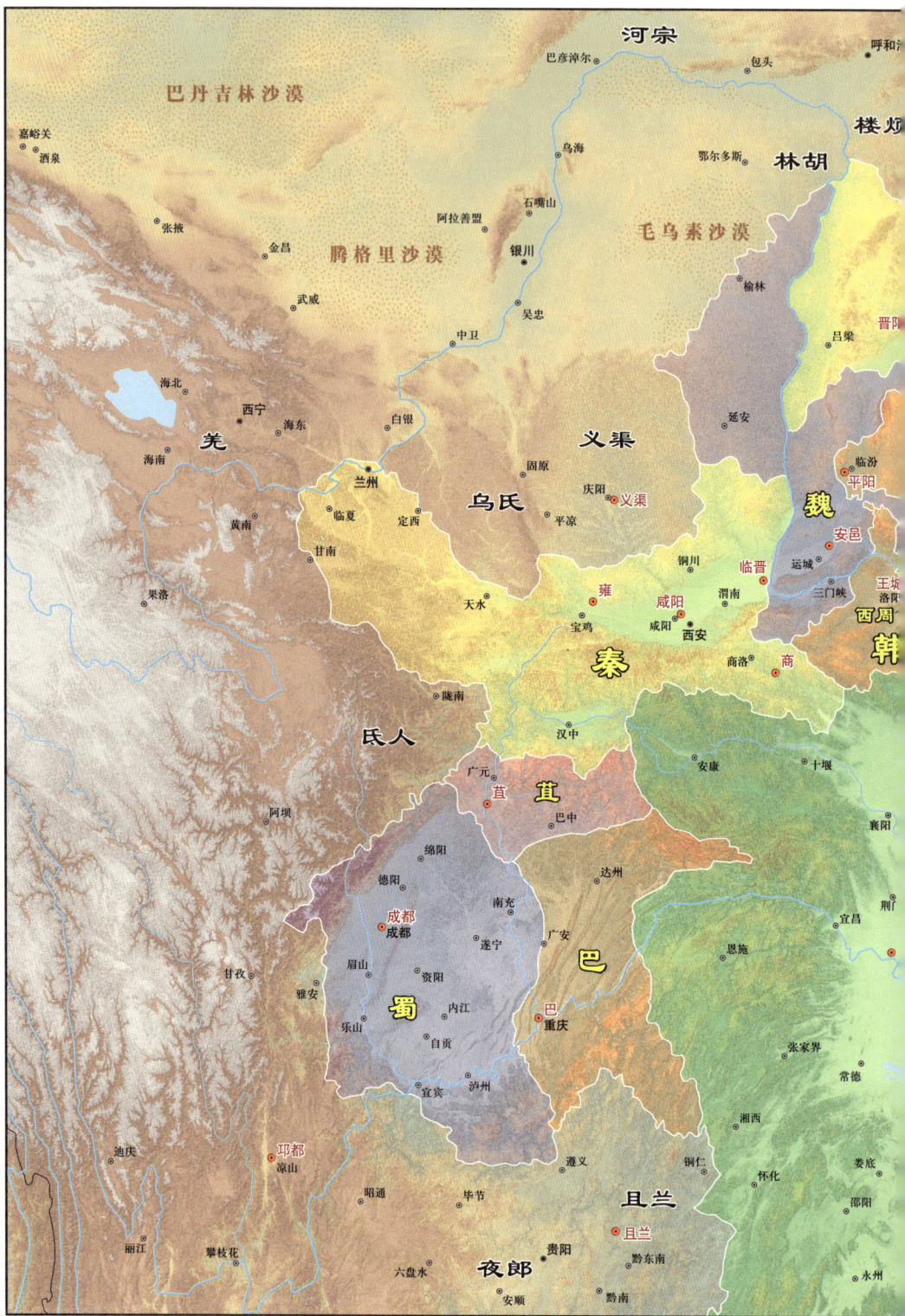

河宗

巴丹吉林沙漠

楼烦

林胡

毛乌素沙漠

嘉峪关
酒泉

巴彦淖尔
包头
呼和浩

张掖

乌海

金昌

鄂尔多斯

阿拉善盟
石嘴山

腾格里沙漠

银川

榆林

晋阳

武威

吴忠

吕梁

临汾
平阳

中卫

延安

海北
西宁
海东

羌

海南

白银

义渠

魏

固原

安邑

兰州
临夏
定西

乌氏

庆阳
义渠

铜川
临晋

王坦

果洛

黄南

甘南

平凉

雍
咸阳
渭南
运城
洛阳

天水

宝鸡
咸阳
西安

三门峡

西周

韩

陇南

商洛

商

秦

氐人

汉中

广元
苴

安康

十堰

阿坝

巴中

襄阳

绵阳

达州

荆门

德阳

南充

宜昌

成都
成都

遂宁

广安

巴

恩施

眉山

资阳

雅安

内江

蜀

乐山

自贡

巴
重庆

张家界

甘孜

宜宾

泸州

常德

湘西

迪庆

娄底

邛都
凉山

遵义

铜仁

怀化
邵阳

丽江

昭通

毕节

且兰

攀枝花

贵阳

且兰

永州

六盘水

夜郎

黔东南

安顺

黔南

箕子朝鲜

张家口　承德　　　　锦州　辽阳　本溪

代　蓟　　　唐山　　盘锦　营口　鞍山　　丹东　咸兴
北京　燕　　　　　葫芦岛　　　　　　　　　元山
武阳　廊坊　　秦皇岛　　　　　　　　平壤
灵寿　顾　保定　天津　　　　大连　　　　开城　　首尔
中山　石家庄　　　渤海　渤海　　　　　　　仁川
泉　　衡水　沧州　　　　　　　　　　　朝鲜半岛
邢台　　德州　滨州　东营　　烟台　威海
牟　邯郸　安阳　聊城　济南　淄博　临淄　潍坊　即墨
魏　邯郸　濮阳　卫　泰安　齐　杞　　青岛
大梁　濮阳　济宁　曲阜　贲　莒　越　琅邪
开封　菏泽　邾　鲁　费　临沂　日照
郑　许昌　小邾　薛　郯　　连云港
陈　睢阳　宋　　徐州　邳
漯河　周口　商丘　淮北　宿州　宿迁
驻马店　巨阳　亳州　　　淮安
信阳　阜阳　蚌埠　　　盐城　　黄海
寿春　淮南　滁州　扬州　泰州
合肥　　　南京　镇江　南通
楚　六安　　马鞍山　常州　无锡　吴
武汉　黄冈　安庆　芜湖　宣城　湖州　苏州　上海　东海
鄂州　黄石　池州　铜陵　　嘉兴
咸宁　九江　　　　杭州　会稽
越　景德镇　黄山　绍兴　宁波　舟山
南昌　　　金华
宜春　新余　鹰潭　上饶　衢州　台州
吉安　抚州　丽水　温州
南平
闽越　宁德
三明　福州

80千米

秦国崛起形势（前330年）

077

说回徐州相王。

在春秋时代，只有吴、楚、越称王，但吴、楚、越被中原诸侯视为蛮夷，称王大可不必理会。华夏诸侯眼中只有一个王，那就是周天子，各路诸侯称霸时也打着尊王攘夷的旗号。但魏国和田齐，那是战国初期周天子刚刚承认的诸侯国，屁股刚坐稳，转眼间就称王了，这让周天子的脸面往哪里放？也就是从这时开始，周王不再是天下共主，无论是实力还是名号，与各诸侯国都一样了。

周显王没吭声，但楚威王却不干。楚国这时已经完全华夏化了，吴、越称王他不介意，但中原诸侯称王让他难受了，这是其一；其二，齐、魏联合，对楚国最为不利。楚威王为此寝不安席，食不甘味。

除此之外，还有一件事让楚国很生气。马陵之战后，齐将田婴立有大功，齐威王要把薛地封给田婴。这时楚国的地盘已经扩张至两淮，越国已完全退回了江东，泗上小国都将是楚国的盘中餐，薛地自然也是楚国的扩张目标之一。此时薛地虽臣属齐国，但保有相对独立性，田婴是齐国公室，又是武将，齐威王将田婴封到薛地，显然是为了阻止楚国沿泗水北上，因此楚威王大怒，当时就想打齐国，田婴便派公孙闬[hàn]去游说楚威王："鲁、宋事楚而齐国不事楚，是因为鲁、宋小而齐国大。大王怎么只想到弱小的鲁、宋对楚国有利，而不去想强大的齐国对楚国不利？齐国分封田婴，是削弱自己的做法，希望大王不要阻止。"楚威王觉得很有道理，便没阻止。等田婴到了薛地，开始扩建城池，楚威王才发现自己上了当。

前333年，楚威王率领大军伐齐，燕、赵也乘机出兵攻齐。

在徐州，楚威王大败申缚所率的齐军，并要求齐国驱逐田婴。

田婴害怕，又派张丑对楚威王说："大王之所以能在徐州取胜，是因为齐国没起用田盼。田盼对齐国有功，百姓都拥护他。而田婴不喜欢田盼，所以用了申缚。申缚此人，大臣不和他亲近，百姓也不愿为他效力，所以大王能战胜。现在大王要齐国驱逐田婴，如果他走了，齐国必然起用田盼，到时齐国整军再战，对大王可不是好事啊！"楚威王再次上当，又放了田婴一马。

这倒不是说楚威王傻，而是因为楚威王志不在此，齐国是强国，他也不想和齐国消耗下去。楚威王的扩张目标是越国，就在攻打徐州之前，楚威王先和越国打了一仗，长江以北的吴越故地几乎都被楚国吞并。

这个时候，楚国已经拥有半个天下了，如果没有意外，统一天下的应当是楚国。但，不早不晚，偏偏身后有个国家站起来了，那就是秦国。

前333年，秦惠文王派军攻打魏国上郡的雕阴（今陕西甘泉南）。这是战国以来秦魏第五次河西之战。魏国防守河西的主将龙贾迎战。经过两年激战，秦军全歼魏军，斩首四万五千，龙贾被俘。魏国损失惨重，于前330年被迫将河西之地割给秦国。经过数代人的努力，河西之地终于又回到了秦国。

拥有河西，对秦国来说意义重大。以河西为基地，秦国既可以攻打魏国的河东，也可以沿黄河南岸打通崤函通道，继而挺进中原，这是秦国几代人的梦想。

此时的形势对魏国十分不利。自从把重心放在大梁，魏国的国运急转直下，东败于齐，西丧于秦，北制于赵，南辱于楚。四战之地若想称霸，除非天助。丢掉河西，重心又在大梁，魏国的山西部分除了一道黄河，已无险可守，防守如此薄弱，迟早会被秦国吃掉。

除魏国外，还有一个强国与秦国接壤，即楚国。此时的秦对楚国还构不成威胁，但在一个关键的点上，秦国抢占了先机，那就是汉中。按秦汉时的汉中郡划分，汉中包括汉中盆地、安康盆地和上庸盆地。楚国也不是没有意识到汉中的重要性，只是晚了一步，只占据了安康盆地和上庸盆地，最重要的汉中盆地却被秦国抢先占据了，而这，将成为未来秦国制胜楚国的关键。

收复河西之后，秦国并未停止进攻。前329年，秦国兵分两路：北路以河西为基地，渡黄河攻打魏国的河东，占领汾阴（今山西万荣西）、皮氏（今山西河津）；南路以阴晋为基地，沿黄河南岸，穿桃林塞，攻占曲沃（今河南陕州西）和焦城，直抵崤山。这个曲沃不是晋国桓叔封地的那个曲沃，而是在函谷以东。焦城即陕邑，西周初年，周武王封神农氏后裔在此建立焦国；幽王时期，南虢国灭焦国，扩建焦城，称其为上阳；晋灭虢国后，又在旁边修筑了陕邑（或陕城）。其实陕才是这里最古老的地名。早在周公、召公执政时期，因此地有陕原，周公和召公就以这个黄土原的名字为界，周公管陕东，召公管陕西。今天陕西的省名正是来源于此。所以，焦城、上阳、陕邑，实际是同一个地方，只不过因为在不同时期，后来者在前者的基础上扩建，为了让新城与老城有所区别，叫法不同而

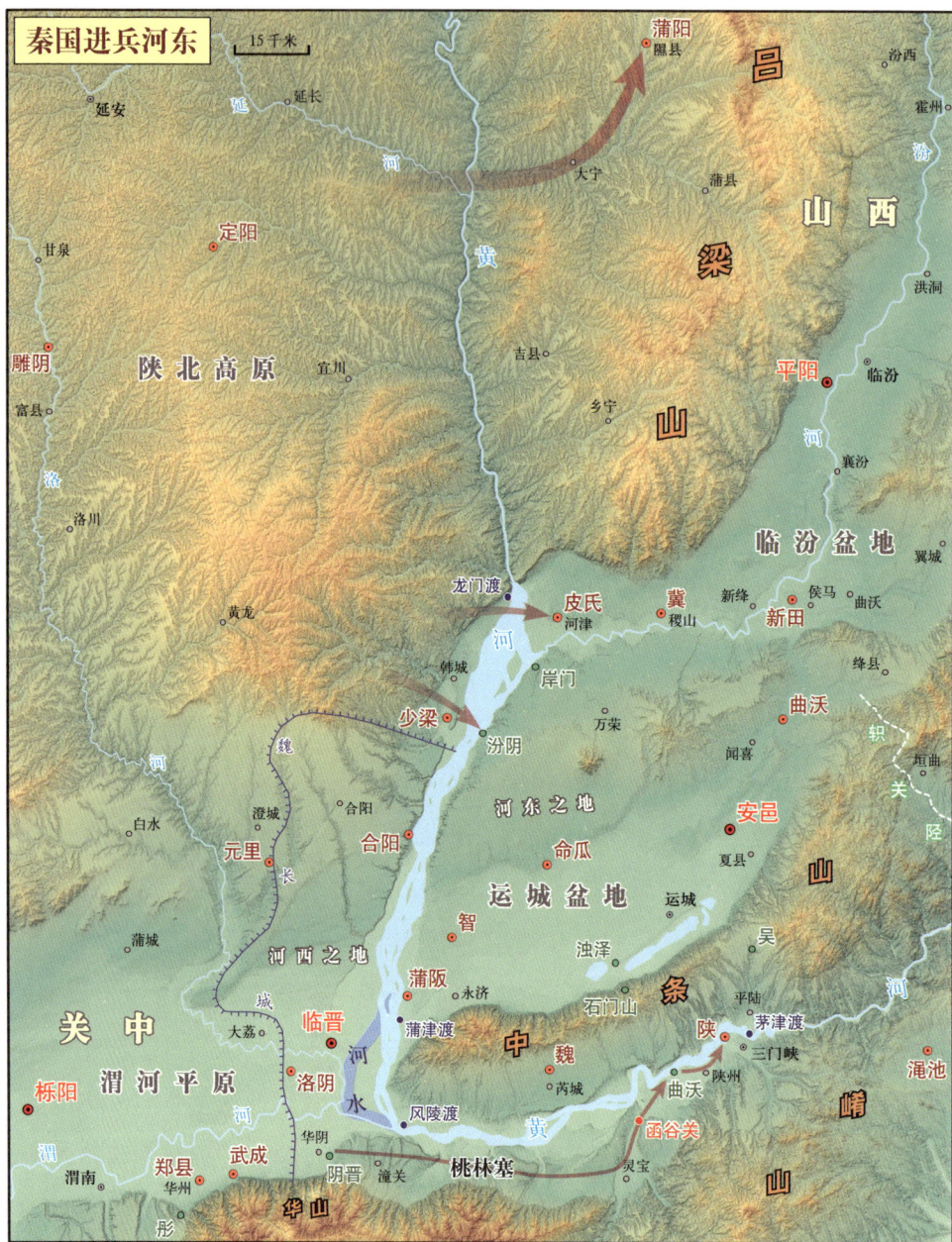

秦国进兵河东

已。后来，汉武帝在这里设置弘农郡，正是因为焦国，而焦人是神农氏的后裔。弘者，大也。"弘农"，有弘扬神农氏之伟大功业的意思。

第二年，秦军继续攻占了蒲阳（今山西隰县）。

魏国毫无还手之力，立即求和，又将上郡的十五县全部割给秦国，秦国也将曲沃和焦城还给魏国，但随即又占了陕邑。很显然，秦国要的不是一城一池，而是函谷关隘。曲沃和陕邑都在函谷以东，要想完全占据函谷，必须先在函谷以东占有一个据点。此时的函谷只是一条峡谷，还没有关城，不然，秦国不会轻易打到曲沃和陕邑。所以说，春秋末期老子骑青牛过函谷关只是个传说，春秋时各国基本都不修关城，那时函谷属于晋国，离秦国还远得很，真正的函谷关正是秦国占领这里后才修建的。当然，这并不是说老子的《道德经》是假的，老子或许是在别的地方写下了《道德经》，只不过后来函谷关越来越有名，成为六国攻秦或秦制天下的关键，于是道家学派的人将老子写《道德经》的地点附会到了函谷关。一个著名的关口、一段传奇的故事、一本五千言的书，足以引起人们的好奇心，这样十分有利于道家学说的传播。

至此，黄河以西全部归属秦国。

第十章　合纵连横

前329年，楚威王去世，楚怀王继位。就在同年，张仪入秦。

张仪是魏国安邑人，早年游走各国，不得重用，最终入秦。秦国取得魏国的上郡，张仪功不可没。秦国攻占蒲阳时，张仪是将领之一。事后，张仪劝秦惠文王将蒲阳还给魏国，还派公子繇到魏国做人质，以示诚意。然后，张仪对魏惠王说："秦国对魏国这么好，魏国不能不以礼相报。"魏惠王这才把上郡十五县和少梁割给秦国。秦国得到少梁后，将其改名为夏阳。

因为这件大功，秦惠文王拜张仪为相。

前325年，秦惠文王仿效齐、魏，正式称王。

这件事引起山东（崤山以东）诸国不满，魏惠王立即尊韩威侯为王，即韩宣惠王。十月，韩宣惠王前往大梁朝拜魏惠王。就在同年，赵武灵王即位，韩、魏两国国君立即带着太子到赵国与新君会面，意欲重修三晋之好。

但魏将公孙衍认为这样还不够，必须拉拢更多的国家联合抗秦，单凭三晋已然不行。

公孙衍本是魏人，出生于阴晋。最初仕魏，不得志，后入秦，因军功拜将。雕阴之战时，公孙衍为统帅，全歼魏军四万五千人，俘魏将龙贾。秦国因此得河西之地，升公孙衍为大良造。魏惠王失河西，派人重金贿赂公孙衍，于是公孙衍劝秦惠文王举兵向西，与魏国修好。正在此时，张仪入秦，指责公孙衍因私忘公。秦惠文王如梦初醒，立即起用张仪，后任张仪为相。公孙衍本想着下一步升任秦国相国，没想到被张仪抢了先，眼看前途无望，他便离开秦国，回到魏国，魏惠王任命他为犀首（魏国官职），令其统领魏军。

所谓知己知彼，百战不殆，公孙衍深知单凭三晋难以抗秦，便又拉来燕、赵、中山三国，让他们都称王，这三国再加上之前已经称王的韩、魏，便是五国，五国互相承认为王，史称"五国相王"。

五国相王只是表象，背后是公孙衍的"合纵"之策。所谓合纵，就是"合众弱以攻一强"，燕、赵、中山、魏、韩五国正好处于一条纵线，势力较弱，但如果联合起来，西可以抗秦，东可以攻齐。这是最早的合纵版本，等秦国一家独大的时候，齐、楚都加入了合纵的阵营。

但在"五国相王"的时候，齐国感觉这个合纵阵营对自己不利，于是以中山国小、不足以称王为由，提出联合赵、魏废除中山国的王号，赵、魏当然不肯。于是齐国关闭了与中山国的通道，以割让平邑（今河南南乐东北）为条件，让燕、赵一起出兵攻打中山，燕、赵当然也不听。

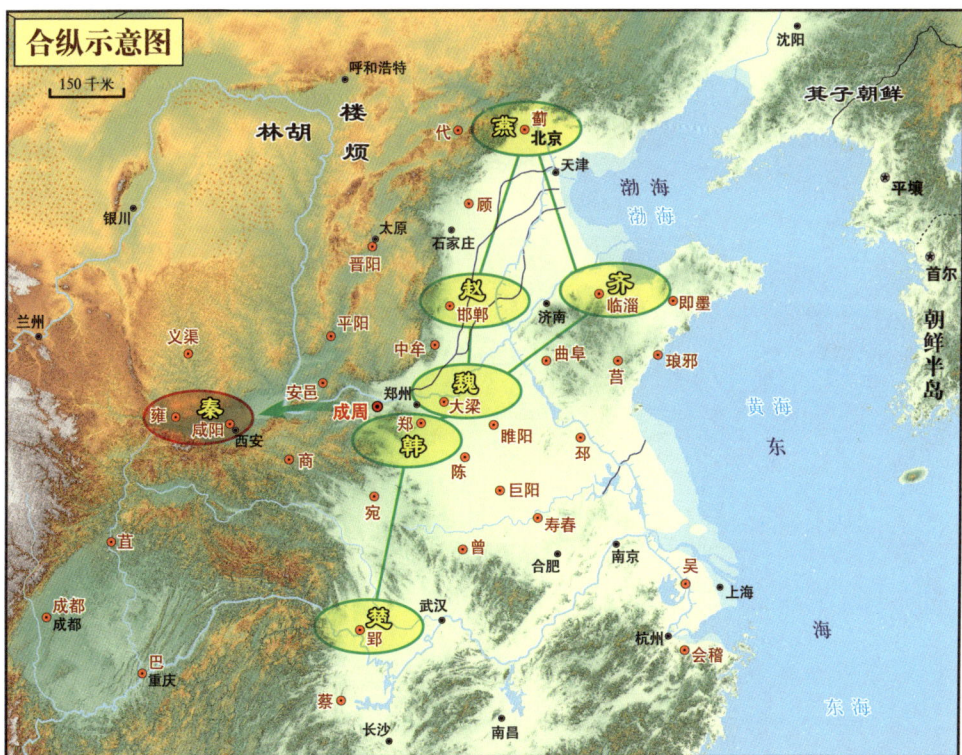

合纵示意图

五国合纵成功，秦国的东出计划受阻。

针对公孙衍的合纵之策，张仪提出"连横"之策。所谓"连横"，就是"事一强以攻众弱"。在东方诸国中，齐、楚最强，张仪的建议是结好齐、楚，共同对付五国。这也是最初的版本，大而化之的话，秦国可以结好东方任何强国，从后方牵制纵约国，声东击西，最终瓦解纵约联盟。由于秦国与东方诸国处于横向联系，所以称为"连横"。

在合纵连横的过程中，除了军事，外交也是重要的手段之一，那些为此游走各国的谋略家就称为"纵横家"。纵横家也是诸子百家之一，而张仪就是其中杰出的代表。

前323年，秦惠文王派张仪到啮桑（今江苏沛县西南）与齐、楚两国的相国会盟。此时秦国虽强，但还不具备压倒性优势，对齐、楚来说，五国结盟的纵约联盟威胁更大，所以更愿意与秦国结盟。张仪的连横计划成功。

魏国当然不会坐视，相国惠施更是主张与齐、楚修好，共同对付秦国。但

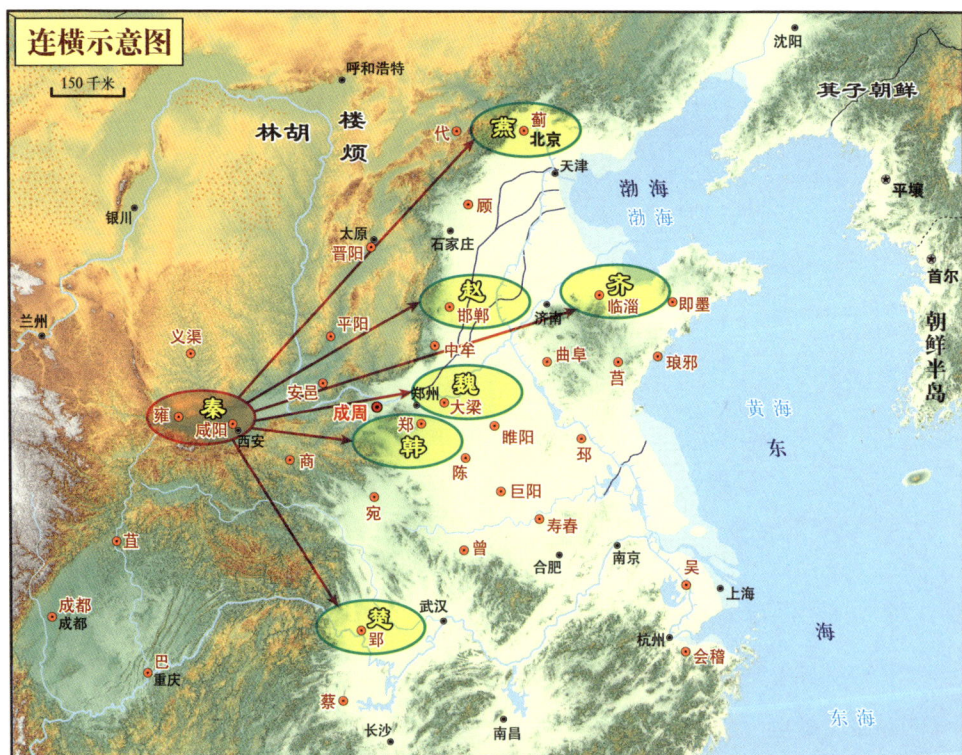

连横示意图

齐国远离秦国，两国没有利害冲突，而楚国一向与秦国交好，让齐、楚与秦国反目，一时难以成功。此时的齐、楚，最好的选择就是坐山观虎斗。

前322年，张仪从啮桑回到秦国后，被免去了相国的职位，于是投奔魏国。惠施主张结好齐、楚，抗击秦国；而张仪主张结好秦国，共同抗击齐、楚。魏惠王驱逐了惠施，以张仪为相。

其实，张仪是秦国的间谍，被免去相国是假，破坏五国合纵是真。

张仪劝魏惠王臣事秦国，而后其他诸侯便会效仿，魏惠王不肯。秦惠文王知道计划失败，大怒，出兵攻占了魏国的曲沃、平周（今山西介休西），又暗地里给张仪更多赏赐。张仪觉得事没办成，深感惭愧。

前320年，孟子到达魏国，拜见魏惠王。

孟子，名轲，邾国人。邾国都城在邹邑（今山东邹城南），所以也称邹国。相传黄帝之孙颛顼的后裔陆终娶了鬼方氏的妹妹女嬇[kuí]，生有六子，第五子名曹安（曹姓始祖）。周武王灭商后，封曹安后人挟于邾，史称"邾挟"（朱挟）或"曹挟"，为邾国开国君主。后来，邾国因参与鲁国内乱而一分为三：邾国、小邾国和滥国。春秋时，滥国被鲁国吞并，只剩下邾国和小邾国。孟子和邾国公族没什么关系，孟子的祖上是鲁国人，鲁国孟孙氏衰微后，有一支从鲁国迁到了邾国，这便是孟子的祖先。

孟子以孔子的传承者自居，主张恢复周礼，作井田制，行王道。和孔子一样，孟子反对诉诸武力的霸道。周礼讲究等级，要求各个等级的人依礼行事，这样一来统治者很容易欺压百姓，所以孟子强调统治者要施"仁政"。井田制能防止土地兼并，保证耕者有其田，而且税率很低。孟子说："民为贵，社稷次之，君为轻。"一国之中，人民最重要，国家其次，国君最不重要。这种以民为本的思想与商鞅将百姓当作耗材的做法截然相反。孟子认为，人民富足了，国家就强大了，王道自然就成了。和孔子一样，孟子主张"有教无类"，传统的教育只有贵族才享有，有教无类是让所有人都享有受教育的权利，这实际是为了防止礼制下的阶层固化，给普通民众一个上升的通道。与法家只为君主服务不同，儒家把国家作为一个整体去考量。在儒家眼里，君主并不重要，重要的是道，所以儒家在战国乃至秦朝时不受君主待见，再正常不过。直到汉代，董仲舒以儒家学说为基础，融合百家思想，创立新儒学，强调君权神授，把君主的地位无限拔高，这才得到皇帝的重用。新儒学融入了大量的法家思想，开始变得保守排外，于是就有了"罢黜百家，独尊儒术"的事。所以，董仲舒以后的儒家，和孔孟时代的儒家不是一回事。孔子说："君君，臣臣，父父，子子。"意思是：做君主的要有君主的样子，做臣子的要有臣子的样子，做父亲的要有父亲的样子，做儿子的要有儿子的样子。这是儒家的基本伦理。孟子也说："父子有亲，君臣有义，夫妇有别，长幼有序，朋友有信。"强调的还是不同身份的对等关系。但到了汉代，这种人伦则演变成了"君为臣纲，父为子纲，夫为妻纲"，已经是一种不对等关系了。

为了实现自己的政治主张和治国理念，中年以后，孟子开始游走各国。他先去了齐国，不得志，便去了宋国。不久后，邾国和鲁国发生冲突，他便离开宋国回到邾国。而后，孟子又来到滕国。但所有这些国家的国君，都只是把孟子当个顾问，并没有真正请他参与国事。于是孟子又来到魏国。

施仁政，行王道，时间长，见效慢，最终还不一定成功。所以在战国时期，儒家远不如法家吃香。法家的手段立竿见影，而且此时各个国家都急着称王称霸。

所以魏惠王一见面就问孟子："老人家，您不远千里而来，会给我们国家带来什么利益呢？"孟子一听就很反感，说："大王何必张口就谈利益，只要谈谈仁义就可以了。大王说怎样才能对国有利，大夫说怎样才能对家有利，士人说怎样才能对自身有利，一国之内，上下都只谈利，国家就危险了。"

第二年，魏惠王去世，魏襄王继位。孟子说："这家伙看起来就不像个当国君的料子。"这时齐威王也死了，齐宣王继位。齐宣王对稷下学宫的学士更为优待，很多人被封为大夫。这种大夫只是一种待遇，齐宣王给他们发放俸禄，允许他们什么事都不用干，天天讨论国家大事。这对孟子来说太有吸引力了，于是孟子离开魏国，前往齐国。

魏国新王初立，张仪便劝魏襄王臣事秦国，魏襄王不听。秦国又攻魏，魏大败。

魏襄王感觉张仪不对劲，驱逐了张仪，以公孙衍为相，惠施也回到了魏国。

公孙衍立即重启合纵大业，为了拉拢楚国加入，推举楚怀王为纵约长。

前318年，燕、赵、魏、韩、楚五国伐秦。公孙衍还联络了义渠国，使之从侧背方进攻秦国，以配合联军。这是秦国自崛起以来面临的最大考验。

对义渠国，秦国遣使给义渠王送去锦绣千匹、美女百人。对联军，秦军选择在函谷关迎战。

联军之中，燕国和秦国几乎没有任何瓜葛，态度消极。楚国虽然与秦国接壤，但此时的秦国对楚国还未形成威胁，况且秦、楚关系一向很好，所以，楚国虽然领了个纵约长的头衔，实际也是敷衍了事。真正有意伐秦的是三晋，赵、魏、韩齐聚函谷关下，对秦军发起攻击。

函谷关一夫当关、万夫莫开，三晋的人再多也无济于事，最终退兵。而义渠国并没有被秦国的厚礼蒙蔽，率军出击秦国的李帛（今甘肃天水东），秦国想不到义渠收了礼还出兵，遣一偏师仓促应战，结果大败。即便如此，这场败仗也并没有影响秦国大局。

第二年，秦国庶长樗里疾率军出函谷关追击三晋联军。樗里疾是秦惠王的异

第一次函谷关之战

087

母弟，名疾，因居于樗里（咸阳南），故称"樗里疾"。联军一直往东退到修鱼（今河南原阳西南），秦军跟上。从函谷关到修鱼，有五百里之遥，秦军长途奔袭，应当疲惫不堪，而且修鱼背靠魏国的长城，这道长城是魏国为了保护大梁修建的。联军已不能再退，于是在修鱼迎战秦军。令人没有想到的是，联军大败，秦军斩首八万二千。

从这一战可以看出，秦军不仅有长途奔袭的能力，而且战斗力惊人。天下为之震惊，一个强悍的秦国展现在世人面前了。

此时张仪回到了秦国，继续任相国。

不久，南方的苴国前来求救，说被蜀国打了，请秦国帮忙教训一下蜀国。

秦惠文王打算出兵伐蜀，但想到道路艰险，又担心韩国趁机攻秦，因此犹豫不决，便召群臣商议。司马错赞同伐蜀，张仪说不如伐韩，理由如下：

亲魏善楚，下兵三川，塞镮辕、缑氏之口，当屯留之道，魏绝南阳，楚临南郑，秦攻新城、宜阳，以临二周之郊，诛周主之罪，侵楚、魏之地。周自知不救，九鼎宝器必出。据九鼎，案图籍，挟天子以令天下，天下莫敢不听，此王业也。今夫蜀，西辟之国而戎狄之长也，敝兵劳众不足以成名，得其地不足以为利。臣闻："争名者于朝，争利者于市。"今三川、周室，天下之市朝也，而王不争焉，顾争于戎狄，去王业远矣。

张仪的意思是，先和魏、楚交好，然后兵下三川，围周王室。三川指的是洛阳盆地，因这里有黄河、洛河、伊河三条河流经过而得名。镮辕、缑氏都位于嵩山中部的缺口处。屯留在山西，长平（今山西高平西北）以北。这里的南阳指河内地区，位于太行山以南、河水以北，因此得名。南郑指新郑，韩人称"郑"，因之在故都以南，又称其"南郑"。在韩国境内，有两个新城，一个在新郑西北，另一个在伊阙以南。伊阙以南的新城（今河南伊川南）虽小，但战略地位更重要，因而韩国在这里设新城郡，张仪所说的新城正是指这个。新城在伊河上游，宜阳在洛水上游，此二城可以说扼控着洛阳盆地的命脉。二周指东周国和西周国，此时洛阳盆地已被东周国和西周国瓜分，周王室只有成周一座城，成周周的土地都属于东周国，从周显王开始，周天子实际是寄居在东周国。所以这里的周主，既指二周君主，更指周天子。

从这段话可以看出，张仪对中原一带的地形烂熟于心，他建议秦结好魏、楚是为了找外援，堵住轘辕、缑氏是防止周王室东走，挡住屯留是为了防止周王室北上。秦国出兵新城、宜阳之后，可以顺水而下，兵临二周。当此之时，西、南两个方向都为秦国所控制，周王室若要出逃，只有两个方向可以选择：往东，必经缑氏、轘辕，万一出了嵩山，再往东还有楚国在新郑做第二道防线；往北，必经河内地区，有魏国做第一道防线，如果北上太行，有屯留做第二道防线。按张仪的意思，这样部署十拿九稳，可以声讨周王的罪行，然后趁机侵占楚、魏的土地。周王没了外援，自会交出九鼎、地图、户籍，有了这几样东西，就可以挟天子以令诸侯，天下没有人敢不听从，这才是王道。而蜀国，是西南偏僻之国，以戎狄为首领，劳师远征，不能扬名也无利可图。张仪还说："我听说争名的要在朝堂，争利的要在市场，如今三川就是市场，周王室才是朝堂，大王放着不争，却去争夺戎狄，这不是王业。"

张仪说得头头是道，秦惠文王几乎被说动了，但司马错却认为：

不然。臣闻之，欲富国者，务广其地；欲强兵者，务富其民；欲王者，务博其德。三资者备，而王随之矣。今王之地小民贫，故臣愿从事于易。夫蜀，西僻之国也，而戎狄之长也，而有桀、纣之乱。以秦攻之，譬如使豺狼逐群羊也。取其地，足以广国也；得其财，足以富民；缮兵不伤众，而彼已服矣。故拔一国，而天下不以为暴；利尽西海，诸侯不以为贪。是我一举而名实两符，而又有禁暴正乱之名。今攻韩劫天子，劫天子，恶名也，而未必利也，又有不义之名，而攻天下之所不欲，危！臣请谒其故。周，天下之宗室也；齐，韩、周之与国也。周自知失九鼎，韩自知亡三川，则必将二国并力合谋，以因于齐、赵，而求解乎楚、魏。以鼎与楚，以地与魏，王不能禁，此臣所谓危，不如伐蜀之完也。

如果说张仪是从战术上分析如何攻取周王室的话，司马错则是从战略上说明为什么不能打周王室而应该打蜀国。

首先，司马错认为，民富才能强兵，地广则国富（这已经和商鞅的观点不一样了），而行王道，还要广施仁德。民富、地广、仁德，有这三点，则王道自成。

其次，战国时虽礼崩乐坏，但也不是毫无德行，蜀国为戎狄，又攻伐邻国，弃周王室而攻蜀，其实就是尊王攘夷，会得到天下大多数人的赞同，如果打下蜀国，秦国既得名又得利，一举两得。此时攻周，反而会招致恶名。

再次，司马错摆出了一个现实问题，周王室虽衰，但天下的诸侯要么是周王室的宗亲，要么是周王室分封的臣子，此时攻周，必招致天下诸侯联合起来攻秦，那时秦国就危险了。

最后，司马错认为，巴蜀有水路通往楚国，秦国占有巴蜀之后，可以造大船以东向楚，则楚地可得，"得蜀则得楚，楚亡则天下并矣"（《华阳国志·蜀志》）。

这才是最吸引秦惠文王的地方，于是秦惠文王决定讨伐蜀国。

司马错是历史上第一个发现巴蜀对荆楚具有地理优势的人，后来的历史也一次又一次验证了司马错的超前战略眼光。可以说，正是司马错的存在，真正逆转了秦、楚两国的强弱关系。司马错如此高瞻远瞩，与他的家学脱不开干系，据说他的祖上正是兵法家司马穰苴，他还有个著名的后人，就是司马迁。

第十一章　秦并巴蜀

传说蜀国起源于蜀山氏。

蜀山氏最早生活于岷山之中，岷山古称"蜀山"，因此得名。传说黄帝之子昌意娶了蜀山氏的女儿昌仆，生下儿子高阳，即颛顼帝。颛顼封其支庶于蜀，这是蜀地建国的开始。

蜀山氏之后，取而代之的是蚕丛氏。蚕丛氏开始称王，他们应该是蜀山氏的一支，其得名应该是他们善于养蚕。"蜀"字最初其实是蚕的象形字，那时蜀人生活在山里面，蚕既是蜀人的经济来源，也是蜀人的图腾，所以蜀人通过养蚕取得政权也就不足为怪了。传说中蚕丛氏"其目纵"，今广汉三星堆出土的青铜纵目面具，可能是后来的蜀人根据这一传说铸造的。

蚕丛氏之后是柏灌氏，柏灌氏之后是鱼凫氏。柏灌氏的史料很少。鱼凫氏统治时期，蜀国已进入农耕社会。大概就是在这个时候，蜀人开始从蜀山走出去，迁到平原。只不过，这个时候蜀人的生产力还不高，治水技术有限，所以他们并没有迁到岷江下游，而是沿沱江定居，也即三星堆一带。三星堆出土的黄金权杖上有鱼凫图案，这可能就是鱼凫氏的图腾。凫，就是野鸭，比家鸭小，能飞，像鸟一样。李白在《蜀道难》中写道："蚕丛及鱼凫，开国何茫然！尔来四万八千岁，不与秦塞通人烟。"这当然是文学夸张手法。

蜀山、蚕丛、鱼凫各统治几百年是有的，再往后就是杜宇。

传说杜宇从天而降，在蜀地称帝，号望帝。蜀地的农作物主要是水稻，需要

巴蜀

20千米

岷山

青藏高原

邛崃山

夹金山

大渡河

川

大金川

金川

阴平小道

牛道

梓潼

梓潼

江油

北川 安州

绵阳

绵竹 罗江

什邡 德阳

中江 三台

彭州 三星堆

都江堰 广汉

新都 金堂

岷江

郫都 成都

崇州 成都 蜀

大邑 双流

龙泉驿

临邛 邛崃 川西平原

新津 简阳

蒲江 彭山 武阳 资阳

眉山

丹棱 仁寿

名山

雅安 青神

洪雅 夹江

荥经 峨眉山

乐山 江

井研

射洪

大英

蓬安

龙泉山脉

沱江

岳

巴蜀

乐至

资中

川中丘

威远 内江

荣县

自贡 隆昌

富顺

甘洛

汉源 金口河 峨边

马边 屏山

越西 大凉山

金沙 叙州 宜宾

江安

水富 泸县

泸州

南溪

江安

长宁

云贵高原 金

092

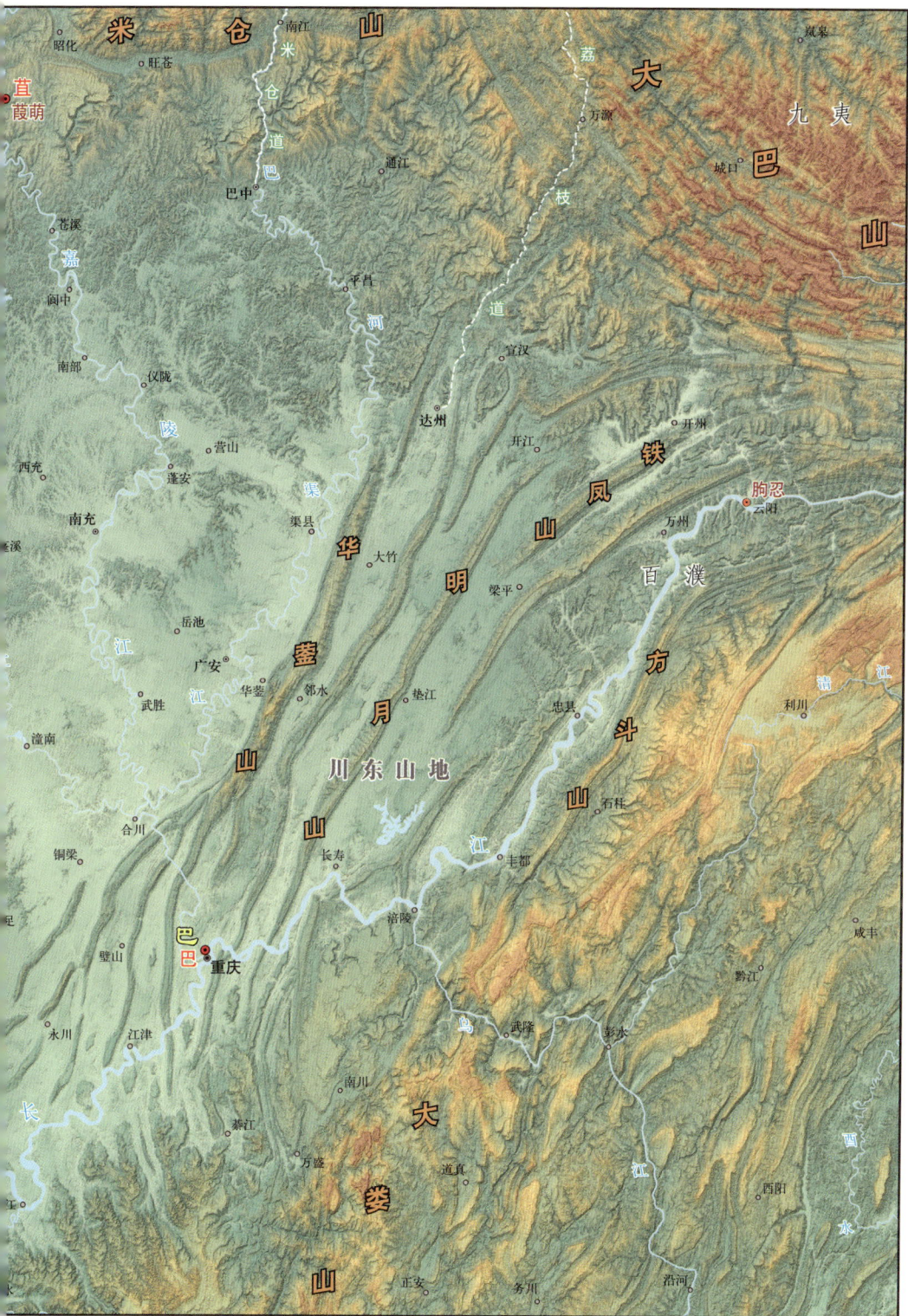

米仓山 仓山

昭化 旺苍 南江 米仓道 巴

葭萌 葭萌

苍溪 巴中 通江 荔 大 枝 岚皋 九夷

嘉 万源 巴

阆中 平昌 城口 山

南部 仪陇 河 宣汉

营山 道 达州 开州 铁山

西充 蓬安 渠 开江 胸忍 凤山 万州 云阳

沧溪 南充 集县 渠县 华 大竹 明 百濮

岳池 梁平 蓥 月 广安 忠县 方

武胜 华蓥 邻水 垫江 山 斗 利川 清江

潼南 山 山 石柱

川东山地

合川 江 黔江 咸丰

铜梁 长寿 丰都 巴 巴 重庆 涪陵

永川 壁山 江津 武隆 彭水 西阳

南川 乌 大 娄 綦江 道真 江 沿河 长 万盛 山 南川 务川 沿河 正安

大量的水，相比沱江，岷江的水流大得多。为了获得更好的耕地，杜宇将都城迁到郫邑（今四川成都郫都区）。这里处于岷江的下游，岷江发源于青藏高原，在冲出重重峡谷到达成都平原后，水流变缓，泥沙堆积，堆积的泥沙常常阻塞河床，于是江水冲出堤坝，泛滥成灾。为解决水患问题，杜宇请来族人鳖灵，任其为相，治理洪水。杜宇在位期间，蜀国的国土东至嘉陵江，西达今芦山、天全一带，北到汉中，南抵今青神。杜宇还参与了武王伐纣。

话说鳖灵用疏通河道的办法，使成都平原的水患大大减少，蜀地人民安居乐业。但仅靠疏通并不能根治水患，蜀地雨水多，遇到雨季洪水照样肆虐。因此，治水对蜀国来说是一个长期的工作，也是一项重要的工作。在治理水患的过程中，鳖灵逐渐掌握了大权，便驱逐了杜宇，自立为帝，称"丛帝"。

传说杜宇流落西山，死后化为杜鹃鸟，日夜啼叫，口中出血。所以李商隐在诗中说："庄生晓梦迷蝴蝶，望帝春心托杜鹃。"杜鹃鸟又名子规鸟，李白有诗："杨花落尽子规啼，闻道龙标过五溪。"杜鹃鸟又名布谷鸟，杜甫有诗："田家望望惜雨干，布谷处处催春种。"有一种说法认为，杜宇并不是含冤而死，化为杜鹃鸟啼叫是提醒蜀人早起种田。

丛帝又号开明帝，从这时起（约前6世纪）蜀国进入开明王朝时期，此时中原为春秋时期。开明王朝西征青衣羌，南征獠人、僰人，蜀国的疆域进一步扩大。岷江有条支流，从芦山流到雅安，再流到乐山，即青衣江，顾名思义，青衣羌就是生活在这一带的羌人。獠人泛指西南夷，是百濮的一支，这里很可能指的是夜郎。僰人也是百濮的一支，他们的风俗不是人死后入土为安，而是把棺材悬挂在峭壁上。这些悬棺保留至今，成了宜宾一带的风景。

春秋末，即前475年，蜀国才开始与秦国交往。

前451年，中原已进入战国时代，秦国命左庶长在南郑（今陕西汉中）筑城。十年后，蜀国夺南郑。前387年，秦国又夺南郑。南郑位于汉中盆地中心，与秦国隔着秦岭，与蜀国隔着米仓山，但米仓山远不如秦岭那样高、那样险，所以在秦、蜀双方的博弈中，秦国费力地攻占南郑，总是被蜀国轻易地抢回。但随着秦国的强大，两国的军力日渐悬殊，蜀国日益感觉到来自北方的强大压力。

前368年，开明九世杜尚派军灭掉北方两个小国：郌[jī]国和平周。然后封

弟弟葭萌为汉中侯，并置藩属国苴国，管辖原郫国和平周的土地，所以苴国也称葭萌国。蜀王分封苴国的目的，显然是想将其作为北方的屏障，以抵抗秦国。但是，苴国成立之后，便想摆脱蜀国的控制，于是和巴国交好。

巴人离开大巴山，转入四川盆地之后，为争夺领地，不可避免会与蜀人发生冲突。总的来说，因为川东山地多、资源少，成都平原适合耕种，农耕能养活更多人口，所以蜀国比巴国强大。为对付蜀国咄咄逼人的气势，巴国也有意拉拢苴国，共同抗蜀。

前316年，苴、巴联合伐蜀，被蜀国击退。蜀王杜芦（开明十二世）打算收拾一下这个不听话的属国，另立苴侯。于是苴侯逃往巴国，派人向秦国求救。

秦惠文王最终听从了司马错的建议，派张仪、司马错等人率军伐蜀。

从秦国腹地到蜀国腹地，要翻过两道大山，一是秦岭，二是米仓山。因为秦国事先已占据南郑，所以秦军翻越秦岭不成问题。但从汉中到巴蜀怎么走却是个问题，不仅是因为道路艰险，更是因为秦人不熟悉路。

相传，秦惠文王为了打通到蜀地的道路，雕凿了五头石牛，在牛屁股后放了一堆金子，说是牛拉出来的，然后派人告诉蜀王，说要把这五头石牛送给他。蜀国正好有五个大力士，力可移山，蜀王便派这五个大力士去秦国把石牛拖了回来，于是拖出了从秦国到蜀国的一条山路。

这就是"石牛粪金，五丁开道"的故事。故事当然是杜撰的，蜀人不傻，再强的大力士在蜀山（蜀山也泛指蜀地山脉）面前也无可奈何。编故事的目的无非是说蜀王贪婪，秦国伐蜀伐得有理。但金牛道（或石牛道）这个名字却因此留下了。

从汉中，由汉水往西，沿米仓山西端的峡谷，可到达嘉陵江，而后顺嘉陵江南下，可到达今广元，由广元折向西南，过今剑阁峡谷，便可直达蜀国腹地——这便是金牛道。三国时，诸葛亮在剑阁一带修筑关城，"一夫当关，万夫莫开"，所以，金牛道真正的险要在剑阁。

也因此，秦国大军能否顺利入蜀的关键就在剑阁，虽然当时这里并没有筑关，但只要派兵驻守，秦军想通过也绝非易事。

当然，天无绝人之路，秦军如果在到达今广元后，不走剑阁峡谷，可以一直顺着嘉陵江到达葭萌（苴国都城，今四川广元南），再以此为据点，顺水而下进入蜀中，那样情况将对蜀国更为不利。毕竟，在人烟稀少的战国时代，大军长途跋涉，中途的补给十分重要。

蜀王杜芦断定秦军会一直顺嘉陵江而下，所以他亲自到葭萌抵御秦军。只是，秦军远比他们想象的强大，再加上有苴人给秦人做内应，蜀王很快兵败被杀。于是秦军入蜀，蜀太子逃往彭乡（今四川彭州）。蜀国以前自称为王，并不是周天子的分封国，秦惠文王将蜀国降为侯爵，让蜀太子为蜀侯，派陈庄为蜀相，同时在此置蜀郡，派张若为郡守。至此，蜀国实际上已经灭亡，只是保留了个名号而已。

苴侯本以为灭了蜀国对自己有好处，但让他没想到的是，秦惠文王直接废了他的爵位，苴国也被灭了。苴侯深处四川盆地，与外界不通消息，大概是没听说过假途灭虢的故事，否则不会犯这么愚蠢的错误。

灭完蜀、苴两国，张仪、司马错立即掉转马头向东，直扑巴国。巴国被灭，秦惠文王在此设巴郡。

至此，巴蜀之地归于秦国。

秦国吞并巴蜀之后，有三条通道直达楚国，而且在这三条通道上，秦国都具有地理上的优势。

第一条，武关道。

武关道几乎全部都被秦国掌控，而且最关键的是武关也在秦国手中，楚国只有商密、丹阳、析邑几个据点。从地势上说，武关道与丹水几乎重合，秦国居上游，楚国居下游，假如秦军从武关杀出，楚国这些据点难以防守。

第二条，汉中郡。

广义的汉中地区包括汉中盆地、安康盆地、上庸盆地，也即当时的汉中郡，分属秦、楚两国。这三个盆地沿汉水分布，汉中盆地居上游，而且面积最大，为秦国所有，剩下两个归楚国所有。单论面积，似乎是楚国占上风，但显而易见，未来在秦、楚争夺汉中的过程中，秦国的优势更大。

但这两条线，最多只能骚扰楚国的边鄙，影响不了大局。因为这两条线最终会汇集到一点，即邓县（今湖北襄阳北），即使秦军两路大军齐出，楚国也只需守好邓县即可，而邓县又具有易守难攻的特质。关键在第三条通道。

第三条，长江三峡。

这一条对楚国来说最为致命，因为出了三峡就是楚国的都城郢都。三峡水急谷深，楚国逆水而上难，而秦国顺水而下易。只是，在秦国刚刚吞并巴蜀时，三峡仍掌控在楚国手中，此时秦国唯一的优势是居于长江上游。秦国要想攻入楚国的腹地，必须先拿下长江三峡，否则，这几乎是个不可能完成的任务。

因为这三条通道的存在，楚国立即感觉到来自秦国的压力，两国从春秋时结下的几百年盟友关系，至此不复存在。

当然，从秦国的角度讲，它也不会立即把楚国当成敌人。秦国的梦想是吞并天下，吞并天下要先从弱国下手，像楚国这样的大国只能放到最后，所以眼下，至少是表面上，秦国需要与楚国搞好关系。

交好强者，侵吞弱者。在这个战略框架下，秦国的首要目标当然是韩国。韩国地跨山西和中原，南北交通不便，腰部被魏国挟制，又有强敌环伺，是秦国最

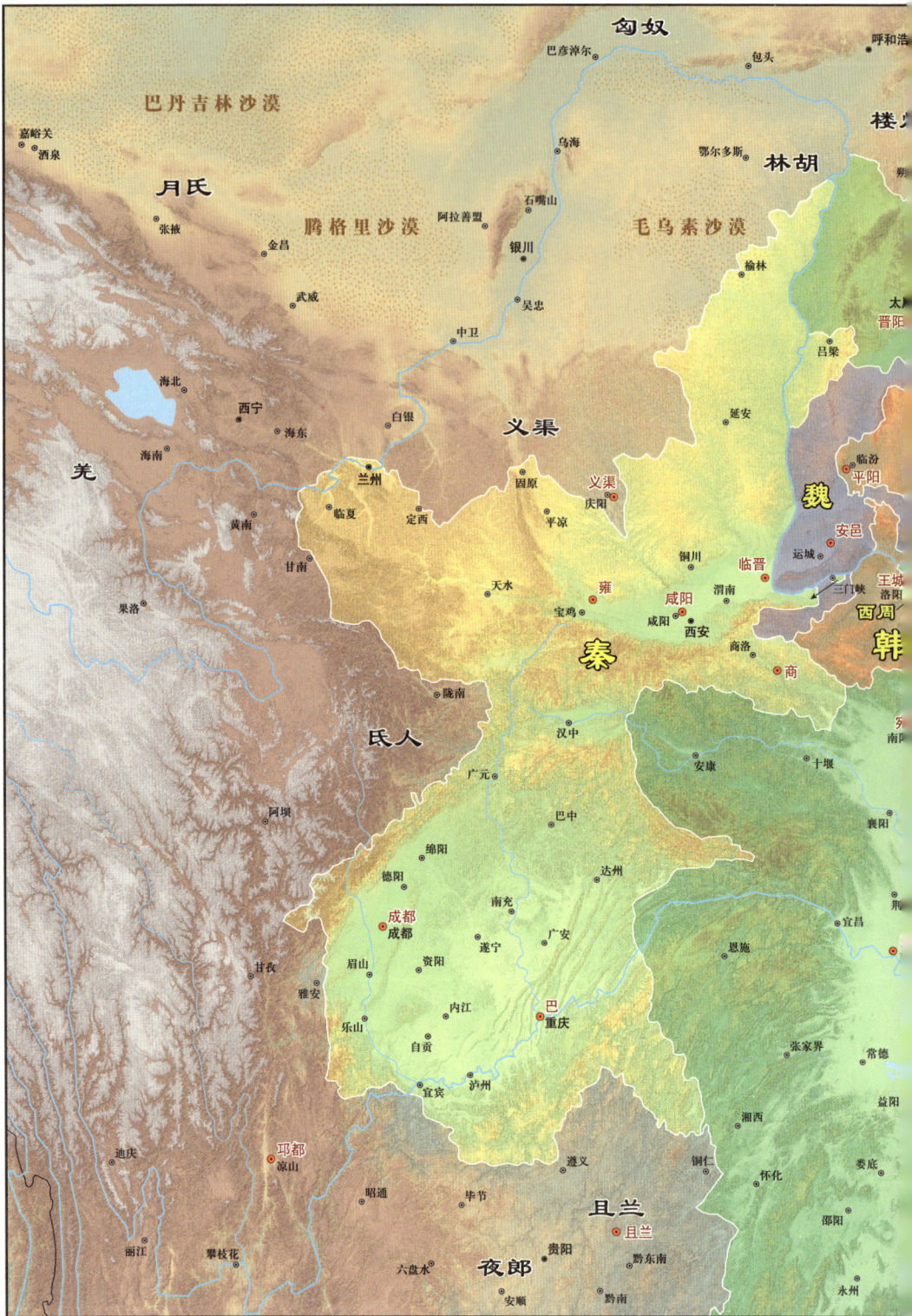

匈奴

呼和浩

巴丹吉林沙漠

巴彦淖尔　　　包头

楼月

嘉峪关
　酒泉

月氏

张掖

腾格里沙漠

金昌

武威

海北

西宁

海东

海南

羌

黄南

果洛

氐人

甘南

阿坝

甘孜

雅安

乐山

迪庆

丽江

攀枝花

乌海

阿拉善盟

鄂尔多斯　林胡

石嘴山

毛乌素沙漠

银川

榆林

吴忠

中卫

白银

义渠

兰州

临夏

定西

固原

庆阳

义渠

延安

太原

晋阳

吕梁

临汾
平阳

安邑
运城

魏

固原

平凉

天水

雍

铜川

临晋

渭南

咸阳

宝鸡

咸阳

西安

秦

商洛

商

三门峡
洛阳
王城
西周

韩

陇南

汉中

安康

十堰

南阳

广元

巴中

达州

襄阳

绵阳

荆

德阳

南充

广安

宜昌

成都
成都

资阳

遂宁

恩施

眉山

内江

张家界
常德

自贡

巴
重庆

益阳

泸州

湘西

娄底

邛都
凉山

昭通

毕节

遵义

铜仁

怀化

邵阳

永州

六盘水

贵阳

且兰

且兰

黔东南

迪庆

安顺

夜郎

黔南

其子朝鲜

燕

代
蓟
北京
武阳
唐山
廊坊
保定
天津
承德
张家口

平壤
元山

朝鲜半岛

首尔
仁川
开城

威兴

丹东

辽阳
本溪

锦州
营口
盘锦
鞍山

葫芦岛

秦皇岛

大连

渤海 渤海

中山
灵寿
石家庄
顾
沧州
衡水
德州
滨州
东营

赵
邯郸
邯郸
安阳
中牟
濮阳
鹤壁
新乡

临淄
淄博

济南
泰安

即墨
烟台
威海

青岛

杞
潍坊

邢台

聊城
济宁

曲阜

莒
琅邪
临沂
郯
日照

黄海

魏
大梁
开封

卫

小邾
薛

邳

宋
睢阳
商丘
许昌
陈
亳州
淮北
徐州
宿迁
连云港

漯河
周口
巨阳

驻马店
阜阳

蚌埠
淮南
宿州

淮安
盐城

信阳
寿春
滁州
扬州
泰州

楚
合肥
六安

南京
镇江
马鞍山
常州
无锡

南通

芜湖

吴
苏州
上海

东海

孝感
武汉
黄冈

鄂州
黄石
咸宁
九江

铜陵
宣城
池州
安庆

湖州
嘉兴

杭州
会稽
绍兴
宁波
舟山

黄山

越

南昌

景德镇

衢州
金华
台州

丽水
温州

宜春
新余

萍乡
吉安

抚州
上饶
鹰潭

南平

闽越
宁德

三明
福州

东海

80千米

秦并巴蜀后形势(前316年)

099

好的攻击对象。第二个目标是魏国的西半部。本来，魏国的西半部被秦国三面包围，已是瓮中之鳖，但因为有其东部的输血，强攻一时难下，所以秦国只好一点点地蚕食，将其放到第二步。更关键的是，攻占韩国，便可以问鼎中原，这是秦国几代人的梦想。

这是秦国打的算盘，但楚国显然不会无动于衷，它已经意识到了事态的严重性，秦国才是它的头号敌人。

秦、楚之间，难免有一番较量。

第十二章　金台纳贤

前314年，周赧王继位，将都城从成周迁至王城。王城也是西周国的都城，从此，周王室改寄西周国。此时的周天子，可以说没有一寸自己的土地，而战国七雄中的最后一位，也即将登场，这便是燕国。

战国七雄，其中六雄其实是由春秋时的四强演变而来的。春秋四强是：东方齐国、南方楚国、西方秦国，北方晋国。晋国一分为三，赵、魏、韩率先变法而成为强国，于是四强变为六雄。至于第七雄的燕国，原本处于苦寒之地，一直碌碌无为，也无人问津，但一个意外打破了这里的平静。

燕王哙"不安子女之乐，不听钟石之声"，是个厉行节俭、爱惜民力的理想主义者，为鼓励耕种，他甚至亲自下地操劳。而相国子之却是一个深谙权术的野心家。

燕王哙晚年时，被子之的手下一忽悠，头脑一热，便仿效尧、舜，将国君之位禅让给了子之。

这还没完，燕国大臣都是太子平的人，于是子之又派人向燕王哙说："当年大禹重用伯益，但仍以夏启的人为官。待年老时，大禹认为夏启不足以担当天下重任，便将大位传给伯益。不久之后，夏启联合同党攻打伯益，夺走天下。所以天下人说大禹名义上是将天下传给伯益，实际上是让夏启自行夺取天下。如今大王说将国家托付给子之，而官吏全是太子平的人，这就是名义上将国家交付给子之，而实际上还是太子当权。"燕王哙便将俸禄三百石以上的官员的印信全部收

20千米

怀来　延庆　军都陉　居庸塞　昌平　顺义　兴隆　遵化　迁西　滦河

渔阳　密云　怀柔　平谷　三河　大厂　无终　蓟州　玉田　丰润　令支

燕　蓟　北京　通州　房山　大兴　唐山

西山　门头沟　廊坊　香河　唐海

北拒马河　涿州　固安　永清　宁河　塘沽

武阳　方城　高碑店　定兴

易县　容城　霸州　天津　渤　海

燕　徐水　安新　雄县　文安　静海　渤海

清苑　保定　白洋淀　任丘　大城　平舒　青县

高阳　河　间　河间　黄骅　海兴

蠡县　肃宁　河口

博野　饶　沧州　沾化

安平　饶阳　献县　武强　泊头　南皮　孟村　盐山　无棣　利津　垦利

深州　河间　阜城　东光　华北平原　庆云　乐陵　阳信　滨州

衡水　武邑　景县　宁津　惠民　高青　博兴

冀州　枣强　吴桥　德州　临邑　商河　济阳　广饶

南宫　故城　陵县　平原　骇　邹平　桓台　淄博

武城　清河　武城　平原　禹城　济　黄　小清河

临西　夏津　高唐　齐河　临淄　齐　临淄

临清　马水河　昌国

河北

回，把它们交给子之。就这样，子之成功夺位，燕王哙反而成为臣下。

但太子平显然不会甘休，子之当政三年后（前314年），燕将市被与太子平密谋，准备趁机攻打子之。

南方的齐国得知这个消息后，群臣建议趁机伐燕，于是齐宣王派人对太子平说："寡人听说太子坚持正义，打算废私立公，整饬君臣之义，明确父子之位。寡人之国小，不足以供驱使。虽然，唯太子之命是从。"有了齐国做后盾，太子平便召集党徒起事，由市被领兵围王宫，攻打子之。谁料市被攻而不克，却反过来攻打太子平。一番交战后，太子平杀死市被，陈尸示众。但随后，太子平也死于战乱。一时之间，燕国乱作一团，持续数月，死者数万，众人恐惧，百姓离心。

孟子对齐宣王说："现在伐燕，就像当年文王、武王伐纣一样，机不可失。"于是齐宣王命章子率五都之兵，加上北方守军，进军燕国。燕国士兵以为来的是仁义之师，会救燕国于水火，便不迎战、不闭城，于是齐军顺利进入燕国蓟都（今北京）。

齐军进入燕国后，烧杀淫掠，无恶不作，不仅子之被杀，燕王哙也被杀，燕国一时亡国。

假如任凭齐国吞并燕国，最紧张的当数赵国，届时赵国将面临齐国南北双向的压力。好在赵国此时当政的是赵武灵王，他不会让齐国的阴谋得逞。

赵武灵王是赵肃侯之子，即位之时正是赵国焦头烂额之际：赵武灵王元年（前325年），赵国先败于魏，后败于齐；赵武灵王九年（前317年），修鱼之战时，三晋联军被斩首八万多，齐国趁机攻打赵、魏，在观泽（今河南清丰东南）大败赵、魏联军；赵武灵王十年（前316年），西都（今山西平遥西南）和中阳被秦国攻占；赵武灵王十三年（前313年），秦将樗里疾攻占蔺地（今山西柳林西北），俘虏赵将赵庄。从地图上看，西都、中阳、蔺，可连成一条直线，由太原盆地直通黄河岸边的孟门渡。如果从黄河沿岸找一个离晋阳最近的地方的话，这个地方正是孟门渡。孟门渡也称孟门关，有"晋西第一门"之称，是由陕北进攻晋阳的必经之路。战国时，孟门渡隶属于蔺邑。很显然，秦国夺取蔺邑是为了控制孟门渡，攻占中阳是为了控制从孟门渡到太原盆地的通道，而攻占西都，则是为了将前哨直接设置在太原盆地，不出意外的话，秦国下一步，就是北上攻打

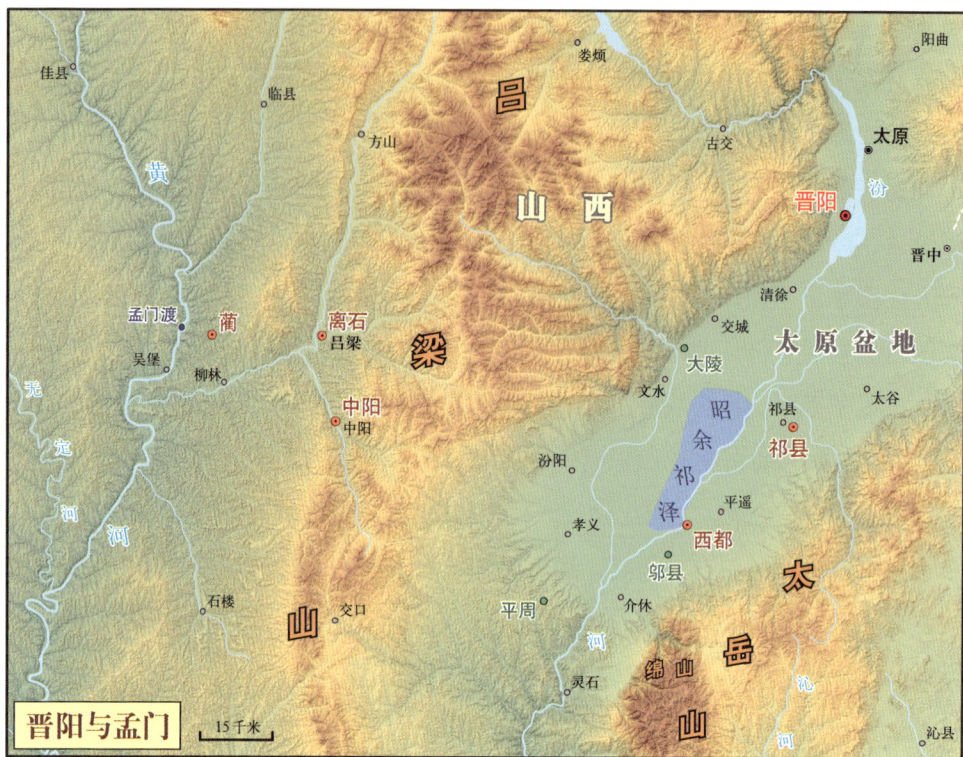

晋阳与孟门　　15千米

赵国的故都晋阳。如此，则晋阳危矣！

赵国如果再不有所作为，只怕会遭到秦、齐从东、西两侧的宰割。而此次齐国灭燕，后果比秦国觊觎晋阳更为可怕。

能挽救赵国的看来只有赵武灵王了，"五国相王"的时候，赵武灵王曾说："没有王的实质，怎敢占据王的名号！"令国人称自己为君。由此可见，赵武灵王对赵国面临的局势很是清楚。齐国灭燕对赵国来说，既是一次危机，也是一个为赵国立威的机遇。

为此，赵武灵王需要寻找一个燕国的接班人，如果找到一个亲赵的燕国公子回国即位，则可暂保赵国北境的安宁。当时，燕王哙有个庶子公子职在韩国为人质，赵武灵王立即派人去韩国将公子职接了回来，准备把他送往燕国即位。可谁知，齐国大军赖在燕国不走了，公子职回不去，于是赵武灵王打算跟齐国干一仗。

乐毅建议说："如果无故攻齐，齐国必定会对赵国心生怨恨。不如用河东之地与齐国交换，让齐军退出燕国。然后答应齐国，燕、赵臣事齐国。如此，用强齐的方式招致天下其他诸侯的不满，天下诸侯必然相约伐齐。"乐毅为魏将乐羊之后，中山灵寿人，出仕于赵。这里的河东之地不是我们常说的山西河东之地，而是指黄河以东的土地，赵国在河北的土地已横跨黄河东西，河东部分与齐国相连，所以乐毅所说的河东之地指的是这里，其如若在山西，对齐国没有意义。

赵武灵王按乐毅的计策行事。果然，楚、魏两国大怒，立即派使者到赵国，请求赵国存燕伐齐。于是，三国合纵达成。

齐国如果过强，对相邻的楚、魏都不是好事，赵武灵王正是看到了这一点，拉楚、魏合纵，相约伐齐。齐国迫于压力，在祸乱燕国两年后，终于退兵。赵武灵王派乐池护送公子职回燕，公子职即位为王，此即燕昭王。

燕昭王即位后，念念不忘齐国灭燕之恨，誓报此仇。但燕国弱小，人才凋敝，报仇谈何容易！为此，他需要广纳天下贤才，让燕国强大起来。但如何让天下的贤才到苦寒之地的燕国效力却是个问题，于是燕昭王向贤士郭隗 [wěi] 请教。

郭隗回答说："成就帝业的国君以贤者为师，成就王业的国君以贤者为友，成就霸业的国君以贤者为臣，亡国之君以贤者为奴。卑躬屈膝，礼贤下士，就会有才能百倍于己的人到来；早学晚休，先问后思，那么才能十倍于己的人就会到来；别人先做，自己效仿，那么才能与己相当的人就会到来；凭几拄杖，颐指气使，这样只能招来一些跑腿打杂的；骄横放纵，行为粗暴，动不动大声训斥，这样只能招来奴隶和犯人——这是古往今来招贤纳士的方法，大王如若广招贤才，当亲自登门拜访，天下贤才听说后，定会纷纷来到燕国。"

燕昭王说："那寡人应当先拜访谁好呢？"

郭隗便给燕昭王讲了一个故事：

从前，有位国君想用千金求购千里马，三年不得。这时有位内侍说："让我去买吧！"国君就让他去了。三个月后，内侍终于找到了千里马，可惜马已经死了，但他仍然用五百金买了马骨，回来向国君复命。国君大怒："我要的是活马，死马有什么用，还花了五百金？"内侍说："国君买死马都花了五百金，何况活马？天下人都知道您肯为好马出好价钱，千里马很快就来了。"果然，不到一年，就有人送来了三匹千里马。

讲完这个故事，郭隗对燕昭王说："大王真要网罗人才，就请先从我开始吧！我这样的人都能被重用，何况那些胜过我的人呢？"

于是燕昭王高筑一台，拜郭隗为师。据说台上摆满黄金，用以招揽天下贤士。这个台被人们称为"招贤台"或"黄金台"。注意这里是黄金，不是金，金的本义指赤金，即铜，千金就是千斤铜，用秦半两来算的话合两万文，也是一笔巨款，如前文里"千金买马"用的就是铜。而黄金更是稀有之物，其价值比铜高出千倍以上。在中国古代，流通的货币主要是两种：铜钱和黄金，白银到明朝才开始流通。古文里如果没有特别提到"黄金"的话，"金"通常指铜，比如"千金易得，一将难求"里的"金"；除了货币，先秦时使用的武器一开始也是铜做的，所以"金"有时也指武器，如"金创药"里的"金"；还有奏乐的钟，也是铜做的，所以"金"有时也指贵重的乐器，如"金石之声"里的"金"。相比铜，黄金的色泽更鲜艳，偏黄，所以称"黄金"。除了黄金，后来人们又发现了各种各样类似于"金"的东西，于是把它们统称为"金属"。

金台纳贤的消息传开后，各国人才纷纷涌向燕国，其中著名的有：剧辛从赵国赶来，邹衍从齐国赶来，屈庸从卫国赶来……我们熟悉的乐毅，此时正效力于赵武灵王，还没有来，但来了另一位重量级人物，那就是苏秦。

按《史记·苏秦列传》里的记载，苏秦和张仪是同学，跟着鬼谷子学纵横术，两人一个合纵，另一个连横，在战国中期呼风唤雨，声动天下。但1973年出土的长沙马王堆汉墓帛书《战国纵横家书》却表明，苏秦比张仪晚出现了很多年，张仪在秦国为相时，苏秦还没有出山，两人在政坛上几乎没有交集。

历史上，苏秦并没有佩六国相印，他能来燕国，说明他之前混得并不好。燕昭王求贤若渴，厚待苏秦，苏秦因而冒死前往齐国，从事间谍活动。

《孙子兵法·用间篇》里说：兴师十万，出征千里，日费千金，相持数年，就为了一日之胜，却舍不得花重金用间谍，这样的人不配做统帅。用间谍要花重金，但相比战争，却是九牛之一毛。战争如果没有间谍获取情报，很容易失败，那样损耗的成本更是无法估量。孙武把间谍分为五种：乡间、内间、反间、死间、生间。乡间，就是利用敌方同乡套取情报；内间，就是收买敌方内部官员套取情报；反间，就是让敌人的间谍反水，为己所用；死间，就是卧底，一旦暴露难免一死；生间，就是完成任务还能活着回来的间谍。苏秦从事的就是死间，因为他的目的就是搞垮齐国，为燕国报仇，一旦被发现，就有生命危险。

燕昭王给苏秦的任务是："大者可以使齐毋谋燕，次可以恶齐、赵之交。"让齐国不要攻打燕国，这是眼前最为迫切的事，这样燕国才好有时间发展，提升国力，为日后报仇做准备。最次，也要挑拨齐、赵的关系，齐、赵相争，燕国才有利可图。当然，这是最初的任务，苏秦的终极任务是让齐国对外疲于战争，对内民怨沸腾，届时燕国再伺机对齐国以武力打击。

燕昭王让苏秦带着厚礼，以结交的名义，出使齐国。苏秦找了个理由，说私下得罪过燕昭王，想留在齐国。齐宣王信以为真，拜苏秦为客卿。从此，苏秦就在齐国开始了他长达十六年的间谍生涯。

第十三章　张仪欺楚

再说楚国。

当赵武灵王联合楚、魏伐齐的时候，楚国非常积极，认为这是打垮齐国的大好时机，甚至许诺送魏国六城，以确保魏国能参战。但秦国却不干了，弱齐对秦国本没什么坏处，可如果楚国从中得到好处，那对秦国来说就不是件好事，于是秦国出兵干预。秦国一边出兵攻占魏国的曲沃（函谷关东），一边联合韩国对魏国进行外交施压，从而迫使魏国退出了合纵伐齐的队伍。正因如此，齐国两年后才从燕国撤兵。

也因此，楚国干脆一转头与齐国结盟了。免却后顾之忧后，楚国就出兵攻打秦国刚刚占领的曲沃，以及於中地区。曲沃位于函谷关以东，於中位于武关以东，如果这两地完全被楚国控制，秦国休想东出。

前313年，楚国拿下曲沃，继续由於中西进。

秦惠文王这才明白楚国与齐国结盟的目的，便派张仪出使楚国，任务是破坏齐、楚的联盟。

张仪见到楚怀王后，拍着胸脯保证，只要楚国和齐国断绝盟约关系，秦国愿将六百里商於之地割给楚国。

这里的商於当然是指秦国的商於，也就是当年商鞅的封地，直接控制着武关道。有了商於之地，秦国对楚国南阳盆地的威胁便不复存在，于是楚怀王答应了和齐国断交。可等楚怀王派了一员大将去秦国交割土地时，张仪却说割地是六里，不是六百里。楚怀王大怒，发兵攻秦。

前312年，楚怀王命大将屈匄[gài]进攻秦国的商於。齐国趁机拉着宋国一起攻打魏国的煮枣（今山东菏泽西）。再加上此前楚将景翠攻打韩国雍氏的战斗还没有结束，一时天下烽烟四起。

楚军的主力在商於，为此，秦军兵分两路：一路由甘茂率军沿丹水而下迎击楚军；一路由魏章走汉中，从汉中沿汉水向东，然后北上到达丹阳（丹水之阳，即丹江北岸）包抄楚军的后路。楚军确实没想到秦军会迂回到后方，进退失据，结果大败，被秦军斩首八万，统帅屈匄及手下七十多个高级将领被俘。

秦军还有一路，由樗里疾出函谷关向东，先帮助韩国打败景翠所部楚军，解救了雍氏；而后继续向东，帮助魏军攻打齐军，在濮水一带击退齐军，解救了煮枣。

如此，韩、魏都倒向秦国。

丹阳之战让楚国损失惨重，更重要的是，秦国趁机攻占了楚国的汉中郡（安康盆地和上庸盆地）。楚国如果不夺回汉中，其军事重镇宛城则有腹背受敌的危险。

同年，楚怀王倾举国之兵攻秦，破武关，穿秦岭，一直打到蓝田。蓝田离咸阳不到一百里，秦国危在旦夕。

就在此时，韩、魏出兵攻占了楚国的召陵（今河南漯河东），而后南下，直逼邓邑。这里的邓邑不是南阳盆地的邓县，而是楚国方城外的一座城邑。如果不出意外，韩、魏联军下一步就是攻打楚国的方城，一旦方城被攻破，楚国又将面临腹背受敌的窘境。因此，楚军只好退兵（一说楚军又败，但未见伤亡数字）。

丹阳、蓝田之战后，楚国元气大伤，不仅损兵折将，还丢掉了战略要地汉中郡。没有汉中郡，楚国从宛城到郢都的通道西侧就没有屏障，随时会遭到秦国的攻击。

很快，秦惠文王就抛来橄榄枝，愿意拿半个汉中郡（这半个即原来楚国的汉中）换楚国的黔中郡，只要楚国愿意。

那么黔中郡又在哪里？为什么秦王对黔中郡这么感兴趣？

楚国的黔中郡在武陵山一带，即今湖南张家界到怀化一带。黔中郡往北，正

陕北高原
子午岭
王屋山
山西
韩城
少梁
万荣
曲沃
绛县
闻喜
安邑
宜君
洛
澄城
合阳
临猗
夏县
命瓜
条山
陕
白水
合阳
元里
智
运城
永济
蒲城
河
铜川
富平
临晋
蒲阪
魏
曲沃
渑池
渑池
又马
淳化
大荔
洛阴
风陵渡
函谷关
宜阳
关中
三原
高陵
郑县
华阴
潼关
灵宝
崤山
泾阳
高陵
渭南
华山
洛宁
耳山
咸阳
临潼
骊山
上洛
卢氏
熊
长安
西安
灞水
蓝田
洛南
商洛
伏
鄠邑
终南山
丹
商
商南
栾川
柞水
商洛
秦岭
淅
于中
午
山阳
江
武关
西峡
川
道
镇安
秦
淅川
内乡
汉阴
郧西
析
阳
商密
郇阳
汉
丹
白河
水
郧阳
十堰
丹江口水库
丹江口
老河口
安康盆地
安康
谷城
汉
郧阳
武当山
房陵
竹溪
上庸
大
九
夷
上庸盆地
巴
山
房县
保康
南漳
城口
镇坪
神农架林区

110

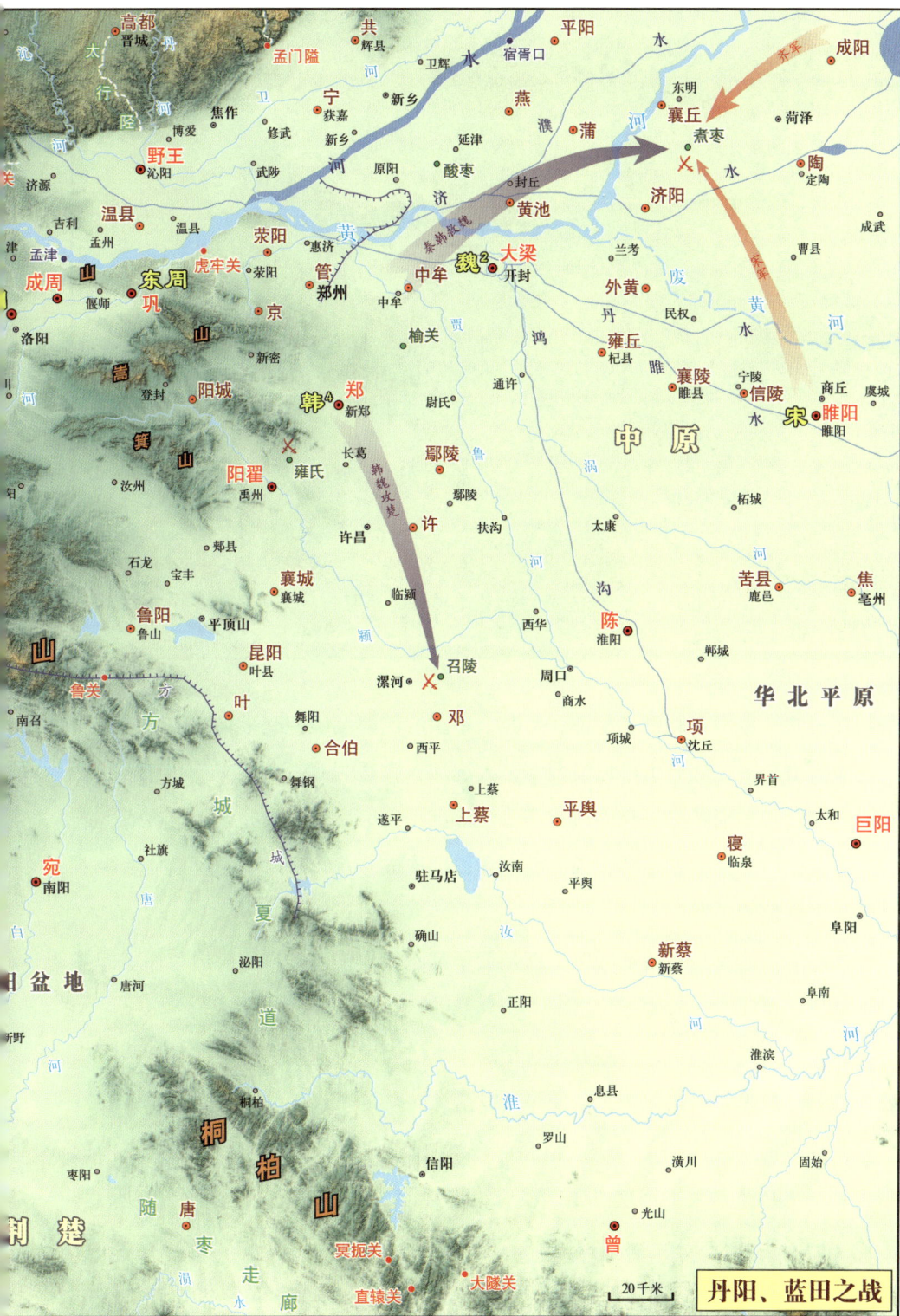

丹阳、蓝田之战

20千米

高都 晋城 丹 大行 平阳 水 成阳
孟门陉 共 辉县 卫辉 宿胥口 河 煮枣
宁 获嘉 新乡 燕 濮 蒲 河 东明 襄丘 菏泽 陶 定陶
野王 沁阳 修武 新乡 延津 济 济阳
博爱 焦作 武陟 原阳 酸枣 封丘 黄池 水 成武
吉利 温县 温县 孟州 荥阳 惠济 济 黄 中牟 兰考 曹县
津 孟津 成周 偃师 虎牢关 荥阳 管 郑州 中牟 大梁 外黄 丹 民权 黄 宁陵 商丘 虞城
成周 洛阳 巩 京 魏 开封 雍丘 杞县 睢 襄陵 雎县 信陵 宋 睢阳 睢阳
嵩 新密 榆关 贾 鸿 河
东周 山 登封 阳城 韩 郑 新郑 尉氏 通许 柘城 鹿邑 焦 亳州
箕 汝州 禹州 长葛 鄢陵 鄢陵 鲁 涡 太康 苦县 河
山 阳翟 雍氏 韩魏攻楚 许 扶沟 沟 西华 陈 淮阳 郸城
石龙 宝丰 郏县 许昌 临颍 颍 周口 商水 项城 沈丘 项 界首 太和 巨阳
山 鲁阳 鲁山 襄城 平顶山 昆阳 叶县 漯河 召陵 邓 华北平原
鲁关 方 叶 舞阳 西平 上蔡 平舆 寝 临泉
南召 合伯 舞钢 遂平 上蔡 平舆 阜南
宛 南阳 方城 社旗 城 夏 泌阳 驻马店 汝南 平舆 新蔡 新蔡
盆地 唐河 确山 汝 正阳 河
道 白 唐河 淮
桐 枣阳 柏 桐柏 信阳 罗山 潢川 固始
荆 楚 随 枣 山 冥扼关 淮 息县 光山 曾
滍 直辕关 大隧关 走廊 淯

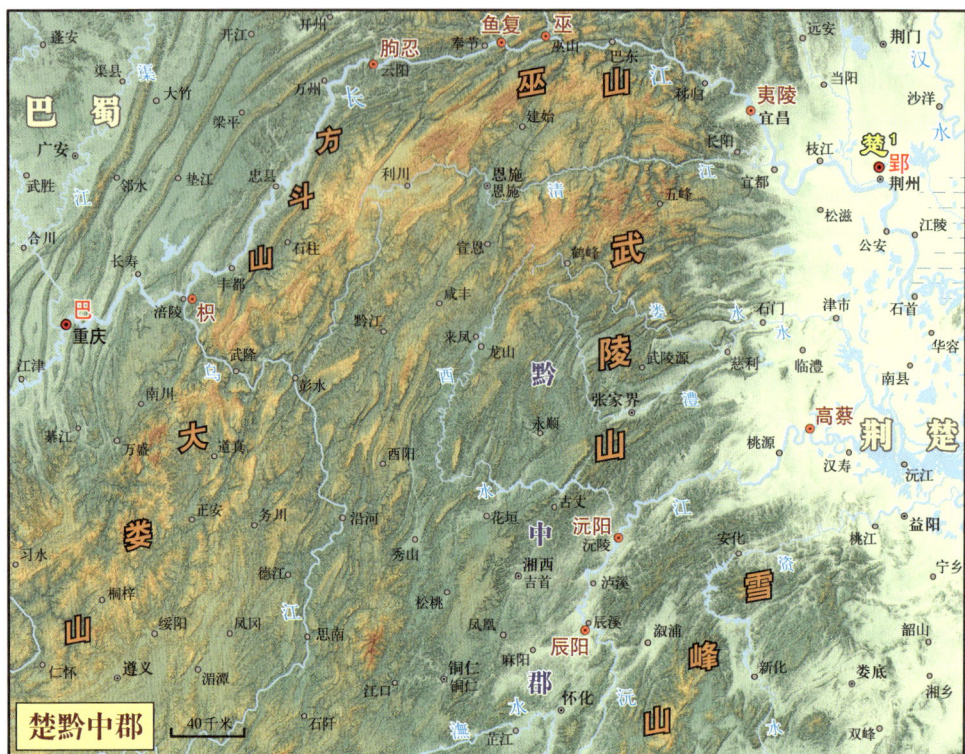

楚黔中郡　40千米

是长江三峡，楚国在此设了巫郡。当时，秦国的巴郡已经控制了乌江中游，即今沿河到秀山一带，从秀山可以沿酉水，入沅江，直达洞庭。秦惠文王心想，如果直接要巫郡，楚国断然不会答应，而黔中郡都是山区，蛮夷杂处，土地贫瘠，或许楚国会答应；如果拿下黔中郡，就能和巴郡连成一片，届时秦国可以从黔中郡绕到楚国郢都的后方。

秦惠文王这算盘打得啪啪响，就是傻子都看得出来他的目的。但楚怀王却答应了，说不要汉中，只要张仪。

张仪还真来了，可楚怀王并不想把黔中郡给秦国，他知道黔中郡对楚国意味着什么，便把张仪囚禁起来，让他等候发落。

张仪事前已经贿赂了楚国大臣靳尚，此时靳尚趁机对楚怀王说："大王拘禁张仪，秦王必怒，天下诸侯见楚国没有秦国帮助，必然轻视楚国。"之后他又对楚怀王的宠妃郑袖说："你知道你要失宠了吗？"郑袖问："为什么？"靳尚说："张仪是秦王的重臣，现在楚国把他拘禁了，秦王肯定会想办法救他。我听说秦王有个爱女，长得十分漂亮，秦王打算把她嫁给大王，又挑了好几个能歌善舞的宫女做陪嫁，除此之外，还有各种金玉宝器做嫁妆，又把上庸（今湖北竹山）六县作为她的封邑，这次秦王派张仪来，就是让他办这件事的。到时秦国公主依靠娘家的强大势力，又有上庸六县作为资本，大王怎敢忽视，必定对她宠爱有加，你不就被冷落了吗？"郑袖一听慌了神，便劝楚怀王放了张仪。

楚怀王终究做不出张仪那种出尔反尔的事，又不想失去黔中郡，最终还是放了张仪。一切似乎回到了谈判前，但张仪并没有马上回秦国，他又来劝楚怀王，说只要楚国派太子到秦国当人质，秦国可以不要黔中郡，还会给楚怀王送来美女，两国永结兄弟，互为友好。

楚大夫屈原反对，说："大王两次被张仪欺骗，我以为这次大王会把张仪给煮了，如今放了他也便罢了，怎么还听信他一派胡言？"

楚怀王说："按张仪的建议可保住黔中郡，这是好事，言而无信可不行。"

楚怀王最终答应了张仪的建议，与秦国亲善结盟。

前311年，就在张仪回秦国的路上，还没到咸阳的时候，秦惠文王去世，秦武王继位。

秦武王不喜欢张仪，很多大臣趁机向秦武王说："张仪言而无信，反复无常，出卖国家以图君恩。秦国若再重用他，恐为天下耻笑。"

张仪害怕被杀，便去了魏国。

楚怀王立即背弃了秦国，转而与魏、齐结好。于是，楚、魏、齐合纵之势又成。张仪亲自策划的连横局势又被自己亲手毁掉。

一年后，张仪死于魏国。

秦武王天生神力，喜欢和人比武。但秦武王并不是一个头脑简单、四肢发达的莽夫。即位之初，秦武王首设丞相一职，以樗里疾为右丞相，甘茂为左丞相。这是中国历史上第一次出现丞相这一官职。注意，丞相和宰相不同，我们常把百官之长称为"宰相"，其实宰相只是一个统称，并不是官职，丞相可以是宰相，首辅也可以是宰相，各朝代宰相的具体官名都有所不同。宰相的"宰"，原本是国君的家宰，即太宰，主管国君祭祀一职，"国之大事，在祀与戎"，祭祀是一国极为重要的事务，因而太宰地位崇高；"相"，原本是助手的意思，国相或相国即国君的助手。后世将"宰"和"相"连称，泛指国君的最大助手。用现代的话说，国君是国家元首，宰相是政府首脑。不过，最早的丞相并不是宰相，相国才是。秦国初设丞相一职，"丞"是辅佐的意思，"丞相"即相国或相邦的助手。在秦国，相国（相邦）和丞相一直并存，直到汉朝，相国一职逐渐被取消，丞相才成为百官之长。

秦武王设左、右丞相，表面上是给相国找两个助手，实际上是分相国的权，以免相权过大。从这里可以看出，秦武王并不简单，他有自己的政治智慧。这是其一。

其二，秦武王还暗中联络越国，使之从后方牵制楚国，而自己则将矛头对准弱小的韩国，这比直接与楚国冲突要高明得多。

进兵韩国是为了踏入中原，而踏足中原是秦人几百年的梦想。

秦武王将目光瞄准了韩国的故都宜阳。宜阳地处洛河上游，如果拿下宜阳，秦国不仅能将势力拓展到中原，而且兵临周室，可以问鼎中原。但秦国攻取宜阳，需要越过崤山，道路艰险；而韩国从新郑到宜阳的道路则平坦得多，可以源源不断地给予支援。因此，秦国要攻打宜阳殊为不易，一旦兵败，恐怕连退路都没有了。为此，秦武王召集樗里疾和甘茂商量。

樗里疾表示反对攻打韩国，理由是路途遥远，劳师远征，未必能胜，万一赵、魏趁机偷袭，后果不堪设想。甘茂则认为，"伐宜阳，定三川"是秦国挺进中原、成就帝业的关键；而胜败的关键在魏国，只要搞定魏国，赵国就不能越过魏国救韩，韩国就会陷于孤立，届时以秦国的虎狼之师攻打孤立的韩国，必胜。然后甘茂自告奋勇出使魏国，声言不仅不会让魏国偷袭秦国，还会让魏国出兵助秦。秦武王大喜，给了甘茂很多财物，令其出使魏国。

前308年秋，甘茂出使魏国，恩威并施，与魏国结盟，魏襄王答应出兵助秦。难怪孟子说魏襄王"望之不似人君"，对魏国来说，这无异于引狼入室。

甘茂返秦，先让副使向寿回去报告，说和魏国谈成了，但建议秦武王先不要打韩国。

秦武王不解，跑到息壤（地名，今址不详）迎接甘茂，问："为什么？"

甘茂说："宜阳是个大县，名为县，实为郡。再加上上党、南阳（河内地区）

两地，日积月累，财富充足，兵多粮广。如今大王要跨越千里而攻之，难也。"

秦武王一头雾水：难道就这样不打了吗？不是你说要打的吗？

接着，甘茂给秦武王讲了一个故事："从前，有一个人叫曾参，住在费邑。鲁国有个与曾参同名的人杀了人，有人就跑去告诉曾参的母亲说'曾参杀人了'，他的母亲正在织布，跟没听见一样，神情自若。不一会儿，又有一个人跑来说'曾参杀人了'，他的母亲仍然在织布，但有些犹豫了。又过了一会儿，又有一个人跑来说'曾参杀人了'，他的母亲扔了梭子，丢下织布机，翻墙跑了。以曾参之贤和他母亲对他的信任，有三个人怀疑他杀人，他母亲也不得不信了。臣不如曾参贤，大王对臣的信任也比不过曾参的母亲对他的信任，而朝中非议我的将领何止三人？所以臣害怕大王到时'扔梭子'啊！"

故事的真假我们不知道，反正战国时的士子们人人都是编故事的高手，随时都能拿出一个故事为己所用，颇具小说家的潜质。但甘茂的故事很有说服力，所谓"众口铄金，积毁销骨"，今天的网络谣言能毁掉一个人，道理是一样的。

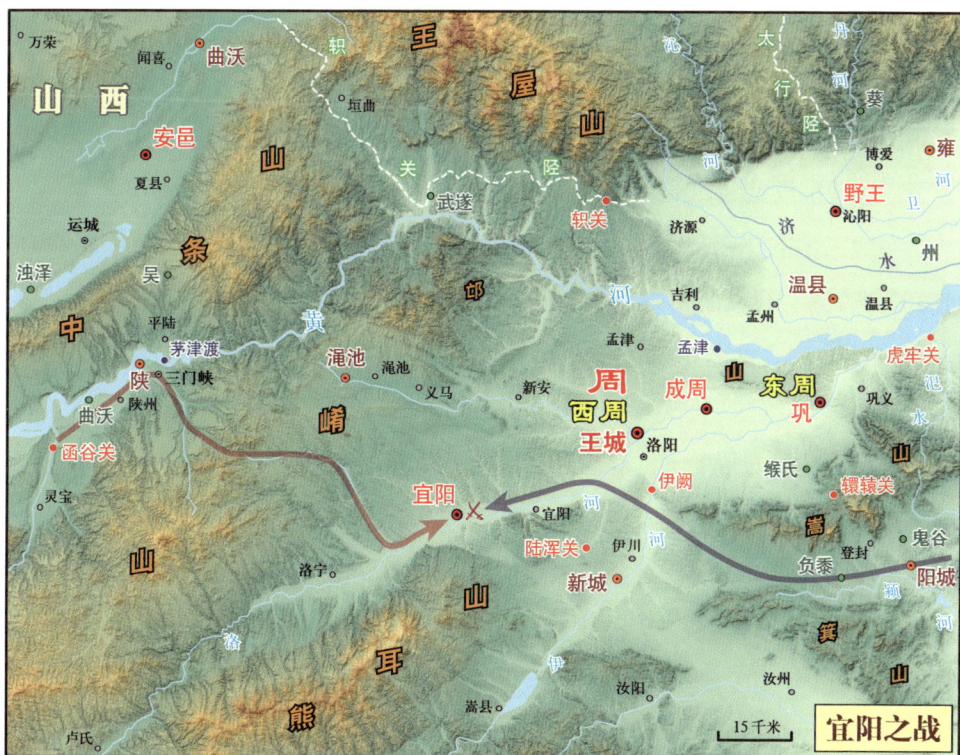

宜阳之战

于是秦武王与甘茂盟誓，这就是息壤之盟。

随后，秦武王派甘茂领军攻打宜阳。结果五个月过去了，宜阳没拿下。樗里疾、公孙奭果然趁机向秦武王进言，反对伐韩。秦武王想让甘茂退兵，甘茂回复道："息壤还在呢！"秦武王立即会意，于是又调集五万兵力，给甘茂增援。最终，甘茂攻克宜阳，斩首六万。

秦军趁机渡过黄河，夺取武遂（今山西垣曲东南），并在此筑城。武遂扼控轵关陉，轵关陉是从运城盆地到河内地区的必经之地，也是从山西到中原最便捷的通道。武遂虽隶属韩国，却是魏国东西相连的咽喉，秦国占领武遂，其实是在为下一步做打算，如果轵关陉为秦国所控制，那么魏国的山西部分迟早会落入秦国的口袋。不过魏国也没闲着，趁机抢占了韩国的河内地区，虽然要绕道上党高地，但终于将魏国的东西两部分连成一片。未来，秦、魏为争夺轵关陉必有一战。

经此一战，韩国的国土被分割成三块，彼此不相连，韩襄王只好遣使向秦国求和。

宜阳之战后，秦国完全控制了崤山。更重要的是，秦国从此一只脚踏进了中原，这是秦国祖祖辈辈几百年都没有完成的夙愿。

对秦武王来说，他还有一个愿望，那就是到周王室去看看。周王室有九鼎，当年楚庄王问鼎中原的时候，王孙满一句"鼎之轻重，未可问也"，楚庄王就回去了，连鼎都没见到。秦武王不仅想看看九鼎，而且还想亲自摸一摸。

秦武王手下有三个大力士：任鄙、乌获、孟说。秦武王经常和他们比武力。前307年八月，秦武王带着孟说到王城，两人比赛举鼎，当秦武王举起九鼎中的"龙文赤鼎"时，两眼出血，胫骨折断。当晚，秦武王气绝身亡，年仅二十三岁，无子。

在赵武灵王的帮助下，群臣迎立秦武王的异母弟、在燕国做人质的公子稷回国继位，是为秦昭襄王，简称"秦昭王"。

秦昭王能继位为君，完全是因为他母亲芈八子的一手操控。芈八子是秦惠文王的姜室。秦王的妻妾分为几个等级：王后、夫人、美人、良人、八子、七子、长使、少使。八子的地位并不高，但芈八子凭借自己的聪明才智操控了秦国的政局，为儿子成功夺位。

秦昭王即位之初，因年少，芈八子听政，称宣太后。这是中国历史上第一个被称为太后的人。

宣太后以魏冉为咸阳将军，樗里疾为相。魏冉是宣太后同母异父的弟弟、秦昭王的舅舅，而樗里疾是秦昭王的叔叔。在魏冉的帮助下，宣太后铲除了秦武王的残余势力，为秦昭王铺路。

宣太后是楚国人，因其姓芈，可以断定她是楚国宗室之女。当然，楚国宗室很大，除了楚王熊氏一支姓芈外，屈、景、昭三大氏族也姓芈，与楚王同宗。能嫁到秦王宫的，只有楚王的近亲，普通的宗女轮不上。正是因为这种关系，楚怀王知道秦国对楚国暂时没有威胁，便找韩国出气。因为之前丹阳之战的时候，韩国没有帮楚国。

这一次，楚国还是攻打雍氏，但楚怀王派兵攻打了五个月也没有拿下。韩襄王多次向秦国求救，宣太后因为自己是楚国人，不肯出兵。甘茂担心韩国因此而倒向楚国，届时会对秦国不利，于是秦昭王下令出兵，楚国闻讯后撤军。

前306年，齐宣王不愿看到秦、楚联合，写信劝楚怀王加入合纵。楚怀王采纳昭雎的建议，一边交好齐、韩，一边结好秦将樗里疾，再以齐、韩之势要挟秦国归还楚国的土地。秦昭王没有立即答应，但答应了甘茂的请求，把武遂还给了韩国。甘茂因此事遭到向寿、公孙奭忌恨，两人趁机向秦昭王进谗言。甘茂担心性命不保，逃往齐国，被齐襄王封为上卿。

此时的楚怀王左右摇摆，想趁秦、齐都想拉拢自己之机，从中得利。但最大的利益却不是从秦、齐获得的，而是从越国。

同年，楚怀王趁越国内乱之机，令昭滑率军伐越，杀死越王无疆，越国灭。无疆生前没有指定继承人，于是王族子弟四散各地，竞相称王称君，臣服楚国，这其中就包括瓯越国和闽越国。至此，楚国的疆土达到鼎盛。

灭掉越国对楚国来说是免却了后顾之忧，楚国可以专心对付北方的秦国或齐国。

前304年，秦国担心楚国和齐国结盟，就把上庸一带的土地还给了楚国，并与楚国在黄棘（今河南南阳南）结盟。

秦、楚从此又亲善了，只是，这大概也是秦、楚两国最后的"蜜月期"了。

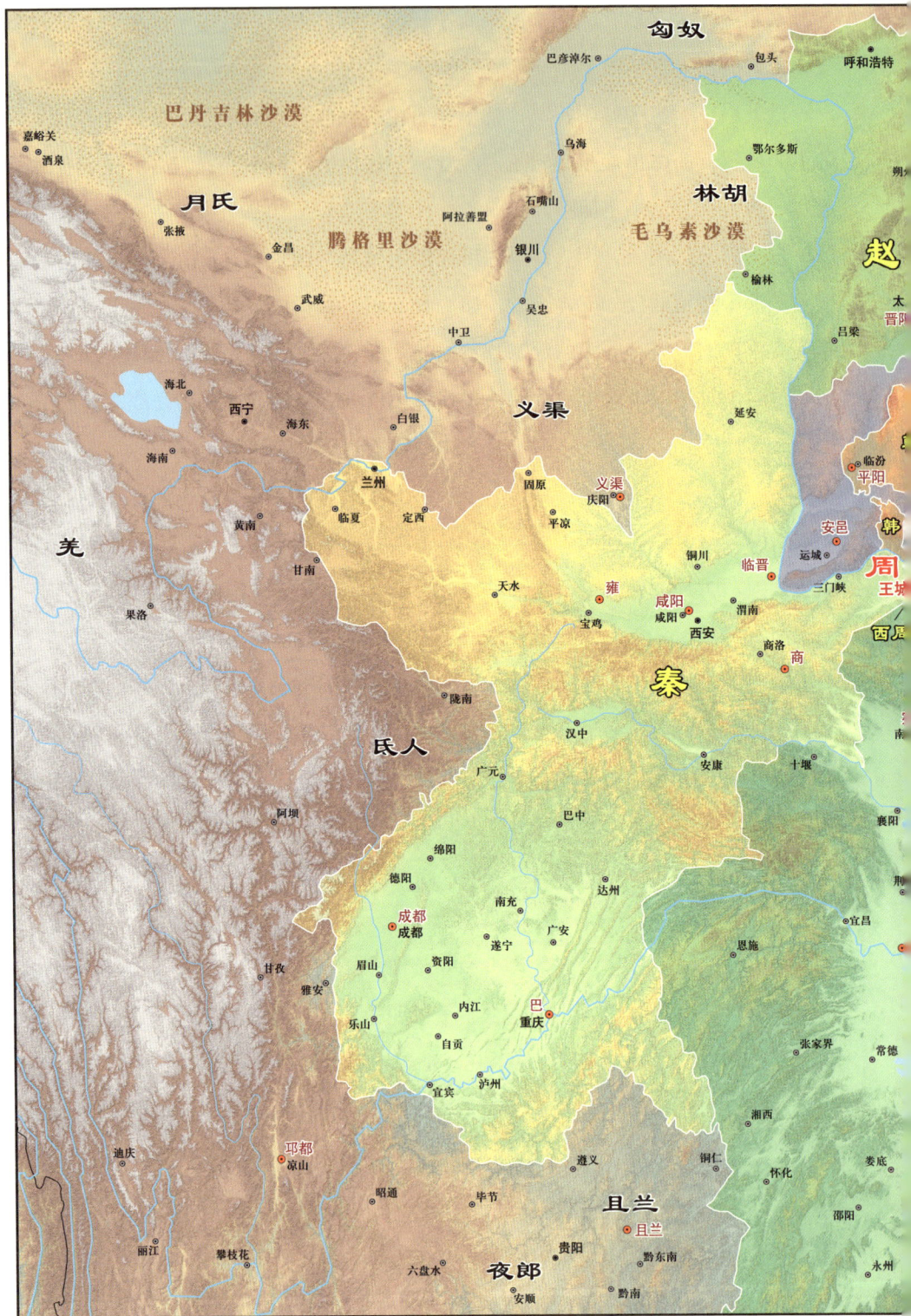

烦

张家口 承德 锦州 辽阳 本溪

代 蓟 唐山 秦皇岛 **其子朝鲜**

燕 北京 盘锦 鞍山

武阳 廊坊 营口 丹东 咸兴

中山 保定 天津 平壤 元山

灵寿 顾 开城

石家庄 沧州 渤海 渤海 首尔

泉 衡水 大连 仁川

邢台 德州 滨州 东营 **朝鲜半岛**

邯郸 安阳 聊城 济南 临淄 淄博 烟台 威海

邯郸 鹤壁 濮阳 卫 泰安 齐 潍坊 杞 即墨

魏 新乡 菏泽 济宁 曲阜 费 青岛

州 大梁 开封 睢阳 邹 鲁 小邾 薛 莒 琅邪 黄 海

郑 商丘 徐州 滕 郯 临沂 日照

许昌 陈 淮北 宿迁 邳 连云港

漯河 周口 亳州 淮安

驻马店 巨阳 阜阳 蚌埠 盐城

信阳 寿春 淮南 滁州 扬州 泰州

合肥 南京 镇江 南通 东 海

楚 六安 芜湖 常州 无锡 吴 苏州 上海

感 铜陵 宣城 湖州 嘉兴

武汉 黄冈 安庆 池州 杭州 会稽

鄂州 黄石 黄山 绍兴 宁波 舟山

咸宁 九江 景德镇 衢州 金华

南昌 上饶 丽水 台州

宜春 新余 鹰潭 抚州 瓯越 温州

萍乡 吉安 南平 东 海

闽越 宁德

三明 福州

楚灭越后形势(前304年)

80千米

第十四章　胡服骑射

当秦、楚、齐在南方合纵连横之时，有一个国家因为远离中原，得以在北方偷偷发展，这便是赵国。

赵武灵王意识到赵国在河北一时无所作为，能不被齐、秦夹攻就是好事，便把目光投向了山西北部。

在山西的各个盆地之间，虽然有山川阻隔，但通行并不是难事，唯独最北部的大同盆地，与其南方忻定盆地之间横亘着一座高大的恒山山脉，它成为赵国行车进兵不可逾越的障碍。

如果不想绕道代郡的话，赵人可以沿汾河而上，在到达汾河源头之后，翻过一道山岗，便可到达桑干河的源头，而后顺桑干河可以直达大同盆地。在桑干河的源头，恒山山脉和吕梁山脉形成两山夹一河的隘口，此地是个关键所在，后来赵武灵王在此修筑了楼烦关，因为这附近原本是楼烦人的地盘，所以得名。

沿汾河河谷而上毕竟要翻山越岭，山路太长，行军多有不便，最好的路线是从太原盆地所在的晋阳城出发，北上进入忻定盆地。在忻定盆地的北部，即恒山山脉的中间，有一个豁口，即雁门，战国时称"先俞"，因赵武灵王在其北方置雁门郡，唐朝时便称其为"雁门关"。

出了雁门关，便是大同盆地。大同盆地地形破碎，戎狄杂处。赵武灵王带着赵国军队刚出雁门关，便碰到两个大的部族，一个是前文提到过的楼烦，另一个就是林胡。

楼烦是北狄的一支，大约建国于春秋时期。春秋时期，戎狄部族散布各个山林，所以多是步兵。到战国时，他们的生存空间不断被华夏各国挤压，慢慢向北方草原退却，学会了骑马，更擅长骑射。而此时的中原各国，马拉战车越来越少，步兵占主流。

林胡，顾名思义，林中胡人。这说明他们还保留着居住在林中的习惯，只是今时不同往日，林胡分布于鄂尔多斯高原东北部、黄河西岸，这里干旱少雨，森林少得可怜，这个名字或许代表着他们某段美好的回忆。

林胡和楼烦其实是以土默川平原为中心，分布于黄河两岸。土默川平原是今天的叫法，南北朝时，因为这里生活着一群敕勒人（也叫高车人，维吾尔族人的祖先），所以叫敕勒川（川不光指河流，也指河流冲积而成的平地），当时还流行一首歌：

敕勒歌

敕勒川，阴山下。
天似穹庐，笼盖四野。
天苍苍，野茫茫，
风吹草低见牛羊。

虽然这是后世的歌谣，但可以想象，当年赵武灵王带着赵国军队出关时，看到的会是一幅什么样的壮美情景。可以说，正是敕勒川的滋养，让楼烦和林胡两个部族兵强马壮，在塞北过得有滋有味。

在与楼烦和林胡的交战过程中，赵武灵王发现，胡人多为骑兵，来去如风，他们的衣更短、袖更窄，上马控弦极为方便。赵国军队以步兵为主，与胡人交战时，行动太慢，屡屡吃亏。为此，赵武灵王打算以胡制胡，即向胡人学习，穿他们的衣服，学他们骑在马上射箭。这便是"胡服骑射"。

在华夏礼仪之中，衣服是身份的象征，特别是贵族的衣服，丝绸质地，宽袍大袖，但这种衣服在战场上很碍事，平民的情况稍好些，因为他们只能穿麻布制

白云矿区

匈　奴

乌拉特中旗

阴

狼

山

山

乌拉特后旗

高阙塞

赵

长

固阳

五原

巴彦淖尔平原

杭锦后旗

黄

阴

赵

巴彦淖尔

乌拉特前旗

九原　包头

河

河套

达拉特旗

磴口

杭锦旗

东胜

乌海

乌

鄂尔多斯

审

伊金霍洛旗

兰

木

伦

鄂托克旗

鄂尔多斯高原

毛乌素沙漠

乌审旗

赵取河套及北筑长城

20千米

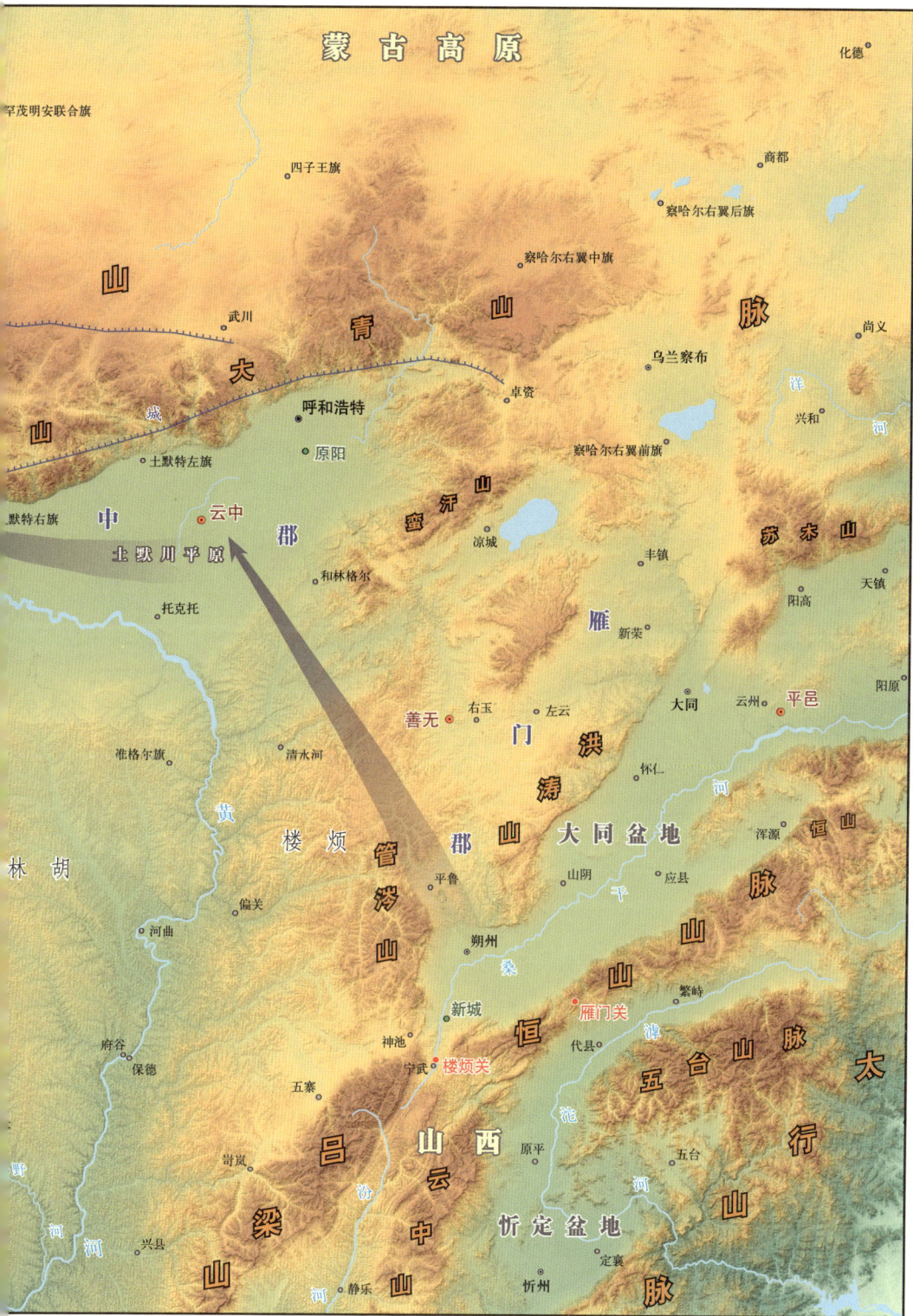

蒙古高原

化德

乌兰察布右翼明安联合旗

四子王旗

商都

察哈尔右翼后旗

山

武川

青

山

脉

尚义

卓资

乌兰察布

洋

兴和

河

大

长
城

呼和浩特

原阳

察哈尔右翼前旗

土默特左旗

中

云中

郡

蛮汗山

凉城

丰镇

天镇

苏木山

阳高

默特右旗

土默川平原

和林格尔

托克托

雁

新荣

门

准格尔旗

清水河

善无

大同

云州 平邑

右玉 左云

阳原

涛

怀仁

云州

河

楼烦

郡

山

大同盆地

浑源

恒

山

脉

山

林胡

黄

管

�a山

山阴

平

应县

涔

河

偏关

平鲁

朔州

新城

桑

繁峙

河曲

神池

河

恒

雁门关

府谷

保德

五寨

宁武 楼烦关

代县

五台

山

脉

太

行

山

野

河

哙岚

吕

山

汾

云

原平

滹

五台

山

河

河

兴县

梁

山

中

山

忻定盆地

脉

河

静乐

定襄

忻州

123

成的衣服，衣袖也没那么长。但若改穿胡人的衣服，在人们的传统观念里，就与蛮夷无异了。因此，赵武灵王的改革势必遭到国人的反对。其实衣服还好，无非是衣服做短一些，袖子做窄一些，就不影响使用长戟弓箭了。关键是裤子，传统的华夏服饰之中是没有裤子的，我们所说的衣裳，实际是上衣下裳，裳是裙子的意思——是的，先秦衣服的款式男女通用，只是花色和图案有区别。上衣下裳是华夏族人最早的衣服形制，到了周朝，人们在缝制衣服的时候，将上衣和下裳缝在一起，这样能更好地包裹身体，不致走光失礼，因此称其为"深衣"。后世华夏礼服的发展，基本离不开这两种形制，唯独没有裤子。上衣好理解，那么下裙之内穿什么呢？什么都没穿，只在容易露出皮肤的小腿部分套上两条胫衣。所谓胫衣，就是半截裤腿。当然，半截裤腿很容易掉下来，所以胫衣还有两条带子将其固定到腰上，其制式有点像今天女士所穿的长筒丝袜，只不过并不紧身，而是宽松的。胫衣在先秦时有一个专门的名字，叫绔，所谓纨绔子弟，最初指的是富贵人家的孩子。纨指很细的丝绸，绔就是胫衣，能穿丝制衣物的都是贵族，平民只能穿麻制衣物。至于我们今天用得最多的棉，要到明朝时才普及。

胫衣也可以说是开裆裤的雏形，这个特点造成穿胫衣的人没办法骑在马背上打仗。所以传统的士卒，要么站在战车上挥戈，要么徒步拼杀。赵武灵王要训练骑兵，光把上衣改短、衣袖改窄不行，还必须让所有士兵去掉下裳，改穿裤子。裤子是胡人穿的，他们穿着裤子上马下马极其方便，这是裙子无法比拟的。但裙子也是传统礼仪的一部分，改穿裤子，显露双腿的轮廓有失礼仪，自然遭到很多人的反对。

总之，穿什么不重要，改变人们的观念很重要，胡人的衣服在人们看来就是落后野蛮的象征。赵武灵王也不是直接把胡人的衣服拿来就用，而是吸取胡服的优点对原来的华服加以改进，比如胡人穿左衽的衣服，华夏人穿右衽的衣服，这一点赵武灵王没有动，只是将上衣改短、衣袖改窄，这样穿着行动起来就方便多了。再说裤子，一条裤子顶一条裙子和一条胫衣的功用，实际是节省材料了，穿上后再骑马也不至于磨屁股了。这样相对来说，人们还比较容易接受。胡服骑射不仅提高了军队的战斗力，也方便了农民。传统的上衣下裳对农民种地来说很不方便，改成窄袖长裤就方便多了。

再说骑射，就是骑在马上射箭。春秋时贵族才会射箭，打仗时站在战车上。战国时的弓箭手以步兵为主，射箭时必须站稳，跑动起来是无法射箭的。而胡人的弓箭手骑在马背上，不仅移动速度快，而且可以在移动中放箭，令人防不胜防。对华夏人来说，穿裤子只是解决了一个基本的装备问题，难的是骑马，更难的是在策马奔腾时射箭。这种技能对游牧民族来说与生俱来，他们从小就骑在马背上，在打猎的过程中自然就学会了骑马射箭。而华夏人要达到这一点，则需要经过大量的训练。

说到这里，有一项骑马装备不得不提，那就是马镫。长期以来，很多人（包括我自己）都认为骑兵没有马镫就不能近身搏杀，只能远程放箭。直到有一次，我去了一趟内蒙古草原，便对这种说法产生了怀疑。那一次我深入草原深处，不是景区，也没有供游客骑乘的马，但我看见旁边有几匹闲散的马在吃草，便问当地牧民能不能骑。几个蒙古族的小伙子过来说，能骑。我说，没有马鞍，怎么骑？小伙子说一样骑。我摇头，表示不信。我曾多次到坝上草原骑马，自信对马还是有一些了解的。这几个小伙子只是笑了笑，也没说话，便翻身上马——是的，没有马鞍，更没有马镫，瞬时就消失在金色的夕阳之下。正当我诧异不已时，他们回来了。这件事让我认识到，马镫对非游牧民族很重要，或许这正是他们在训练骑兵时发明的，但对游牧民族真没有那么重要。赵武灵王胡服骑射时，胡人能骑着马射箭，既然射箭时能双手脱缰，那么将弓箭换成长枪也不是问题，如果是单手使用的马刀更不是问题。

在赵武灵王的强制命令下，赵国的胡服骑射终究还是推行下去了。但改革不是一蹴而就的，除了人为阻力外，训练骑兵也需要花费大量的时间。

改革的效果立竿见影，赵武灵王再出关作战，林胡、楼烦屈服。赵武灵王收编了他们的军队，使其归附赵国。赵武灵王还趁机收复了被秦国抢占的土地，将势力向西扩充到榆中（今陕西榆林以北地区）。从地理上讲，赵国抢占黄河上游，反倒对秦国形成了威胁。

随后，赵武灵王在敕勒川设云中郡，又在过雁门去往云中的必经地带设雁门郡（因附近有雁门山，即今苏木山），与东部的代郡相连。此三郡，成为赵国抵抗北方游牧民族的前沿阵地。

再往后，当赵人继续北巡时，他们发现了一支更强大的游牧民族，这便是匈奴。相比于楼烦和林胡这种生活在林地和草原过渡地带的民族，匈奴人完全生活在广袤的大草原上，他们马更快、人更多，其疆土到底有多大也不得而知。为防止匈奴人南下，赵武灵王派人沿阴山山脉修筑了两道长城，一道自狼山起，另一道自阴山起，最终汇集于大青山下。如此，赵国再南下中原便无后顾之忧了。

相对于塞北蛮荒之地，赵武灵王更想要的是富庶的中山国。

理论上，赵国有四条线路可以夹击中山国。

第一条，代郡方向。

从飞狐口，沿飞狐陉而下，到达涞源盆地。此时赵军有两个选择：一是沿拒马河，也就是蒲阴陉到达燕国的上谷关（后来的紫荆关），而后沿易水而下，到达平原地区再南下；二是从涞源往西到达唐河，再沿唐河而下，可以直达中山境内。很显然，前者需要经过燕下都武阳以及燕长城，需要向燕国借道，更会引起燕国的警惕，因为从这条线路可以很明显地看出代郡对燕国的地理优势。后者路程短，只要攻下中山国边境上的鸿上塞即可。鸿上塞即后来的倒马关所在地，之所以称"塞"而不称"关"，说明此时还没有筑关城，想要攻克不难。

第二条，灵丘方向。

灵丘到西汉时才置县，因赵武灵王葬于此而得名。战国时，赵国在灵丘并没有置县，所以灵丘本无驻兵，若从此地进兵，须从晋阳调兵北上，经忻定盆地，而后经今平型关所在山谷，进入灵丘盆地，再顺唐河而下。

第三条，井陉方向。

这条线路同样需要从晋阳调兵，路途遥远，山高谷深，行军困难。

第四条，邯郸方向。

众所周知，这条线路最简单，由邯郸直接北上。但正因如此，这也是中山国重点防守的线路。

四条线路中，灵丘和井陉方向都需要从晋阳调兵，劳师远征，不适合大规模进军，搞点小动作袭扰还行，主力还得从代郡和邯郸两个方向用兵。邯郸是都城，兵精粮足；代郡是边疆重郡，战国时的郡主要就是军事作用，其兵粮自然充足。这两地一南一北，互相策应，足以让中山国顾此失彼。

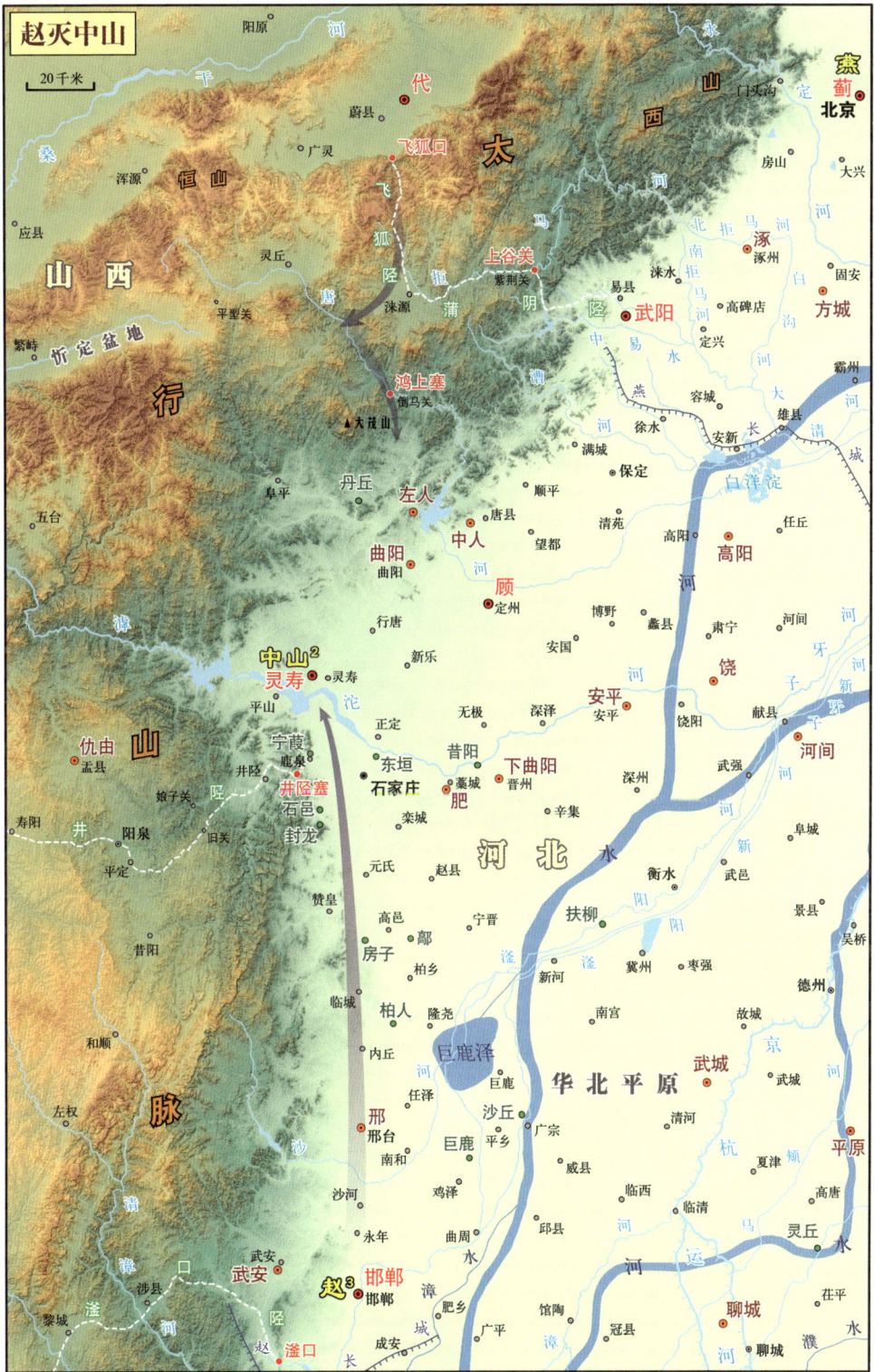

赵灭中山

20千米

燕
蓟
北京

代
蔚县
飞狐口
太
广灵
阳原
河
西
山
平
永
门头沟
定
房山
大兴
恒山
浑源
应县
飞
狐
陉
代
马
河
河

灵丘
上谷关
蒲
紫荆关
阴
涞水
拒
马
北
河
南
拒
马
河
涿
涿州
固安
方城
易县
武阳
高碑店
定兴
霸州
容城
雄县
清
大
长
河
城
山西
繁峙
忻定盆地
平型关
鸿上塞
倒马关
大茂山
唐
涞源
恒
燕
河
中
易
水
易
水
徐水
安新
白洋淀
满城
保定
清苑
高阳
任丘

五台
阜平
丹丘
左人
顺平
唐县
望都
高阳
河间
河
河
河
肃宁
饶

行
曲阳
曲阳
中人
顾
定州
博野
蠡县
河间
饶阳
献县
河间

中山²
灵寿
灵寿
新乐
安国
无极
深泽
安平
安平
饶阳
武强
河
河间

仇由
孟县
山
宁葭
鹿泉
平山
东垣
正定
昔阳
深州
武强
景县
吴桥
子
牙
子
新
河

井陉塞
井陉
石邑
石家庄
薹城
肥
晋州
下曲阳
深州
阜城
德州
京

娘子关
旧关
封龙
栾城
辛集
河北
水
衡水
武邑
故城
运

寿阳
阳泉
平定
井
陉
元氏
赵县
阳
新
临清
临清

昔阳
赞皇
高邑
鄗
宁晋
扶柳
滏
新河
冀州
枣强
高唐
河

和顺
房子
柏乡
隆尧
南宫
灵丘
水

左权
临城
柏人
内丘
巨鹿泽
任泽
巨鹿
平乡
广宗
威县
武城
武城
平原

脉
沙
邢
邢台
南和
巨鹿
沙丘
平乡
鸡泽
清河
夏津
聊城

武安
武安
沙河
永年
曲周
邱县
临清
河
聊城

赵³
邯郸
邯郸
漳
肥乡
广平
馆陶
冠县
聊城
水

涉县
赵
滏口
成安
漳
水
长
华北平原

127

前307年，赵武灵王攻打中山，兵至房子（今河北高邑西）。第二年，赵国兵至宁葭（今河北石家庄西）。这两次，赵国都是从邯郸出兵。

前305年，赵国大举进攻中山国。赵希率林胡和代地军队，由代郡南下，克鸿上塞。赵武灵王亲率三军由邯郸出击，另派将军牛翦率战车和骑兵部队，北上与赵希会合。牛翦和赵希两路兵马在曲阳（今河北曲阳西）会合，接连攻占丹丘（今河北曲阳西北）、华阳（恒山，今大茂山）。至此，中山国北方屏障尽失。南边，赵武灵王也拿下鄗（今河北高邑东）、封龙、石邑（今河北石家庄西南）、东垣（今河北石家庄东北）。如此，中山国南方的据点也被清除。下一步，赵武灵王只要渡过滹沱河，就可以直取中山国都灵寿。

中山王以割让四座城邑为条件向赵国求和，赵武灵王感觉此时还不是灭中山的时机，便同意退兵。然而，赵武灵王并没有放弃攻灭中山国的野心。

随后，赵武灵王趁齐国与魏、韩合纵攻楚时，联合秦、楚。此时秦、齐彼此都在虎视眈眈，无暇他顾，赵武灵王得以连年对中山国用兵。

终于，前301年，中山王被迫逃往齐国。赵武灵王继续攻打剩下的城邑。

直到前296年，赵武灵王彻底灭亡中山国，将中山王迁至肤施（今陕西榆林南）。

至此，赵国拓地千里，疆域东至河北，横跨山西，西达河套，一举成为强国。秦国怎么也没想到，北方会兴起一个对手。

第十五章　鸡鸣狗盗

秦、楚结盟后，最为不爽的是齐国。而此时齐国的相国，正是田文。

田文继承了父亲田婴的封地，即薛地，称薛公。田文很清楚对齐国威胁最大的是秦国，所以他一心想合纵楚、魏、韩抗秦。当楚国最终和秦国穿一条裤子时，田文很生气，立即拉拢韩、魏，准备报复楚国。而此时的秦国，在与楚国结好后，又大举攻伐韩、魏。秦国先攻占魏国的蒲阪（今山西永济西）、阳晋（今山西永济西南）、封陵（风陵渡），等于攻占了河东之地的桥头堡；随后又攻占了韩国的武遂，等于切断了河东魏地的退路。

韩、魏只好倒向齐国，齐、魏、韩合纵形成。

前303年，齐、魏、韩以楚国背叛合纵盟约为由，攻打楚国。楚国以太子熊横为人质送往秦国，请秦国出兵援助。秦国出兵，三国退军。

但很快，秦、楚之间出现了矛盾。

前302年，楚太子在秦国斗殴，杀死了秦国的一位大夫，事后不打招呼就逃回了楚国。秦昭王大怒，秦、楚关系恶化。

秦昭王随即与魏、韩会盟，还把蒲阪还给了魏国。魏、韩夹在秦、楚两个大国之间，两边都不敢得罪。

但田文不想放过楚国。

前301年，秦、齐、魏、韩四国相约伐楚。秦将芈戎（宣太后同父弟）、齐将匡章、魏将公孙喜、韩将暴鸢各率本国人马攻楚。齐、魏、韩三军攻破方城，而后四国大军在垂沙会合。

关于齐、魏、韩三国是如何攻破方城的，由于缺乏史料，具体情况我们不得而知。从地理上分析，大概是因为有秦军的策应。楚国的方城西部只修到穰邑以北，往南并无山川险阻相连，秦军只需出武关，就可以绕到方城以内。如此一来，楚国的方城就形同虚设。值得注意的是，楚国此时还把秦国当盟友，并不觉得太子熊杀人潜逃是什么了不得的大事，所以对秦国没有防范也很正常。或许正因如此，秦军与三国联军内外夹击，轻易地控制了楚国方城，四国联军也得以深入南阳盆地，在垂沙会合。

楚怀王令唐眜率军迎击四国联军。垂沙以南即是泌水（也称沘水，今泌阳河与唐河下游），双方隔水对峙，相持六个多月。

这次大战的主谋是齐国，因此，齐国最为急迫，齐宣王派大臣周最多次催促。于是匡章派人试探泌水深浅，想渡水进兵，但派出去的小分队很快被楚军的

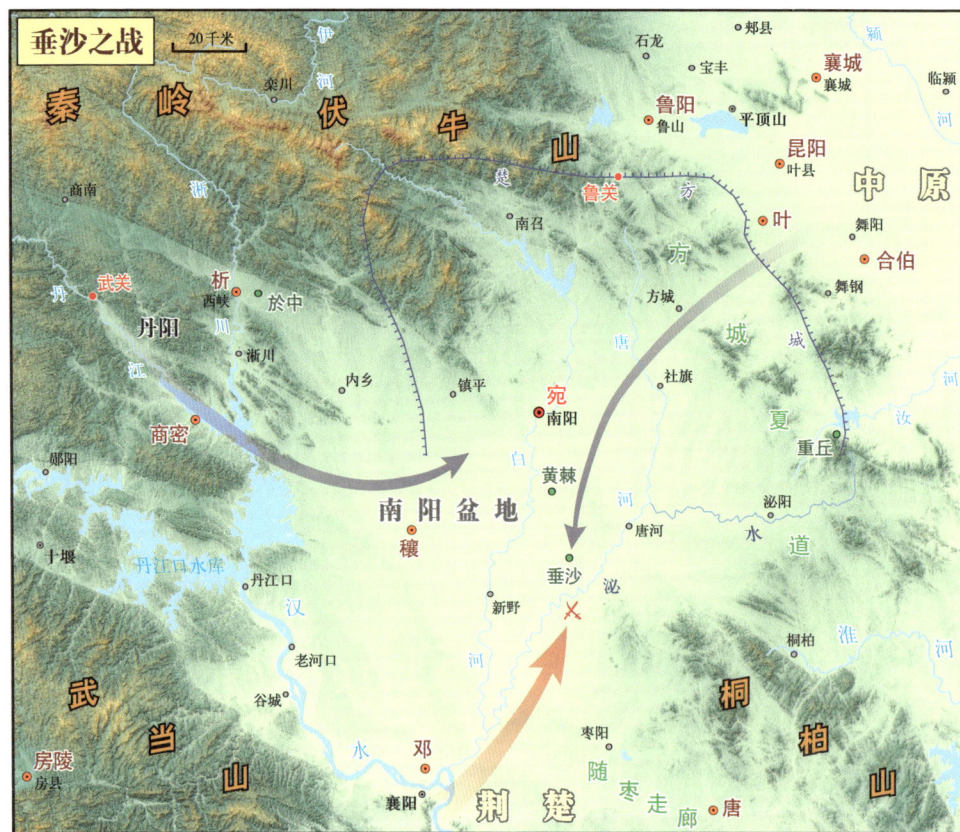

垂沙之战　20千米

弓箭射回。后来，有樵夫告诉齐人：楚人把守的人多，说明那个地方的水浅；把守的人少，说明附近水深。于是匡章挑选精兵，趁夜里从楚军守卫多的地方攻入，突破了楚军的防线。然后四国联军一齐攻入，楚军大败，唐眜阵亡。

与此同时，另一名楚将昭睢在重丘（今河南泌阳东北）防守，取得胜利，但也只是守住阵地，没有丢失土地。

垂沙之战后，楚国丢掉了宛城、叶城以北的土地。概略来说，南阳盆地的北部被秦、魏、韩三国瓜分，作为主导方的齐国，因为远离本土作战，反而寸土未得。这件事情影响重大，南阳盆地作为一个相对封闭的地理单元，原本是楚国西制强秦、北抗中原诸国的战略要地，现在被多国瓜分，特别是秦国也涉足其中，那么，单凭韩、魏，已不能阻挡秦国经南阳进入中原了，齐国虽强，但远离秦国，对秦国无法形成制约作用。总之，垂沙之战后，楚国由盛转衰，再也无力阻止秦国东进。

同年，秦国攻打楚国的新城（今河南伊川南）。新城原本属于韩国，后被楚国占领，并在此设新城郡。第二年，新城沦陷，秦军斩首二万，杀楚将景缺。

楚怀王大为惊恐，打算以割让六座城池为代价，并以太子横为人质，向齐国求和，以此抗秦。昭睢却认为，可以同时与秦国和谈，齐国害怕秦、楚修好，就不会向楚国索要土地。楚怀王从其计，一边派景翠、昭应送太了横入齐为质，一边派景鲤、苏厉入秦和谈，以近万张弓弩、四十万支箭等物赎回新城郡。

但好景不长，前299年，秦又攻楚，取八城，以及新城。随后，秦昭王给楚怀王写信，约楚怀王到武关相会，承诺结盟后归还楚国的失地。

楚怀王心生畏惧，去吧担心上当，不去吧又怕激怒秦国。屈原和昭睢都认为，秦是虎狼之国，不可信，建议不去。但楚怀王的小儿子子兰却认为，不能因此破坏秦、楚的邦交，应该去。

楚怀王最终还是去了，结果刚入武关，秦国的伏兵蜂拥而出，截断了楚怀王的退路。秦人将楚怀王劫持到咸阳，要求楚怀王以附属国的礼仪朝见秦王，楚怀王大怒，后悔没听屈原和昭睢的话。而后，秦昭王又逼迫楚怀王割让巫郡和黔中郡。巫郡和黔中郡是楚国的西部屏障，楚国失此二郡就离亡国不远了，楚怀王当然不会答应，严词拒绝。于是秦国将楚怀王关押起来。

国不可一日无君，楚太子横又在齐国为质，楚国群臣商议，打算立楚怀王在国内的一个儿子为君（说不定就是那个"坑爹"的子兰）。昭雎却认为不合适，于是谎称楚怀王去世，去齐国发讣告，要求迎太子横回国。齐湣王对田文说："不如扣留楚太子，让楚国割让淮北的土地。"田文说："不可，如果楚国新立国君，那么我们守着一个没有用处的人，却叫天下人认为我们不义。"齐湣王最终放回楚太子横，但要求楚国割让下东国（楚国淮河以北最东部地区）五百里土地给齐国。太子横回楚国继位，是为楚顷襄王。随后，楚国通告秦国："我们已经有新王了。"

秦昭王要挟不成，恼羞成怒，发兵攻楚，取析地十五城（一说十六城），斩首五万。

但是，楚顷襄王对答应给齐国的下东国之地却不认账。齐湣王大怒，把气撒在田文身上，让田文去秦国，准备联秦攻楚。

田文是齐威王之孙，齐湣王（田地）也是齐威王之孙。但齐湣王是在垂沙之战后刚刚继位的，而田文已是两朝元老，又有贤名在外，要说齐湣王心里不嫉妒是不可能的，这次不过是借题发挥，把罪责推卸到田文身上。

田文之所以名声在外，很大程度上在于他善养食客。

田文的封地在薛邑，薛邑不同于一般的封地，它是私地，也就是齐王管不到的地方。战国时的封君（包括后来封侯），通常在封地只享有按户收税的权力（人头税），所以经常说封多少户，而不说封多少地，因为地是国家的，地租也是交给国家。但薛邑不是，它几乎是个独立王国，田文在那里养了几千名食客。所谓食客，就是吃闲饭的，说得好听点儿，就是宾客。凡是前来投奔的人，田文一律以礼相待，允许他们白吃白住，每月还给他们钱。这些食客里，真有怀才不遇的，也有混饭吃的，但田文不介意，一视同仁。这个道理，就像"千金买骨"一样，没本事的人都能得到田文的礼遇，真有本事的人就不怕自己被埋没了。薛邑一时宾客云集，天下没人不知道田文的。

秦昭王早就听闻过田文的大名，曾派人私下联络过田文，想召他入秦。田文本打算去，一名叫苏代（苏秦之兄）的宾客说，秦国是虎狼之国，恐怕有去无回，田文便作罢。但这次是齐湣王派他去，田文责无旁贷，只能去。

田文一到秦国，秦昭王便拜他为相。有人就劝秦王："田文的确贤能，可他是齐王同宗，虽任为秦国相国，但他谋划事情必定先替齐国打算，而后才考虑秦国，这样秦国就危险了。"于是秦昭王又罢免了田文的职务，把他囚禁起来，准备找个理由杀掉。

像田文这种身份的人，虽说是被囚禁，却并不会被关在大牢里，只不过被限制随意出入而已，好在田文还带了好些宾客随行。

田文得知秦昭王的意图后，立即派人去求秦昭王的宠妃。那个宠妃想要田文的白色狐裘。田文入秦的时候，的确带了一件白色狐裘，价值连城，他一到秦国就把它献给秦昭王了，天下再没有第二件，此时他毫无办法。这时有位宾客说："我能拿回那件狐白裘。"于是他当夜化装成狗，钻入秦宫中的仓库，将田文献给秦昭王的那件狐白裘偷了回来。田文随即将狐白裘献给那位宠妃。宠妃得到狐白裘之后，替田文说情，秦昭王便放了田文。

田文获释后，立即快马加鞭，逃离秦国，怕秦昭王反悔，还改了姓名，换了通行证件，到达函谷关时，已是半夜。

秦昭王果然反悔，派人找田文，发现人已走，立即派车兵追捕。

虽然田文改了姓名，但按秦国规定，鸡叫时才能开关放人出入。田文担心等鸡叫时追兵就到了。这时宾客中又有一人站出，学鸡叫，惟妙惟肖，附近的鸡听到叫声，以为天快亮了，就跟着一起叫。守关的人也以为天快亮了，于是开了关。田文立即出示证件，逃出了函谷关。过了约莫一顿饭的工夫，秦国的追兵赶到函谷关，但为时已晚。

这次逃离秦国险境，有两个宾客起了大作用，一个装狗，另一个学鸡，所以有人说，孟尝君的食客都是些"鸡鸣狗盗"之徒。但正是这些鸡鸣狗盗之徒，在关键时刻救了田文的性命。由此可见田文不拘一格招揽人才的远见。

但田文也不是一味对人好，他也有暴脾气。田文途经赵国的时候，平原君赵胜对他以礼相待。田文走的时候，赵国人听说田文贤能，都出来围观，想一睹名士风采，结果看了之后大失所望，说："原以为田文是个魁梧的汉子，没想到是个瘦小的男人。"田文大为恼火，和随行的人一起跳下车来，砍杀了几百人，毁了一个县城才离去。

匈奴

乌孙

巴丹吉林沙漠

嘉峪关 酒泉

月氏

腾格里沙漠

张掖

金昌

武威

海西

海北

西宁

海东

海南

黄南

羌

果洛

玉树

昌都

林芝

巴彦淖尔

乌海

石嘴山

阿拉善盟

银川

中卫

吴忠

白银

兰州

临夏

定西

甘南

陇南

氐人

广元

巴中

阿坝

绵阳

德阳

成都
成都

眉山

资阳

乐山

内江

自贡

雅安

甘孜

迪庆

攀枝花

泸定

丽江

大理

怒江

密支那

保山

德宏

楚雄

昆明

曲靖

劳浸

滇人
滇

玉溪

漏卧

句町

邛都
凉山

昭通

毕节

六盘水

安顺

黔西南

摩莫

宜宾

泸州

遵义

贵阳

夜郎
夜郎

铜仁

黔东南

黔南

且兰
且兰

百色

骆越

西瓯越

林胡

包头

呼和浩特

鄂尔多斯

朔

榆林

延安

义渠

固原

庆阳
义渠

平凉

铜川

临晋

天水

雍
咸阳
咸阳

宝鸡

西安

渭南

商洛
商

安康

秦

十堰

汉中

达州

南充

遂宁

广安

恩施

重庆
巴

张家界

湘西

怀化

娄底

邵阳

永州

桂林

柳州

河池

贺州

赵

太

晋

吕梁

临汾

魏

安邑
运城

三门峡

王城
西周

荆门

宜昌

常德

益阳

134

科尔沁沙地

东胡

肃慎

延边

辽源

铁岭

白山

清津

燕

赤峰

朝阳

阜新

沈阳

抚顺

通化

张家口

承德

辽阳

本溪

蓟

北京

锦州

盘锦

鞍山

丹东

濊貊

咸兴

代

武阳

廊坊

唐山

葫芦岛

营口

秦皇岛

元山

保定

天津

大连

平壤

其子朝鲜

日本海

寿

顾

沧州

渤海

开城

首尔

石家庄

衡水

德州

滨州

东营

仁川

朝鲜半岛

邢台

聊城

济南

淄博

烟台

威海

辰国

邯郸

临淄

潍坊

即墨

安阳

卫

泰安

齐

杞

青岛

釜山

曲阜

邾

费

莒

琅邪

本州岛

大梁

菏泽

济宁

鲁

小邾

临沂

日照

福冈

北九州

开封

陈

睢阳

彭城

薛

郯

连云港

弥生人

周口

商丘

徐州

宋

宿迁

淮安

黄海

济州

长崎

巨阳

亳州

宿州

九州岛

驻马店

阜阳

蚌埠

盐城

寿春

淮南

滁州

扬州

泰州

南通

东

楚

合肥

南京

马鞍山

常州

无锡

苏州

吴

上海

武汉

六安

芜湖

铜陵

宜兴

湖州

嘉兴

黄冈

安庆

池州

黄山

杭州

会稽

绍兴

海

鄂州

黄石

九江

景德镇

衢州

金华

宁波

舟山

宁

南昌

鹰潭

上饶

丽水

台州

琉

宜春

新余

抚州

瓯越

温州

东海

球

吉安

南平

宁德

那霸

赣州

三明

福州

闽越

群

莆田

台北

基隆

南越

梅州

龙岩

泉州

厦门

新竹

钓鱼岛

漳州

台中

赤尾屿

岛

太平洋

台湾岛

100千米

战国中期局势（前296年）

135

第二次函谷关之战

田文即孟尝君，和平原君赵胜都是"战国四公子"之一，但需要注意的是，孟尝君是谥号，而平原君是封号。封号可以生前称呼，谥号是死后的称呼。再说身份，赵胜是赵武灵王的儿子，是名副其实的公子；而田文实际是公孙，不能称公子。

回齐国后，齐湣王很是内疚，继续让田文为相。田文立即着手报复秦国。

前298年，田文联合韩、魏，三国攻秦，兵至函谷关。大概是因为同病相怜，田文要求秦国释放楚怀王，秦国置之不理。

前297年，楚怀王趁秦国兵荒马乱之际，逃出了咸阳。秦国发现后，关闭了秦国通往楚国的通道。楚怀王只好逃到赵国，但赵国不敢收留他，不让他入境。楚怀王便打算逃往魏国，但秦国的追兵已到，又把他带回了秦国。

前296年，经过三年的苦战，齐、魏、韩三国联军终于攻破了函谷关。秦国立即求和，归还了魏国的封陵（风陵渡）和韩国的武遂，三国罢兵。

同年，楚怀王在咸阳郁郁而终。秦国把他的遗体送还楚国，楚人怜之，如悲亲戚。楚南公曰："楚虽三户，亡秦必楚。"楚南公即楚国南方某个德高望重的老人，这句话从字面意思看，是说楚国即使只有三户人家，也能灭亡秦国。当然，其背后的含义不是这么简单，一般认为，这三户指的不是普通的三户人家，而是楚怀王时期楚国最大的三个家族——屈氏、景氏、昭氏。屈氏源自楚武王的儿子屈瑕，景氏源自楚平王（楚景平王），昭氏源自楚昭王，所以屈氏、景氏、昭氏都姓芈，与芈姓熊氏的楚王同宗。屈氏的代表人物屈原，曾任楚怀王的左徒（楚国官职名，相当于左丞相），内政外交一把抓，后被人谗言陷害，任三闾大夫。"闾"即大门，三闾指的是屈、景、昭三大家族，三闾大夫的职责是主持宗庙祭祀，兼管屈、景、昭三大家族的子弟教育。其实除了三大家族，楚国还有很多大家族，有和楚王同姓的，也有外姓的。单说封君，楚国国土广袤，其封君数量恐怕也是列国里面最多的，但楚国的封君与其他国家的不同，大多是世袭的，封君在封地的权力也比一般封君的大。说到底，因吴起变法失败，楚国并没完全实现中央集权，地方贵族势力依然很强大。对于完全中央集权的国家，因为传统贵族消亡，秦国只需消灭他们的王室，这个国家就灭了，剩下的官员和农民不会为国君报仇，因为换一个国君对他们的工作和生活没有任何影响。再说了，官员是打工的，农民是种地的，他们也没有反抗的本钱。但对于楚国这样的国家，即使秦国消灭了楚王一家，地方贵族势力依然存在，贵族的特权来自君王，不管是否同姓，他们与君王的关系远远超过普通官员和被盘剥的农民。更关键的是，他们有反抗的本钱，这个本钱包括财力和影响力，一旦时机成熟，他们就会一呼百应，揭竿而起。后来的历史也证明了这一点，刘邦和项羽都是楚国人，项羽正是楚国贵族后裔，刘邦虽是平民出身，但是在投奔项梁（项羽的叔父）之后大有起色。如果从这个角度来理解楚南公的话，我倒是觉得更合理一些。不过，前文说过，战国时的家和户不同，家指传统贵族，户指平民百姓，屈、景、昭都是贵族，这里不应该是"楚虽三家，亡秦必楚"吗？答案是，因为这句话是范增转述的，秦汉时期，家和户已经不分了。

楚怀王死得很冤，因而激起楚人对秦国极大的愤恨。秦昭王背信弃义的举动，也让秦国在楚人心中的形象差到极点。

从此，楚国跟秦国断交。

第十六章 伊阙之战

赵武灵王早在攻灭中山国之前，就把王位传给了儿子赵何，自号"主父"，好让自己专心于胡服骑射和攻打中山国。此后，赵武灵王有了一个更大的目标，那就是从河套地区南下，直取秦国关中腹地。这个想法极其大胆，但从地理上讲，居高临下，赵国占有优势，也符合兵法上出其不意的奇袭效果，如果成形，秦国危矣。为此，赵武灵王还假扮使节，到秦国刺探情况。楚怀王逃到赵国时，也是赵武灵王不在位，所以没人敢收留他。

总之，赵武灵王把太多的精力放在对外的军事斗争上，对内政疏于管理，由此给赵国留下了内乱的祸根。

赵何是孟姚之子。孟姚是赵国大臣吴广的女儿，也称吴娃。赵武灵王原本有王后韩氏，是韩国宗室之女。韩氏生下长子赵章，赵武灵王便立韩氏为后，立赵章为太子。这原本是很正常的事。但有一次，赵武灵王巡游大陵（晋时称"平陵"，今山西交城西南），梦见一少女鼓琴而歌，美若天仙，醒后仍对她念念不忘。后来在一次宴会上，赵武灵王跟大臣们说起了这件事。吴广觉得赵武灵王所说的美女太像自己的女儿孟姚了，于是就把孟姚献给了赵武灵王，赵人称之为吴娃，"娃"是美丽的意思。赵武灵王对孟姚十分宠爱，等孟姚生下赵何后，赵武灵王便废了韩氏母子，立孟姚为后，立赵何为太子。

前301年，孟姚死。两年后（前299年），赵武灵王传位给赵何（赵惠文王），自号"主父"，也算是完成了对孟姚的交代。随着时间的推移，主父对孟姚的感情也淡了，再回过头来看看大儿子赵章，有些不忍。赵章比赵何大十多岁，有勇有谋，屡立军功，又当了多年太子，身边党羽众多。更重要的是，主父已经看出来了，赵章对弟弟很不服气。主父本想把代郡和刚刚拿下的中山国都给赵章，让他当代王，小儿子赵何仍为赵王，二王并立，但被大臣们劝阻，便把赵章只封到代郡，号安阳君，以田不礼为相。

赵国的国相是肥义，他已是三朝元老，看出赵章迟早要作乱。将军李兑劝肥义自保，但肥义不肯，仍忠心事奉赵何。

前295年，赵国攻灭中山国的第二年，主父和赵惠文王到沙丘行宫游玩，两人分宫而居。赵章看到机会，和田不礼密谋，诈称主父召见，让赵惠文王出宫。肥义知道其中有诈，替赵惠文王先行，结果被杀。赵惠文王立即从邯郸调兵，公子成（赵肃侯之弟，赵武灵王之叔）和李兑发四邑之兵，前来平乱，杀田不礼。赵章逃到主父宫中，主父念及父子之情，收留了赵章。

公子成和李兑包围主父宫，终于杀了赵章。两人担心主父出来后报复自己，

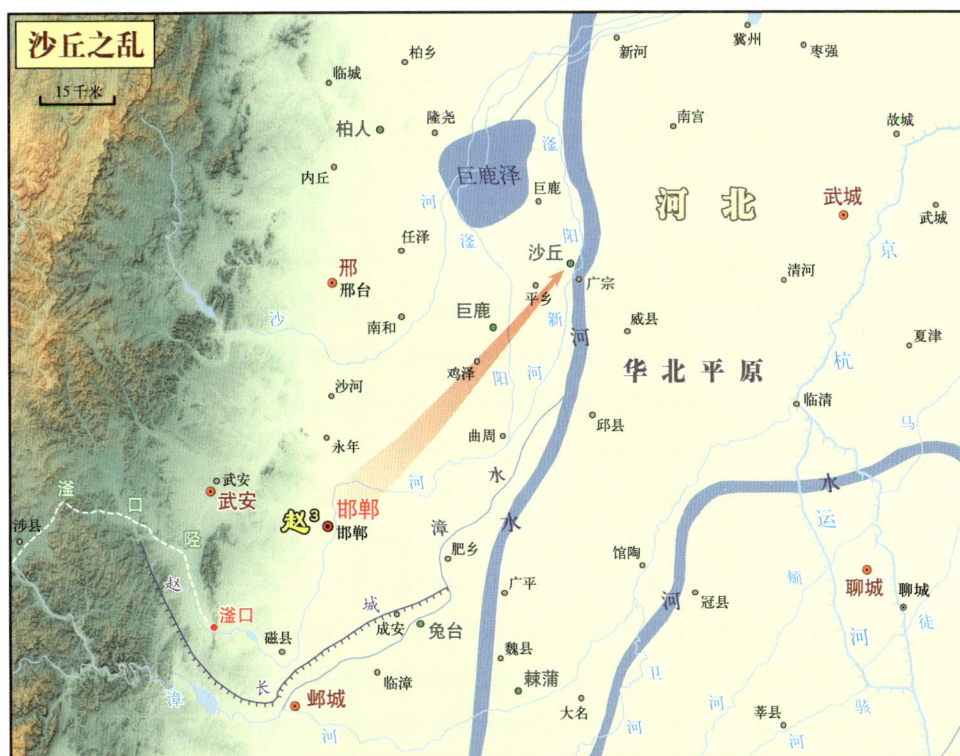

沙丘之乱

15千米

干脆一不做二不休，继续包围主父宫，还对宫里的人喊道："后出来的人灭族。"宫里的侍卫、宫女一跑而空，只剩下主父孤身一人。

主父被困在宫里，既没吃的也没喝的，掏鸟窝为食，但终究无济于事。三个多月后，一代雄主竟被活活饿死，谥号武灵王，葬于灵丘。

沙丘位于今河北省广宗县大平台村，这里原本就是帝王的行宫。商朝时，纣王在此大兴土木，修建台苑，饲养各种珍禽异兽，又设酒池肉林，纵情声色。战国时，这里属赵国，成为赵王的行宫。赵武灵王死后八十五年，秦始皇又暴毙于此。所以有人说，沙丘是个"困龙之地"，后世的帝王再也没人敢在此停留。

事后，赵惠文王任命公子成为相，封安平君，李兑为司寇。

这场动乱中，赵武灵王和肥义的离世，让如日中天的赵国暂停了前进的步伐。另有一人，不堪忍受赵国朝堂的乌烟瘴气，离开了赵国，这人便是乐毅。

乐毅先去了魏国，后来听说燕昭王礼贤下士，便去了燕国，燕昭王拜乐毅为亚卿。

燕昭王一刻也没忘却对齐国的仇恨。前298年，孟尝君联合韩、魏攻打秦国，齐国国内空虚，燕昭王立即举兵伐齐。这个冲动的决定差点让苏秦的计划前功尽弃。齐军班师后大破燕军，齐湣王想趁机灭燕，好在有苏秦的周旋，齐湣王把矛头对准了宋国，燕昭王也派兵协助齐国攻宋，最终在列国的阻挠下，齐国只割取了几座城池，便从宋国退兵。

苏秦的间谍工作一直没有太大进展，是因为此时齐国有田文当政。伐秦成功后，田文的名声更大了，乃至于天下人只知齐国有田文而不知有齐王。齐湣王对此耿耿于怀，已经感觉到田文对自己的威胁。恰在此时，齐国发生了一件事。

前294年，齐国贵族田甲劫持了齐湣王。虽然事情失败，但齐湣王却认为这事和田文有关，因为田文和田甲是好朋友。最终田文被免职，被迫出走，去了魏国。从此以后，田文就走上了报复齐国的道路。也正是田文的出走，使苏秦得到齐湣王的重用，燕昭王的破齐计划才加快了进度。

田文到了魏国后，魏昭王拜田文为相。因为田文憎恨齐国，齐、魏、韩的联盟自然瓦解，再加上赵武灵王已死，秦国看到机会，立即出兵韩国，秦将向寿取武始（今河南新安东南），白起取新城（秦国曾从楚国夺取新城，此前当为韩国夺走）。韩国向魏国求救。于是，韩、魏两国起倾国之兵反击，东周国也派兵加入。

前293年，双方在伊阙对峙。

伊阙是洛阳南面的一个隘口，位于熊耳山和嵩山之间，状如门阙，恰好又有伊河从中间流过，所以称"伊阙"。秦国攻打伊阙，目的不在伊阙本身，而在洛阳盆地的二周，如果拥有洛阳盆地，秦国再向东推进就方便多了，不必长途跋涉从关中调兵。

秦昭王在丞相魏冉的推荐下，升任白起为左更，接替向寿为主将。联军方面，以魏国将领公孙喜为主帅。联军有二十四万兵力，而秦军不及联军的一半。

秦军由新城顺伊河而下，位于伊阙以南，联军则汇集于伊阙以北。其实从一开始这个打法就错了，如果要对付秦军，联军应该一南一北采取夹击之势，即使不能取胜，也能起牵制作用。看来联军虽人数众多，但还是怯战，以为人多势众就能取胜。

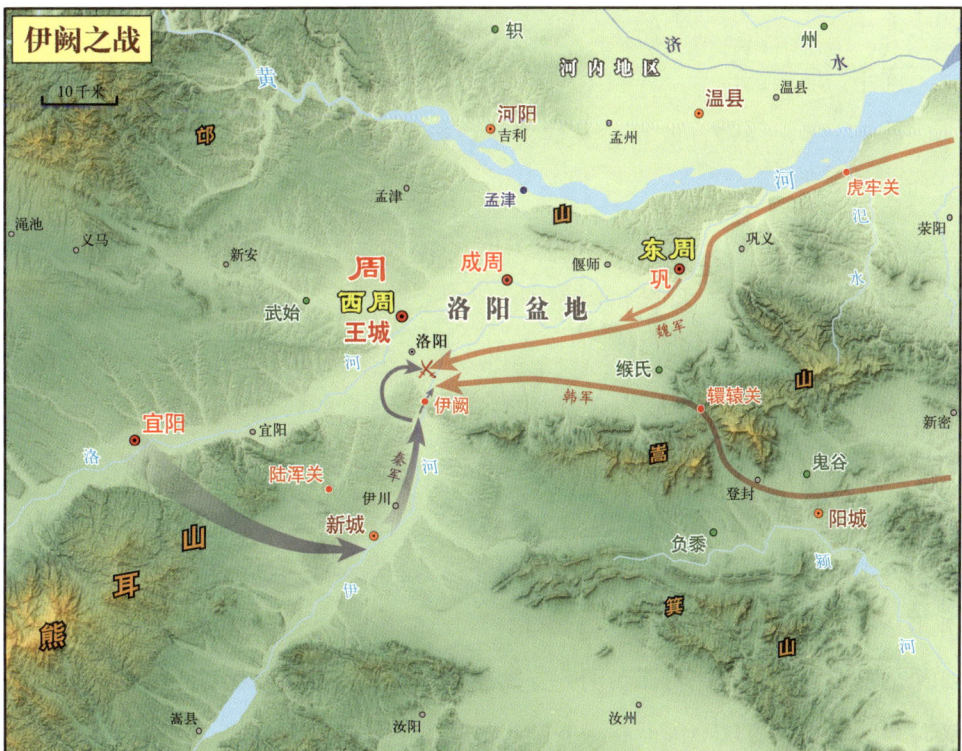

伊阙之战

果然，韩军主将暴鸢以韩军势单力薄为由，希望魏军先出击。但公孙喜认为，韩军武器精良，应该打头阵。公孙喜说的倒也没错，韩国有强弓硬弩，有坚甲利剑，韩国虽弱，但制造的武器闻名天下。

白起观察敌军阵形，发现韩军在前，魏军在侧后方，又得知韩、魏两军（东周军太弱小，和魏军编在一起）貌合神离，于是打算各个击破。

白起先以少量疑兵虚张声势攻击韩军，韩军不知虚实，误以为这是秦军主力，被牵制住；再以精兵主力绕到敌军后方，攻击魏军。魏军毫无防备，仓促应战，大败。

韩军见魏军被击溃，军心大乱，士兵哗变，又腹背受敌，更是一败涂地。

这一仗，秦军全歼联军，斩首二十四万，杀主将公孙喜。这是中国有史以来最大的一次杀戮，一时间血流漂杵，天下震动。在军功爵制的刺激下，只要是秦国获胜，基本不留对方活口。"暴秦"不是秦始皇时才有，从商鞅时就开始了。

白起一战成名，擢升国尉（即原庶长）。

由此，韩、魏门户大开，又精锐尽失，秦军开始如风卷残云一般吞噬韩、魏的土地：

同年，取安邑；

前291年，伐韩，取宛，又伐魏，取轵（今河南济源南）、邓（今河南孟县西）；

前290年，伐魏，魏献河东四百里地；

前289年，伐魏，夺六十一城。

此时的秦昭王已经不可一世，觉得王号不足以彰显自己的地位，于是在前288年称帝，但又怕秦国成为众矢之的。楚国已在秦的胁迫下讲和，唯一对秦国有威胁的是齐国，于是秦昭王派魏冉出使齐国，劝齐王也称帝，齐为东帝，秦为西帝。

齐湣王本来答应了，但苏秦劝他放弃帝号。苏秦此时已是齐国的相国，深得齐湣王的信任。如果任由秦、齐结好，燕国的破齐计划将变得遥遥无期，相反，如果借这次行动让齐国得罪秦国，齐国将孤立无援。于是苏秦对齐湣王说，不称帝可以让天下人讨厌秦国而感激齐国，如果天下人都心向齐国，齐国就可以趁机联合诸侯攻秦，而后乘机灭宋。众所周知，宋国与齐国接壤，灭宋才能给齐国带来直接的好处，齐国数次联合韩、魏攻楚，攻秦，但好处都让韩、魏得了，齐国除了名声，什么实惠也没捞着。

前287年，在苏秦的游说下，齐、楚、赵、魏、韩五国相约伐秦，秦国被迫取消帝号，五国退兵，秦昭王由此恨死了齐国。但齐湣王的目的并不在秦国，而在宋国。而此时宋国内乱，正是齐国下手的好时机。

宋王偃也称宋康王，是宋剔成君的弟弟。前329年，戴偃（子姓，戴氏，名偃）以武力取得宋国国君之位，宋剔成君逃往齐国。戴偃在位十一年时，自号称王，对外，东取齐五城；南败楚，拓地三百余里；西败魏，取二城；又灭滕，占其地；号称"五千乘之劲宋"。总之，宋王偃把所有的邻居都得罪了一遍。单说打仗，宋王偃的确是把好手，毕竟从大国口中夺食，也需要一定的能力。由此宋王偃觉得自己无所不能，他用皮袋子装上血，挂在高空，然后一箭射穿，血洒大地，说自己能射天；又用鞭子抽打大地，说自己能打大地。宋王偃连天地都不怕，还能怕什么呢？大臣中胆敢来谏言的，宋王偃不是辱骂就是一箭射死。这还不算完，他毁掉土神、谷神的牌位，以示威服天下鬼神；打仗不戴头盔，以示勇敢；为满足自己的好奇心，剖开驼背人的背，砍断早晨过河人的腿，国人惊恐万分。宋人是商人的后裔，宋王偃的种种行为与商纣王如出一辙，诸侯因此称宋国为"桀宋"。

齐湣王正是看准这个时机，打算攻灭宋国。

前288年，齐国拉着楚、魏攻宋，取淮北之地。这块土地正是宋王偃当年从楚国抢来的，此时齐国为了不让楚、魏瓜分胜利果实，立即组织了五国伐秦，将楚、魏的主力西引。

前287年，五国伐秦后，出兵宋国平陵。

前286年，关键的时刻来了，为了不让秦国插手，苏秦赴秦游说，随后齐国对宋国发动第三次攻击。宋王偃向楚国求救，楚国表面答应，暗里坐山观虎斗，等齐、宋两败俱伤。宋国的都城是有名的高大坚固，本来齐国攻宋不会那么顺利，但宋国民众苦于宋王的暴政，早已人心离散，连城也不守了。于是齐军得以迅速破城，宋王偃逃往魏国，后来死于温县（今河南温县西）。至此，历时八百

匈奴

乌孙

巴丹吉林沙漠

月氏

嘉峪关
酒泉

张掖

金昌

腾格里沙漠

武威

中卫

西宁
海东

白银

兰州
临夏
定西

黄南

甘南

果洛

玉树

昌都

林芝

密支那

德宏

保山

临沧

阿坝

甘孜

迪庆

丽江

大理

楚雄

昆明

玉溪

怒江

巴彦淖尔

乌海

石嘴山

阿拉善盟

银川

吴忠

固原

平凉

天水

宝鸡

陇南

广元

绵阳

德阳

成都
成都

眉山

乐山

雅安

内江

自贡

宜宾

泸州

邛都
凉山

昭通

毕节

六盘水

安顺

曲靖

滇

漏卧

句町

包头

呼和浩特

鄂尔多斯

林胡

榆林

延安

吕梁

临汾

安邑

义渠
庆阳

铜川

临晋
运城

咸阳
咸阳
西安

渭南

商洛
商

汉中

巴中

安康

南充

遂宁

广安

达州

重庆
巴

张家界

湘西

遵义

铜仁

贵阳

且兰
且兰

黔东南

黔南

黔西南

河池

百色

太原
晋

唐
王城
西周 东周

秦

氐人

羌

海西

海北

海南

十堰

襄阳

宜昌

恩施

常德

娄底

邵阳

永州

桂林

柳州

贺州

夜郎
夜郎

滇人

骆越

西瓯越

144

科尔沁沙地　　东胡　　　　　　　肃慎

辽源
延边

东胡
赤峰　　阜新　沈阳　铁岭
朝阳　锦州　　辽阳　抚顺　　　通化　白山　　清津

燕
承德
张家口
蓟
北京　唐山　盘锦　营口　　丹东
代
武阳　廊坊　天津　　大连
濊貊
咸兴
元山

保定
顾　　沧州　　　　　渤海　渤海
石家庄　德州　滨州　东营
衡水　　　　　威海　烟台
邢台　临淄　潍坊　即墨
邯郸　济南　淄博
邯郸　聊城　杞
安　濮阳　泰安　莒
卫　曲阜　郯　临沂　青岛
大梁　菏泽　小邾　　日照
开封　济宁　薛　郯
郑　　睢阳　彭城　连云港
许昌　商丘　徐州
陈　亳州　淮北　宿迁
周口　　宿州
巨阳　　　淮安
驻马店　阜阳　蚌埠　盐城

平壤
箕子朝鲜
开城
首尔
仁川

日本海

朝鲜半岛

辰国

釜山

黄海

本州岛
福冈　北九州

东

东海

弥生人

长崎

九州岛

楚
寿春　淮南　滁州　扬州　泰州
合肥　　南京　镇江　南通
六安　马鞍山　常州　无锡
武汉　黄冈　芜湖　宜城　吴　上海
鄂州　黄石　铜陵　湖州　苏州
咸宁　池州　　嘉兴
九江　　黄山　杭州
　　南昌　景德镇　会稽　宁波
宜春　鹰潭　上饶　衢州　绍兴　舟山
新余　抚州　　金华
萍乡　吉安　　丽水　台州

海

济州

琉

东海

球

温州

瓯越

宁德

闽越
三明　福州
赣州　莆田

龙岩　泉州
漳州　厦门
梅州　台北　基隆
汕头　新竹
南越　　台中　台湾岛

赤尾屿
钓鱼岛
群

那霸

岛

太平洋

100千米

齐灭宋后形势（前286年）

145

多年的宋国灭亡。而齐国，因此再次得罪了楚、魏两国。

由于史料的缺失，我们对战国时期的宋国很不了解。不过有一点，宋国虽处于四战之地，却擅长经商，因此商贸发达，经济富庶。在我们的文化里，之所以把生意人称为"商人"，正是因为商人（殷商人）擅长做生意，而且是做生意发家的，而宋人正是商人的后裔。宋国处于四战之地，对军事极为不利，对商贸却是得天独厚，特别是处于水路交汇之处的陶邑，因其独特的地理位置，一时成为天下商业中心。商业发达意味着能收取丰厚的税收，因此，陶邑成了众人觊觎的对象。

对于齐国攻宋的事，赵国内部本来分成两派——联齐伐秦和联秦伐齐，只有相国李兑支持伐秦，因为齐湣王私下派人告诉李兑，事成之后将陶邑送给李兑做私邑。但事成之后，苏秦劝齐湣王反悔。于是，齐国也得罪了赵国。

再说秦国，趁齐国攻宋时派司马错攻打魏国。按过去的经验，秦攻魏，最常规的打法就是由河西攻河东，逐步蚕食掉魏国的河东之地。但司马错没有按套路出牌，而是直接攻打魏国的河内地区，大败魏军。河内地区离秦国在洛阳盆地的武始已经不远了，如果秦国打下河内，切断魏国中原与河东的联系，别说河东不保，都城大梁也会直面秦军。于是魏国向秦国求和，将安邑所在的河东之地全部割给了秦国。秦国将河东的魏人全部赶走，然后招募移民到此定居。之前，秦国还从韩国手中夺取了武遂、宛城等地。

至此，秦国已经拥有了三条通往中原的通道。

第一条，晋南通道。即由关中河西出发，经蒲津渡过黄河，进入山西河东，而后折向东北，经安邑，过轵关陉，到达河内。这条通道中，轵关陉是关键所在，秦国数次从韩国手里争夺武遂，目的就在于控制轵关陉。

第二条，豫西通道，即崤函古道。由关中华阴往东，经桃林塞，过函谷关，穿崤山，到达洛阳盆地。这是三条通道中路程最短，也是最重要的通道，如果没有这条通道，其他两条难以独存。而且，过崤山之后便是天下之中的洛阳，其政治意义也是另外两条通道不能比拟的。

第三条，南阳通道。由咸阳出发，沿灞水而上，过秦岭，经武关道，到达南阳盆地，而后经南阳方城夏道，进入中原。这里的关键是武关道，秦国经过多年

秦国东出通道

40千米

的经营，已经将武关道牢牢地掌控在自己手中。而南阳盆地，之前因为被楚国占据，秦国难以逾越，直到齐国联合韩、魏打败楚国，而后把南阳分给了最弱的韩国，最终便宜了秦国。

在三条通道的前沿，秦国都据有城池，如河内的曲阳（今河南济源西，与河北曲阳非一处），洛阳盆地的宜阳，方城外的昆阳（今河南叶县）。在这种局势之下，处于中原腹地的韩、魏已经无力回天，它们最终的命运，也将和郑、宋一样，成为大国的盘中餐。

我们再看此时的大国。南方，楚国正在走下坡路，南阳盆地的丢失，让楚国进退失据，再加上楚国没有实现中央集权，难以与秦国这种中央集权最彻底的国家抗衡。北方，赵武灵王去世后，赵国在列国之中的影响力大不如前，更重要的是，赵国要同时面对燕、齐、魏三个方向的敌人，还有背后的秦国，暂时无力染指中原。此时对秦国唯一有威胁的是齐国，齐国在吞并宋国之后，势力一下子伸入中原腹地，但凡秦国敢往中原前进一步，齐国一定会联合韩、魏把秦国打回去。

因此，削弱齐国是秦国下一步最大的目标。

此时天下的形势，对齐国来说很不妙。七国之中，秦、楚、赵、魏都被齐国得罪了。韩国太弱，基本跟着魏国顺风倒，如果魏国想打谁，韩国很愿意当个帮手。剩下一个燕国，更是对齐国恨之入骨。

第十七章　乐毅破齐

燕昭王为了这一天，等了足足二十五年。

燕昭王重用乐毅之后，乐毅一边改革内政，一边强化军事，使燕国国力大增；又北击东胡，拓地千里，将燕国的势力一直扩展到朝鲜半岛。此时的燕国，已然不再是偏安一隅的小国。齐国攻灭宋国后，树敌太多，燕昭王认为，报仇雪恨的时机终于到了。

为此，燕昭王派使节奔走各国，说以利害，最终秦、赵、魏、韩都表示参与伐齐，只有楚国没答应。楚国不是不想揍齐国，只是六国联合起来攻打一个齐国，说不定齐国会就此灭亡；如果没有齐国，燕国纵然会因此坐大，但毕竟中间隔着赵、魏、韩，对秦国没有直接威胁，秦国就会将矛头对准楚国，于楚国不利。

经过一年的合纵连横，最终燕、秦、赵、魏、韩五国各派出军队，组成联军，准备大举伐齐。

燕昭王动员了全国所有的兵力，任乐毅为上将军，统率联军。赵惠文王甚至把相国大印授给了乐毅。

我们看战国的故事，经常会看到那些纵横家动不动就佩几国相印，最牛的是苏秦，说他攻打秦国时佩六国相印，苏秦也说："使我有洛阳负郭田二顷，吾岂能佩六国相印乎！"（《史记·苏秦列传》）事实上，相印是相国的印信，而相国是百官之长，平时事务繁多，比君王还忙，六国相国不可能同时让一个人兼任，如果真那样的话，各国就不用打仗了，离大一统也差不离了。战国时的宰相，多是行政军事一把抓，调动军队需要宰相的授令，比如燕国组建五国联军，如果乐毅不拿赵国的相印，要临阵改变军令，乐毅是指挥不动赵军的。所以，赵国给乐毅授相印，只是一种军事上的临时授权，好让乐毅在阵前便宜行事，也可以说是给乐毅直接指挥赵军的权力，一旦战事结束，这种授权也就结束了，并不是真的让乐毅当赵国的宰相。至于苏秦佩六国相印的故事，大概是由三年前（前287年）齐国联合楚、赵、魏、韩攻打秦国的事演化而来，实际上也只有五国，不是六国。别的不说，单是在魏国为相的孟尝君，就不可能把相印交给仇敌齐国。

前284年，乐毅率五国联军齐聚于赵国。联军先取灵丘，而后渡过黄河，向齐国腹地进发。

燕国一直向齐国示弱，齐湣王根本没想到燕国会来攻打齐国，而且还拉了这么多帮手。等得知联军已进入齐地后，齐湣王匆忙之中命触子为将，率全国主力迎敌。触子本想利用济水天险与联军对峙，等联军出现破绽时再出击。但齐湣王

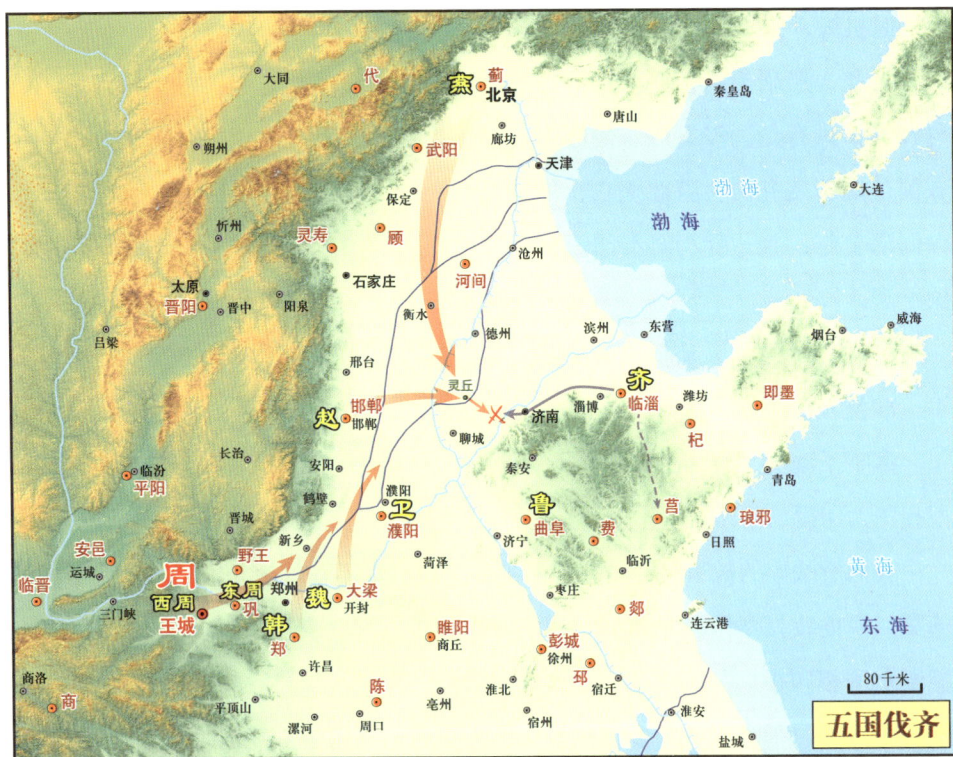

五国伐齐

求胜心切，逼迫触子主动出击。

于是齐军渡过济水，与联军在济水以西展开决战。齐军由于连续三年攻宋，消耗巨大，士气低落。齐湣王为了让军士卖力，传令全军，凡打败仗的，杀头，挖祖坟。这下子将士们更没斗志了，人心离散。随后，乐毅率联军大举进攻，齐军一触即溃。主将触子不知下落，副将达子收拾残军，退往齐都临淄，请齐湣王犒赏将士以鼓励士气，齐湣王不肯，于是齐军再战，再败。

齐军主力被灭后，秦、韩两国撤军，乐毅命魏军从南方攻击宋国故地，又命赵军从北方攻占河间（今河北献县东南），而自己则亲率燕军追击齐国败逃之军。

燕军边战边追，一直打到临淄。齐军精锐尽失，但各处仍固守城池，拒不投降。

正在这时，苏秦的间谍身份暴露，齐湣王气得牙根痒，将苏秦车裂。这大概是苏秦早就想到的结局，不过，看到此时齐军节节败退，几无还手之力，他也该无憾了。

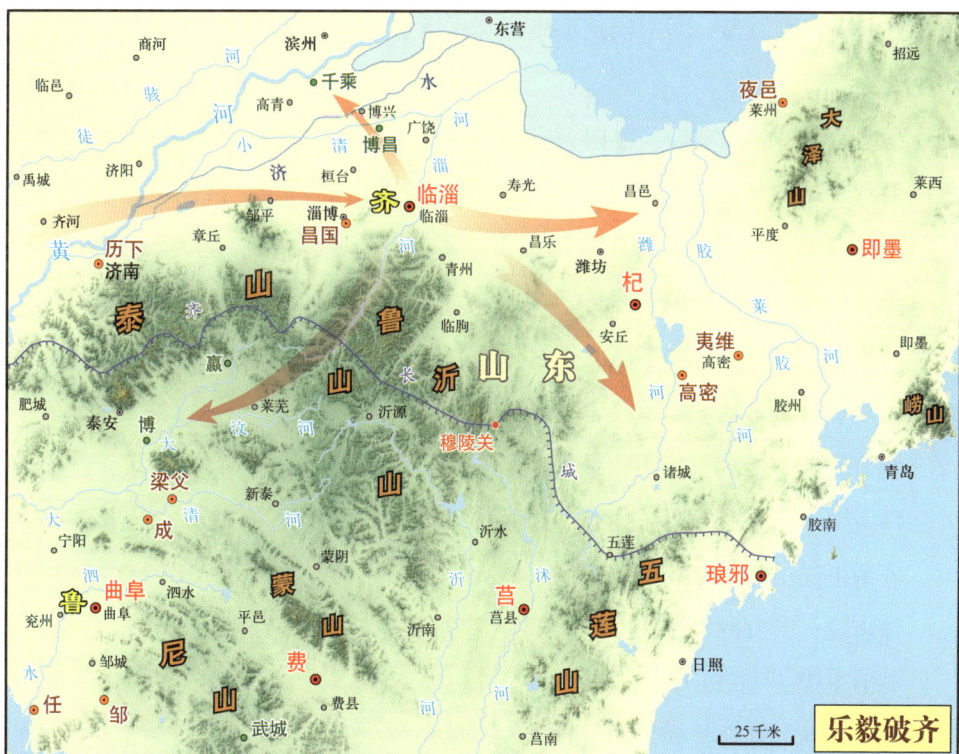

乐毅破齐

乐毅集中兵力，终于攻破临淄。齐湣王出逃。

进临淄城后，乐毅将齐国的珍宝财物以及宗庙里祭祀的礼器全部搬走，送回燕国，就像当年齐人在燕国所做的那样。燕昭王大喜，亲自到济水岸边犒赏将士，把昌国（今山东淄博东南）封给乐毅，号为昌国君。

随后，乐毅以临淄为基地，向齐国各个城邑进兵，六个月内连下七十多城，齐国境内，除即墨（今山东平度东）和莒之外，全部归为燕国。

眼看齐国就要亡国了，楚顷襄王终于按捺不住，派淖齿率军入齐。

再说齐湣王，我们对此人的第一印象都是来自"滥竽充数"这个成语。在这个故事中，齐宣王喜欢听合奏，而齐湣王喜欢听独奏，于是有个浑水摸鱼的南郭先生混不下去了。从故事里看，齐湣王似乎比他父亲英明，而实际上，齐湣王是乘父亲之威，狂妄至极。特别是他先后打败楚、秦两大强国之后，膨胀得忘乎所以，一度想吞并周室，自为天子。即使在齐国面临灭顶之灾时，他也没收敛他的狂妄。

临淄城破时，齐湣王逃到卫国，卫国国君把王宫让出来给他居住，向他称臣。齐湣王却很傲慢，对卫国这不满意那不满意，卫人便停止给他供应食物。齐湣王没吃没喝，只好离开。

到了邹国（即邾国）、鲁国，齐湣王仍是很傲慢，把谁都不放在眼里，邹、鲁国君都不敢收留他，于是齐湣王最终逃亡到齐国的莒邑。莒邑是齐国五都之一，这里有田齐的宗庙，可以收拢人心，又在齐长城以外，离乐毅的大军较远，若以此为基地，齐国复国有望。

淖齿的到来，更让齐湣王觉得复国不是问题，便任淖齿为相国。但齐湣王的老毛病改不了，对救命稻草淖齿一样很傲慢。

淖齿看到齐国满目疮痍的景象，忍不住数落齐湣王。

淖齿说："千乘和博昌之间，方圆数百里，血雨染红了衣裳，大王知道吗？"

齐湣王说："不知道。"

淖齿说："嬴和博之间，大地开裂，泉水喷涌，大王知道吗？"

齐湣王说："不知道。"

千乘和博昌在临淄西北的济水两岸，嬴和博在汶阳，济水和汶阳都是当时的主要战场。

淖齿继续说："有人在宫门前哭，去找却不见人，走开又听见哭声，大王知道这是为什么吗？"

齐湣王都快烦死了，说："不知道。"

淖齿说："天降血雨，这是老天的警示；地裂出泉，这是大地的警示；当阙而哭，这是人的警示。天、地、人都做了警示，大王却无动于衷，是不是该死？"

于是淖齿要杀齐湣王，但又不想让他死得太痛快，便抽了他的筋，用他的筋当作绳子将其悬挂在宗庙的大梁上。齐湣王哀号不已，活活疼死。要说历代帝王中死得最惨的是谁，非齐湣王莫属。

随后，淖齿夺回了淮北之地，和乐毅商量如何瓜分齐国。

话说齐湣王有位侍臣王孙贾，在齐湣王逃跑的时候只有十五岁，他没跟上护卫齐湣王的队伍，就回家了。他母亲对他说："你每天早出晚归，我就倚着家门等你回来；如果哪天晚上你没回来，我就在巷子大门口等你。如今你侍奉大王，大王去哪了你都不知道，还回家干什么？"于是王孙贾走到集市，振臂一呼，召集了三百人，来到莒城，杀了淖齿。

再说齐湣王被杀后，家人四散，其子法章隐姓埋名，跑到莒城太史家中做了浇花的园丁。太史敫[jiǎo]的女儿看到这位园丁面相不俗，暗生情愫，经常给他送些衣食，天长日久，两人心意互通。

国不可一日无君，与此同时，齐国流亡的大臣和莒城的百姓都在寻找齐湣王的儿子。法章担心自己会遭到杀害，很久之后才敢吐露自己的真实身份，随后被迎接回宫。

前284年，齐人立法章为君，是为齐襄王。齐襄王没有忘记落难之时照顾自己的太史女，于是迎太史女进宫，封为王后。太史敫因为两人没经媒妁之言便私通，深感羞愧，誓言与女儿断绝关系，从此不再相见。

有了新王，齐人才有了盼头，此后齐襄王就以莒城为据点，与燕军相持。

燕国方面，乐毅在连战连克之后，认为单靠武力只能破其城而不能收其心，要想真正占领齐国，还得收服人心。所以，乐毅放慢了进攻的步伐，对齐国仅剩的两城莒和即墨，采取围而不攻的方式，希望齐人放弃抵抗，心悦诚服地投降。

田氏掌国的时间并不长，许多齐人仍对姜齐心怀感念，为此，乐毅在临淄郊外隆重祭祀齐桓公和管仲，把燕国的一百多个爵位赏赐给归顺的齐人，又在齐国封了二十多个享有燕国封邑的封君，笼络了齐国的上层。除此之外，他对已经攻占的地区采取减免税费、废除苛政的政策，尊重当地风俗，优待地方名士，以此收服人心，试图从根本上瓦解齐国。

从此，齐、燕双方陷于相持阶段，就看谁能坚持到最后。

在外人看来，齐国灭国几乎是板上钉钉的事了。尤其对秦国而言，最大的对手不在，秦国可以肆无忌惮地侵略别国了。

前283年，秦国和赵国在穰城（今河南邓州）会盟，秦国先稳住赵国，然后举兵向魏，攻占了安城（今河南原阳西）。安城在魏长城以内，与修鱼隔长城相望，秦军攻占安城，等于魏长城的屏障作用不在了，大梁直接暴露在秦军的铁蹄之下。这里需要说明一下，战国时期，我们看到各国的长城经常被攻破，而又没有攻破长城时艰难曲折的记录，仿佛长城是个摆设。实际上，战国的长城也就比摆设好一点，我们印象里的长城都是明长城，高大坚固，用砖石筑成，而战国的长城只是一道土墙，和真正的城墙还有差距。比如赵国沿漳水修筑的长城，最早就是一道河堤，后来赵人发现加高河堤能起到一定的防御作用，便稍加改造，成了长城，这种长城的防御能力到底有多大可想而知。

秦国这次并没有打算真正消灭魏国，再加上燕、赵出兵相救，所以秦军前锋只是在魏都大梁晃了一下就撤军了。但即便如此，也足以让魏国寝食不安。

魏国已不足以对秦国构成威胁，秦国真正的敌人是赵、楚。所以秦昭王的下一个目标是削弱赵国。但赵国几次和秦国结盟，又与秦国同宗，秦国不好像对待魏国那样对赵国想打就打。于是秦昭王想了个借口，听说赵国有和氏璧，秦国愿意拿十五座城池交换。

关于和氏璧，有一段离奇的故事。据说有位楚人名叫卞和，在荆山得到一块璞玉。璞玉指未经打磨的原石，其外表长得和普通石头一样，一般人看不出来里面藏着玉。卞和将这块璞玉献给楚厉王，楚厉王找人看验，说是石头，楚厉王感觉被骗，砍掉了卞和的左脚。楚厉王死后，楚武王即位。卞和又将玉献给楚武王。楚武王找人鉴别，还是说石头。楚武王也觉得卞和是个骗子，又砍掉了他的右脚。楚武王死后，楚文王即位。卞和抱着那块璞玉在荆山脚下痛哭，哭了三天三夜，哭出了血泪。楚文王听说后，派人问卞和："天下被砍脚的人多了，为什么偏偏你哭得这么伤心？"卞和说："我不是因为受刑罚而哭，我哭的是人们把宝石当成石头，把忠贞之人当成骗子！"于是楚文王让人把石头剖开打磨，发现里面果然是玉，于是命名为和氏璧。卞和本来是卞氏，名和，可为什么称他发现的这块宝玉为"和氏璧"呢？不应该是"卞氏璧"吗？其实叫"卞氏璧"也没错，但卞氏人太多，至少卞和家族的人都是以卞为氏，体现不出卞和个人的功劳。从这件事情之后，卞和有了身份和地位，就可以以自己的名为氏，称和氏，卞和即是和氏的始祖（当然天下和氏不止这一支），这样才能体现出卞和的功劳，所以叫"和氏璧"更合适。和氏璧应该也不是我们想象的那样呈环状，而是呈方形，因为后来秦始皇拿它做了传国玉玺。

自此，和氏璧成了楚国的国宝，后来楚国向赵国求亲，和氏璧便成了赵国的国宝（一说和氏璧在楚国被盗，辗转流落赵国）。

言归正传。秦昭王要拿十五座城换和氏璧，此事真假不知，赵惠文王便找来廉颇商量：换吧，怕秦国拿了玉不给城，被骗；不换吧，又怕秦国借此发兵攻打赵国。最终也没商量出个结果，赵惠文王就想派个人去秦国探探口风，结果没人敢去。这时宦者令（主管宦官内侍的头目）缪贤说："我有个门客，叫蔺相如，可以一试。"

赵惠文王召见蔺相如，问："秦王用十五城换寡人的和氏璧，给还是不给？"

蔺相如说："秦强而赵弱，不能不给。"

赵惠文王说："如果他拿了璧，不给我城，怎么办？"

蔺相如说："秦国用城换璧，如果赵国不答应，理亏在赵。赵国给璧而秦国不给城，理亏在秦。二者权衡，宁可让秦国理亏。"

赵惠文王说："谁能出使秦国交涉？"

蔺相如说："如果大王实在没人可派，臣愿前往。如果秦国把城池割给赵国，臣就把璧留在秦国；如果他们不愿交出城池，臣一定完璧归赵。"

于是，赵惠文王派蔺相如带着和氏璧西行入秦。

秦昭王在章台宫接见蔺相如，蔺相如献上和氏璧。秦昭王大喜，让妃子、左右侍从传看，丝毫没有割城的意思。于是蔺相如上前道："这块玉璧有点瑕疵，请让我指给大王看。"秦昭王便把和氏璧给了蔺相如。蔺相如立即退下，靠在一根柱子上，怒发冲冠，说："大王想要这块玉璧，让人修书给赵王，赵王和群臣商议，都说秦国贪婪，自恃其强，只怕是空口许诺，所以不想给秦国玉璧。而臣以为，布衣相交尚不相欺，何况大国！因为一块玉璧得罪强秦，不值当。于是赵王斋戒五日，让臣带着玉璧和国书前来。为什么这样做？这是对大国的尊敬。可今天臣到了，大王只在离宫相见，礼节敷衍；拿到玉璧后，又传给美人观看，分明是戏弄臣。臣看大王无意割让城池，所以把玉璧要了回来。如果大王逼臣太急，臣的头就与玉璧一起碎在这柱子上！"他一边说着一边瞟了一眼柱子，准备往柱子上撞。秦昭王担心和氏璧受损，连忙赔礼道歉，让人拿来地图，用手指着说从这里到这里十五城归赵国。蔺相如知道秦昭王不过是做做样子而已，于是也来个缓兵之计，说："和氏璧是天下公认之宝，大王喜爱，赵王不得不给。赵王送璧时，斋戒五日，如今大王也该斋戒五日，臣才敢献璧。"

秦昭王被逼得没办法，只好斋戒五日。蔺相如回到馆驿，料想秦王虽然斋戒，但绝不会割城，于是让手下化装成普通百姓，拿着和氏璧偷偷从小路回赵国了。

五天后，秦昭王举行了隆重的受璧仪式，请蔺相如相见。蔺相如来了之后，说："秦国从穆公至今有二十几位君主，没听过哪位讲过信义。臣实在害怕被欺骗，所以派人把宝贝送回，这会儿应该到赵国了。秦国强，赵国弱，秦国诚心想要玉璧，先割十五城，再派一个使者到赵国，赵国不敢不给。臣知道，今天臣欺骗了大王，罪该当诛，大王可以把臣煮了，只是请大王和诸位大臣从长计议。"

秦昭王和群臣面面相觑，只能苦笑。左右有要拉蔺相如去受刑的，秦昭王说："如今杀了蔺相如，也得不到玉璧，反而会得罪赵国，不如好好款待他，让他回去。"

于是蔺相如安然回到赵国，赵惠文王因其不辱使命，封蔺相如为上大夫。正如蔺相如所料，秦国并无诚意交换，不再提割十五城的事，赵国也没有给秦国和氏璧。

换和氏璧只是一个借口，秦国攻赵的意图并没有变。

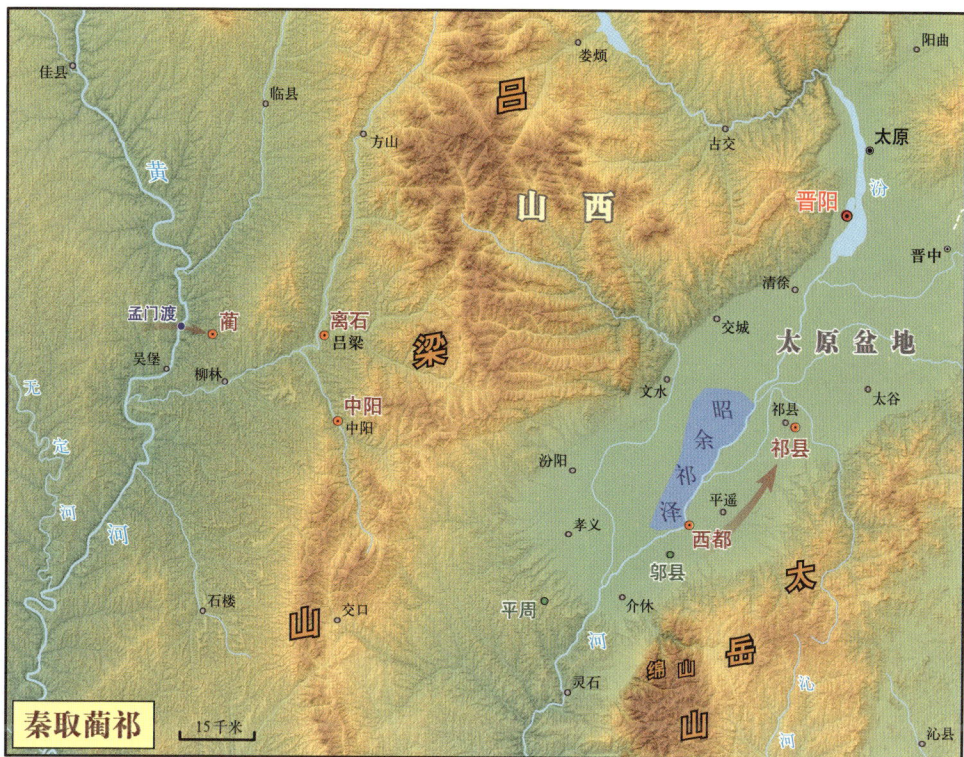

秦取蔺祁　15千米

前282年，秦昭王在安抚完韩、魏两国后，派白起伐赵，取蔺、祁（今山西祁县东南）两城。

前文说过，蔺邑控制着孟门渡，而祁县则为晋阳的南部屏障。秦国取此二邑，志在晋阳。说到蔺邑，倒是和蔺相如有关。春秋时，韩厥有位玄孙叫韩康，在赵氏为官，被封于蔺邑，便以蔺为氏，蔺相如正是韩康的后人，说起来也是韩王的远亲。

第二年（前281年），秦国再攻赵，占领石城（今山西平顺县东北石城镇）。

第三年（前280年），秦将白起攻赵，斩首二万，取光狼城（今山西高平西）。

光狼城位于河内到上党高地的通道上，而石城则位于上党到邯郸之间，顺漳水而下即可威胁邯郸。取光狼城，是为占领上党做准备；取石城，既是试图阻断上党与邯郸的联系，也是威慑邯郸。

这样一来，赵国的故都晋阳和国都邯郸都处于秦军的攻击范围之内，形势极为严峻。特别是邯郸，如果秦国占领上党高地，然后居高临下，邯郸难保。

上党高地不仅对赵都邯郸有地理上的优势，对魏、韩同样如此。在太行八陉之中，上党高地占了三陉，其中滏口陉通邯郸，孟门陉和太行陉通河内，而河内直接威胁着大梁和新郑。也正因如此，赵、魏、韩在上党各占了一块土地，谁也不能让对方独占，否则自身就会受到威胁。

秦国感觉此时还不是同时得罪三晋的时候，便与赵国讲和。

赵惠文王不敢不去，但又怕一去不回。廉颇和蔺相如商议，由蔺相如随行，廉颇守国，如果赵王三十天不回，就立太子为王。赵惠文王同意，便和蔺相如到渑池（今河南渑池西）与秦昭王相会。

宴会上，秦昭王酒至半酣，说："寡人听说赵王喜欢音乐，给大家来一曲如何？"赵惠文王不得不从，于是弹了一曲。秦昭王便召来史官，写下："某年月日，秦王与赵王会饮，令赵王鼓瑟。"

这分明是在羞辱赵王，蔺相如不服气，上前道："赵王听说秦王擅长秦乐，也请秦王给我们来一曲。"秦昭王大怒，不肯。蔺相如拿着缶（一种击打乐器）

上前，跪请秦王演奏。秦昭王还是不肯。蔺相如说："五步之内，相如的颈血将溅到大王身上！"这分明是以死相逼。秦昭王的左右围上前来，准备杀蔺相如。蔺相如怒目圆睁，大声呵斥，左右退下。秦昭王很不高兴，只好敲了一下缶。蔺相如也立即召史官写下："某年月日，秦王为赵王击缶。"

秦国的大臣们还不甘心，说："请用赵国的十五城给秦王祝寿。"蔺相如说："请用秦国的咸阳为赵王祝寿。"双方各不相让，最终秦国也没占到便宜。

回国后，赵惠文王拜蔺相如为上卿，其官位在廉颇之上。廉颇在五国伐齐时，取齐国阳晋（今山东郓城西），封上卿。这次渑池相会，廉颇坐镇后方，其实也有功劳，但没有升职。卿和大夫都是传统的爵位，也是官职，上卿已经是大夫里最高的爵位，但同样是上卿，座次也排先后，蔺相如的上卿最高，相当于赵国的宰相了。从这里也可以看出，赵国的官制并没有像秦国那样一改到底，还保留许多传统色彩，但此时的卿大夫已经不是春秋时的卿大夫了，很明显，廉颇是武将，蔺相如是文官，春秋时的卿大夫都是文武双全，而战国时官员已经开始分为文臣武将了。所以人们会称廉颇为将，称蔺相如为相，实际上，他们的职位都是上卿，但主管事务不同，地位也略有差异。

廉颇屡立战功，自然不服，口舌之劳怎么能和战场杀敌相比？于是扬言要羞辱蔺相如。蔺相如听说后，要么躲着他走，要么称病不上朝。蔺相如手下的门客看不下去了，说："我们之所以背井离乡跑来事奉您，是因为听说您品德高尚，为人正义。如今您和廉颇官位相同，廉颇放出话来，而您却回避，怕成这样，普通人都会感到羞耻，何况出将入相的人！怪我们没眼光，让我们走吧。"

蔺相如制止道："你们觉得廉将军跟秦王比怎么样？"

门客说："不如。"

蔺相如说："秦王我都不怕，我会怕廉将军吗？我在意的是，秦国之所以不敢对赵国用兵，正是因为有我们两人在。两虎相斗，必然势不两立。我之所以忍让，正是为国家考虑。"

廉颇听说后，深感惭愧，光着上身，背负荆条，到蔺相如府上请罪。两人从此成为刎颈之交。

秦国一看，赵国一时不可图，便将兵锋转向楚国。

第十八章 鄢郢之战

如果秦兵由武关南下，楚国必然集中兵力沿汉水阻击，到时很有可能两败俱伤。因此，秦昭王想到了位于楚国上游的巴蜀之地，如果打通由巴蜀通往楚国的通道，从南方绕到楚都的后方，楚国将首尾不能相顾。

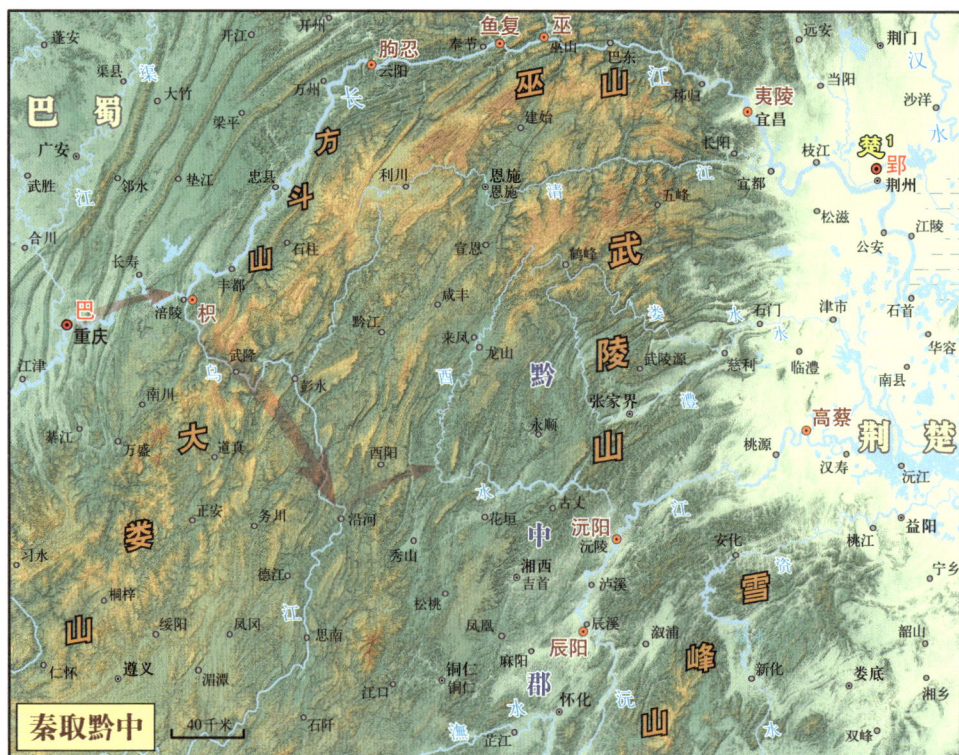

前280年，秦昭王命司马错率军从巴蜀攻打楚国。

司马错由陇西起兵，经金牛道入巴蜀，调集十万大军，乘万艘大船，载六百万斛米，顺江而下。

司马错先攻占了楚国最西边的一个城邑枳（今重庆涪陵东）。按通常的做法，秦军的万艘大船肯定会以此为基地，然后浩浩荡荡沿长江而下，直扑楚国的郢都。但司马错到底不同，他知道楚国肯定在三峡一带严加布防，三峡水急，十万大军顺水而下，取胜还好，万一有个什么差池，只怕是有去无回。

于是，司马错出其不意，沿乌江而上，在到达今酉阳附近时，弃舟登岸，穿越重峦叠嶂，到达酉水，然后顺水而下进入黔中郡。

楚国万万没想到秦军会进入郢都的南方，一时慌了神，立即遣使向秦国求和。经过一番交涉，楚国割让上庸和汉水以北，秦国退兵。

拿上庸换黔中实属饮鸩止渴，楚国没了上庸和汉水以北，等于北方门户大开。秦国有了上庸，便据有汉水两岸，可夹水而下，令楚国防不胜防。

此时的楚顷襄王才意识到巴蜀之地对楚国的地理优势，便想找一条通道，反攻巴蜀。他想来想去，只有云贵高原最合适，这里不仅比巴蜀地势高，具有居高临下的优势，而且与楚国相连，再加上附近没有强有力的方国，假如楚国据有此地，即便不能反攻巴蜀，也能对秦国的巴蜀之地产生牵制，其作用不可小觑。于是楚顷襄王派庄蹻率军进入云贵高原。

庄蹻为楚庄王后人，故以庄为氏。二十年前，庄蹻干过一件震惊天下的事。那时垂沙之战刚刚结束，楚国大败，丢失南阳盆地，楚国内部的矛盾也因此激发，庄蹻率军起事，曾一度攻至郢都，《吕氏春秋·介立》称之为"庄蹻暴郢"。后来，应该是楚国各方贵族达成了某种协议，楚国内部被分成了三四个势力范围，《荀子·议兵》里说："庄蹻起，楚分而为三四。"大概，这才是楚国衰落的真正原因，楚国看起来幅员辽阔，而实际上楚王能直接控制的地方有限。

也许正是因为庄蹻曾经闹过事，楚顷襄王才派他深入云贵山地。通常，作为正宗的楚王苗裔，不会被派往这些不毛之地。同时期被流放的屈原，最远也不过是到达今安徽的青阳，而云贵高原比安徽远得多，路途也艰险万倍，这和流放也没什么分别了。

庄蹻入滇

126千米

雅砻江　雅　越西　金沙江　马边　岷江　长江　南溪　泸州　合江　江　巴蜀

大凉山　大五莲峰山　叙州　宜宾　水富　长宁　亦水　赤水

会宁　喜德　美姑　雷波　永善　绥江　屏山　江安

昭觉　布拖　金阳　珙县　南县　兴文　筠连　叙永　古蔺　威信

凉山西昌　邛都

德昌　普格　沙　金沙江　大兴　昭通　韩良　镇雄　毕节　毕节　大方　黔西　金沙

米易　宁南　鲁甸　赫章　纳雍　织金

盐边　会理　会东　威宁　六盘水　水城

攀枝花　会泽　六盘山　普定　安顺

元谋　武定　禄劝　江　渡　普　螳螂江　北　宣威　云贵高原　晴隆　镇宁　夜郎　关岭

禄丰　富民　寻甸　靡莫　马龙　南山　曲靖　沾益　富源　盘州　普安　兴仁　贞丰　望谟

安宁　昆明　嵩明　宜良　陆良　劳浸　师宗　漏卧　罗平　黔西南兴义　安龙　册亨

易门　呈贡　滇池　石林　泸西　隆林　西林　田林

玉溪　澄江　滇　抚仙湖　弥勒　盘　江南　南　句町　广南

江川　华宁　通海　丘北

新平　峨山

红河

大
娄

荆 楚

雪
峰
山
南
岭

越
城
岭

都
庞
岭

百 越

大
瑶
山

遵真
正安
务川
沿河
酉阳
秀山
花垣
保靖
古丈
沅陵 沅阳
沅
安化
资水

桐梓
绥阳
德江
凤冈
印江
思南
松桃
湘西
吉首
泸溪
辰溪
辰阳
溆浦
新化

播州
遵义
湄潭
凤凰
麻阳
中方 怀化
芷江
洪江
溆
洞口
隆回
邵阳

开阳
瓮安
余庆
施秉
镇远
玉屏
新晃
芷江
沅
江水
岑巩
洪江
江
靖州
绥宁
武冈
新宁
东安
资源
全州

福泉
黄平
且兰
台江
剑河
锦屏
会同
城步
越城岭

龙里
麻江
凯里
黔东南
雷山
三穗
天柱
清水江
通道

黔南
都匀
丹寨
剑河
江
黎平
三江
龙胜
兴安
灵渠
灌阳
漓江

平塘
独山
三都
都
榕江
从江
融江
融安
临桂
江永

荔波
融水
罗城
永福
阳朔
恭城
富川

天峨
南丹
环江
金城江
河池
柳城
柳州
鹿寨
柳江
象州
荔浦
金秀
平乐
蒙山
昭平
钟山

巴马
东兰
都安
合山
红水河
忻城
象州
漓江
河

凤山

红河

水
江

漓
江

清
水
江

柳
江

融
江

163

云贵高原是现在的叫法，战国时中原列国对这里一无所知，只知道这里居住着各种夷人，统称其为"西南夷"，也称"百濮"。

西南夷所在之地高山密布，沟壑纵横，加之人烟稀少，这是一条极其艰险的路。下面，我们就来看看庄蹻的远征路线是怎样的。

需要说明的是，由于史料缺乏，庄蹻入滇的路线我们只能根据地形来推测。在没有成熟道路的情况下，军队翻越大山最好的办法就是沿河谷前行，原因有两点：一是河流可以切开大山形成通道，二是可以提供水源。沿着这一思路，我们就可以大致推测出庄蹻的行军路线。

从荆楚往西南，最大的河流是沅江（古称"沅水"）。庄蹻的军队可以从郢都出发，经长江，入洞庭，然后溯沅水而上。在沅江与酉水的交汇处，有一座城邑，称"沅阳"（今沅陵），这大概就是楚国黔中郡的治所。从沅阳继续往南，逆沅江而上，在今洪江附近，庄蹻有两个选择：一是继续沿沅江的上游清水江而上，二是折向北方，沿支流㵲水而上。即便是今人，也会选择水流更缓、山势更低的㵲水方向。而且我们有理由相信，当时沿㵲水分布的人口更稠密。所以庄蹻就带着大军溯㵲水而上，经过一番跋涉之后，在今黄平附近，也就是㵲水的上游，他们发现了一块平地，这里有个小国，即且[jū]兰。

庄蹻率军弃舟登岸，与且兰人步战，很快征服了且兰国。

庄蹻率军上岸时，在岸上留下了许多系船的木桩子，这东西被称为"牂牁"[zāng kē]，所以庄蹻就把且兰改为牂牁，后来的牂牁郡由此而来。不过，早在春秋时期，西南地区就存在一个牂牁国，这个牂牁国还参加过齐桓公的葵丘会盟。那时的牂牁国应该是西南地区的霸主，只不过到战国时衰落了，而此时的霸主是夜郎国。

由且兰往北，穿过一道河谷，就可以到达乌江（延江水）。乌江对楚国来说并不陌生，它的下游与长江交汇，那里曾为楚国所有，后来被司马错攻占。乌江并不是一条理想的反攻秦国的通道，一是由于它的水道太曲折，二是其出口在巴郡以东，不能达到从背后攻击秦国的目的，所以庄蹻还需要继续往西，寻找理想的攻秦基地。

由乌江逆水而上，不久之后便进入夜郎国的境内。在今普定附近，庄蹻的军队再次弃舟登岸，征服了夜郎国。

夜郎国在苗岭以南，其辐射范围主要在珠江流域，与长江流域没有便捷的水道相通，所以庄蹻还要继续寻找。

夜郎往西，是高耸入云的乌蒙山，道路不通，行船不便，于是庄蹻一行便顺北盘江而下，在到达与南盘江的交汇口时，折往西行。当他们沿着南盘江上溯时，最终发现了一片大湖，大湖的周围有平整的良田，是个理想的养兵备战场所。由于附近生活的是滇人，所以这个湖被称为"滇池"。更妙的是，由滇池出发，经普渡河，再经金沙江，可以直达巴蜀腹地。如果要在云贵高原选一个理想的反秦基地的话，非滇池莫属。

庄蹻喜不自胜，使人飞报楚国。但让他没有想到的是，他西征数年，秦、楚连年征战，黔中郡已经被秦国占据——他回不去了。

此时的庄蹻只有两个选择：降秦或自立。

庄蹻作为楚庄王的后裔，降秦对他来说是奇耻大辱。所以庄蹻想都没想，入乡随俗，和当地的滇人打成一片，然后自立为王，建立了滇国。

让我们回到庄蹻刚刚进入云贵高原的时候，看看秦、楚之间到底发生了什么。

楚国自从不能独占南阳之后，北方的门户就集中在邓县。邓县东有桐柏山，西有武当山，又背靠汉水，是个天然的军事要冲。但自从楚国将上庸割给秦国后，秦国势力到达汉水以南，邓县很容易腹背受敌，这些优势便不复存在。

前279年，白起率数万秦军出武关，直取邓县。取邓县只需兵分两路，一路从北部平原攻击邓县正面，另一路顺汉水绕到后方，切断邓县与楚国腹地的联系，假以时日，邓县内无粮草，外无救兵，不攻自破。所以秦军攻打邓县很顺利。

随后，秦军渡过汉水南下，直逼楚国的别都鄢城。鄢城到郢城之间，几乎无险可守，但这里是楚国的别都，自然城高池深，驻有重兵。当然，为了防止秦国再次从西部突袭，楚国也在巫郡和黔中郡驻有重兵。

白起率秦军猛攻鄢城，却屡攻不克。秦军深入楚境，不宜持久。为此，白起勘察地形，发现可以引鄢水（又称"夷水"，今蛮河）灌城。于是白起派人在鄢

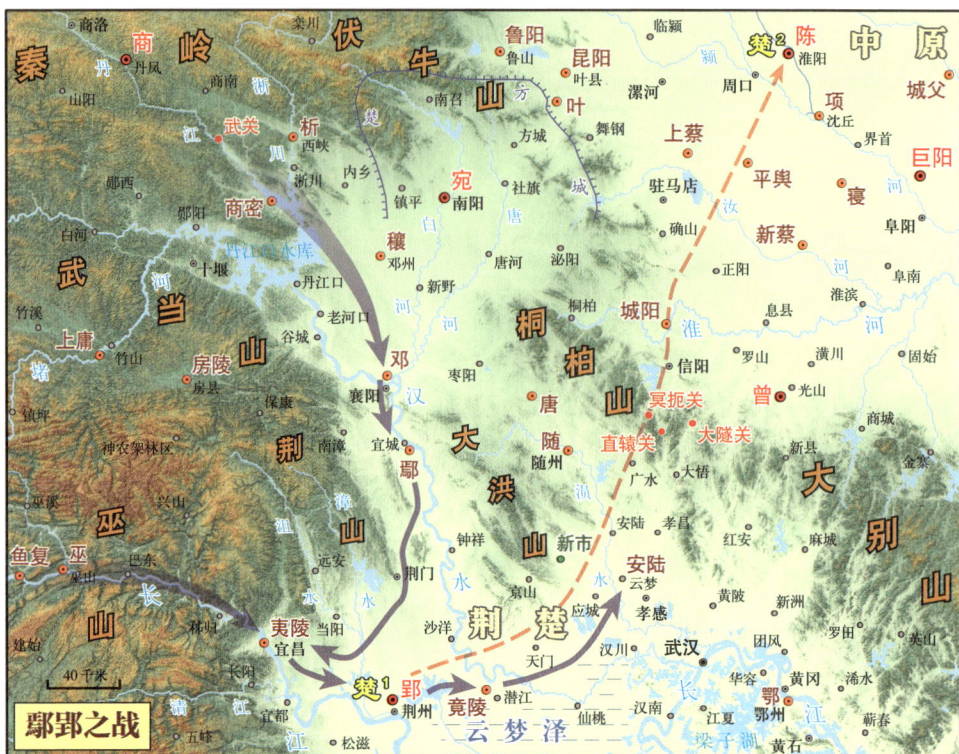

鄢郢之战

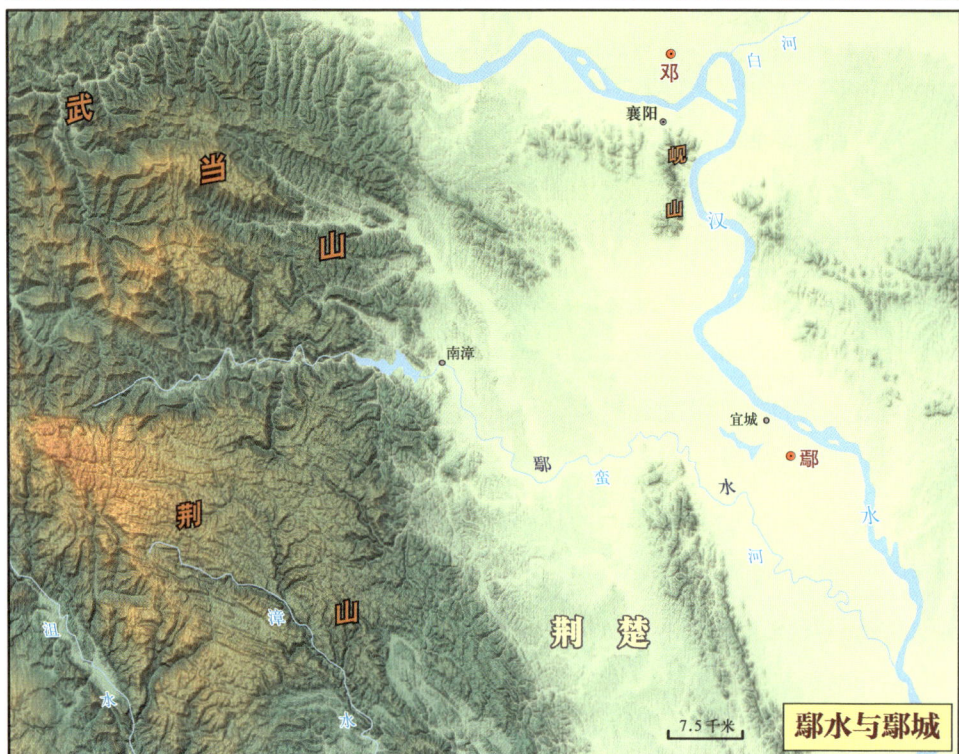

鄢水与鄢城

166

城西部修渠引水，将鄢水灌向鄢城。

鄢水源自武当山和荆山之间，水量很大，古代的城墙又都是用泥土筑成，长期泡在水中很容易塌方。果然，不久之后，鄢城东北角塌陷，大水入城，淹死数十万百姓。秦军趁机攻入，占领了鄢城。

鄢城原本为古鄢国所在地，与罗国相邻，春秋时屈瑕征讨罗国，因渡鄢水而军形大乱，最终吃了败仗。令人没想到的是，数百年之后，楚军又因鄢水而败。

白起占领鄢城后，休整部队，补充兵员和物资，同时将秦国大量的罪犯迁到邓、鄢两地，以巩固所占之地。

按常规的打法，秦军接下来该向郢都发起冲锋了。但白起没有，他迅速南下，举兵向西，攻取了夷陵（今湖北宜昌），切断了郢都与巫郡（长江三峡）的联系，使郢都陷入孤立的境地。

在夷陵，白起纵火烧毁了楚国先王的陵墓。

前278年，白起举兵向东，攻打郢城。楚顷襄王兵败出城，往东北方向逃命，过义阳三关，先到城阳（今河南信阳北），后到陈邑。

白起一路追击，略竟陵（今湖北潜江西北），直到安陆（今湖北云梦）才收兵。

这时的屈原正在洞庭湖以南流放，听闻郢都城破，万念俱灰，投汨罗江而死。这一天是五月初五，此后当地人每到这一天，便以竹筒贮米，投入江中，以此祭奠屈原。后来，这个习俗慢慢传开，便成了端午节。

鄢郢之战后，楚国便把都城迁到了陈邑。

秦国在郢城设南郡，白起因功受封为武安君。这里的"武安"只是个封号，和封地没有关系，即以武安邦的意思。

随后，白起与蜀郡郡守张若联手，一东一西左右夹击，攻占了楚国的巫郡和黔中郡，并将其合并为黔中郡。

至此，楚国不仅将其核心地带的荆州丢掉了一半，而且失去了西部大山作为屏障。虽然此后楚顷襄王发起反攻，也夺回了黔中部分城池，但已无济于事，除非奇迹发生，否则楚国再无翻身之日。

据唐代诗人白居易（自称白起之后）说，白起是白公胜（楚太子建的儿子公孙胜）的后人，白公胜曾祸乱楚国，而白起给了楚国致命一击。白居易的话倒不是没有道理，宣太后掌权后，大量任用楚人，而楚国，正是在宣太后掌权秦国期间由盛转衰，由楚人攻打楚国，当然得心应手。在秦国崛起的道路上，那些投奔秦国的客卿通常都是在母国不得志的人，当他们在秦国得到重用后，往往最先攻打的就是自己的母国，一是因为仇怨，二是因为熟悉，于是事半功倍。

第十九章 田单复国

再说齐国，仅剩莒和即墨两座城邑，命悬一线。

齐襄王即位后，号召齐人起来抵抗。即墨大夫英勇出战，死于阵前。即墨人推举田单为城守。

田单是齐国宗室的远亲，临淄人。临淄沦陷时，田单以铁皮护车率族人由临淄逃至即墨。

乐毅对即墨久攻不下，改用攻心战，命燕军后退九里设营，围而不攻。城中居民可以自由出入，对有困难的燕军还给予救济。但如此相持三年，即墨仍未投降。

前279年，燕昭王去世，燕惠王继位。

田单立即派人到燕国行反间计，散布谣言说乐毅想自立为王。此时乐毅入齐已经整整五年，却偏偏拿不下两座小城，燕惠王不得不疑，于是派骑劫替代乐毅。乐毅担心自己被害不敢回燕国，于是投奔赵国，燕惠王气愤不已，更觉得乐毅是畏罪潜逃。

骑劫到任后，一改乐毅的做法，强攻即墨。即墨军民奋起抵抗，骑劫无计可施。

田单一面鼓舞士气，一面激起齐人对燕人的仇恨。他扬言说，齐人最怕劓刑。骑劫听说后，就将齐人俘虏的鼻子割掉；又宣称齐人怕被刨祖坟，于是骑劫在城外刨齐人的祖坟，焚烧尸体。骑劫以为这样齐人就会屈服，结果却是激发了

匈奴

乌孙

巴丹吉林沙漠

嘉峪关　酒泉

月氏

张掖

金昌　腾格里沙漠

武威

巴彦淖尔　包头　呼

乌海

石嘴山

阿拉善盟　银川

鄂尔多斯

林胡

榆林

吴忠

中卫

太晋阳

延安

吕梁

海西

西宁　海东

白银

义渠

固原　庆阳

义渠

平凉

临晋

安邑

平阳

周

王城

西周

东

海北

兰州

海南

临夏　定西

天水

铜川

渭南

雍　咸阳

咸阳　西安

宝鸡

商洛

商

羌

黄南

甘南

陇南

氐人

广元

汉中

安康

十堰

襄阳

玉树

阿坝

绵阳

巴中

秦

达州

荆

宜昌

昌都

德阳

南充

广安

恩施

林芝

成都

成都

眉山

资阳

遂宁

张家界

常德

益阳

雅安

内江

乐山

自贡

重庆

巴

湘西

迪庆

泸州

宜宾

邛都

凉山

昭通

毕节

遵义

铜仁

怀化

娄底

邵阳

永州

丽江

攀枝花

六盘水

贵阳

且兰

且兰

黔东南

黔南

密支那

怒江

大理

楚雄

昆明

劳浸

曲靖

靡莫

夜郎

夜郎

黔西南

桂林

河池

保山

滇

漏卧

柳州

贺州

德宏

滇

玉溪

句町

骆越

百色

西瓯越

科尔沁沙地

东胡

肃慎

辽源

延边

赤峰

阜新

沈阳

铁岭

白山

通化

清津

燕

承德

朝阳

锦州

抚顺

辽阳

本溪

张家口

代

北京 蓟

武阳

廊坊

唐山

天津

盘锦

营口

鞍山

丹东

濊貊

咸兴

元山

赵

顾

保定

石家庄

河间

沧州

渤海 渤海

大连

秦皇岛

葫芦岛

平壤

其子朝鲜

开城

首尔

日本海

寿

衡水

德州

滨州

东营

烟台

威海

仁川

邢台

聊城

济南

淄博

临淄

潍坊

即墨

朝鲜半岛

邯郸

濮阳

泰安

齐

杞

莒

青岛

辰国

魏

卫

菏泽

济宁

曲阜

鲁 费

小邾

临沂

日照

琅邪

釜山

大梁

开封

陶

睢阳

邹

枣庄

郯

秦

郑

许昌

陈

商丘

彭城

徐州

连云港

黄海

本州岛

马店

周口

巨阳

亳州

淮北

宿迁

淮安

盐城

福冈

北九州

弥生人

信阳

曾

阜阳

蚌埠

滁州

淮南

泰州

扬州

济州

长崎

寿春

六安

合肥

南京

镇江

南通

九州岛

楚

武汉

黄冈

安庆

芜湖

宜城

常州

无锡

吴 苏州

上海

东

咸宁

黄石

池州

铜陵

湖州

嘉兴

九江

南昌

黄山

景德镇

杭州

会稽 绍兴

宁波

舟山

海

宜春

新余

上饶

鹰潭

衢州

金华

台州

温州

琉

太平洋

萍乡

吉安

抚州

南平

瓯越

丽水

宁德

球

群

赤尾屿

那霸

赣州

三明

福州

闽越

莆田

钓鱼岛

龙岩

漳州

泉州

厦门

台北

基隆

新竹

台湾岛

岛

南越

梅州

台中

100千米

南海

黄海

东海

战国后期局势（前277年）

171

齐人的满腔仇恨。

为蒙蔽燕军，田单将城中精兵全部隐藏起来，只派老弱、妇女守城，然后派人向燕军投降，还送去重金以示诚意，请求燕军不要劫掠。骑劫信以为真，一心等待受降，放松了警惕。

而实际上，田单已收集了上千头壮牛，命人在牛身画上五彩龙纹，再给牛披上大红色绸缎，牛角绑着尖刀，牛尾绑着用油浸过的芦苇，又命人在城墙上开凿了几十个通道。到了晚上，田单命人在牛尾点火，千头壮牛从几十个通道奔涌而出，直冲燕军大营，田单又派五千精兵随后。燕军以为神兵天降，自相踩踏，乱作一团，齐军趁势掩杀，燕军大败，骑劫死于乱军之中。

趁燕军群龙无首之际，田单率齐军追击。燕军一路溃逃，直至黄河。齐军收复七十余城。

田单如果继续追击，下场可能和乐毅一样了，于是立即收兵，前往莒邑，将齐襄王迎回临淄。齐襄王拜田单为相，封万户，号安平君。

至此，齐国复国成功。只是从此元气大伤，再难与秦国抗衡。

至前277年，天下的局势已经十分明朗，齐、楚先后元气大伤，再加上伊阙之战时韩、魏伤筋动骨，六国之中，只有燕、赵还存有实力。如果六国不能合纵，秦国将各个击破。

同年，魏昭王去世，其子魏安僖王继位。几乎就在同时，魏相田文也去世，谥号孟尝君。孟尝君的身份十分特殊，因为他的封地薛邑如同一国，他为齐相时薛邑是齐国的附庸，他为魏相时薛邑属于魏国的附庸。他死之后，他的几个儿子争夺爵位，薛邑内部混乱，齐、魏两国趁机灭掉了薛邑。田氏薛公从此绝祀，子孙离散各处。

魏安僖王继位后，封其异母弟魏无忌于信陵（后称"宁陵"，今河南宁陵东南），号信陵君。信陵君门下食客三千，是"战国四公子"之一。

魏国新君初立，人心不稳。对秦国来说，这是最佳的进攻时机。早在五国伐齐的时候，秦国就抢占了天下最富有的陶邑，在中原有一个据点。但这个据点远离秦国本土，难以管理。秦国如果趁此拿下魏国，使陶邑和本土相连，那么秦国的土地就像一把利剑一样插入天下之中，其他各国再也翻不起风浪。

从函谷关到陶邑，处于这条线上的正是魏都大梁，所以秦国直接把大梁当作这次进攻的目标。为进攻大梁，秦国计划兵分三路：南路由武安君白起率军从楚方城出发北进，攻大梁之南；中路由相国魏冉亲自带队，出虎牢、荥阳，进攻大梁之西；北路由客卿胡伤率领，由魏国的河内往东，迂回到大梁东部的济阳（今河南兰考东北）、外黄（今河南兰考东南）。如此三面进攻，可对大梁形成四面包围之势。

前276年，南路白起率兵出方城，攻略魏国的两个边邑，然后往北，进逼大梁。这年冬天，赵惠文王见魏国河内之地几乎都被秦国占领，为了自保，命廉颇在赵、魏边境也抢占了几个魏国城邑。

第二年，魏冉率中路军出发。韩僖王见秦国灭魏之心昭然若揭，如果魏国灭亡，韩国将难以独存，于是命暴鸢率军攻击魏冉。结果魏冉大破韩军，斩首四万，暴鸢逃往开封（又称"启封"，今河南开封西南）。秦军乘胜占领魏国三座城邑。魏安僖王命芒卯率军御敌，失败，秦军直逼大梁城下。

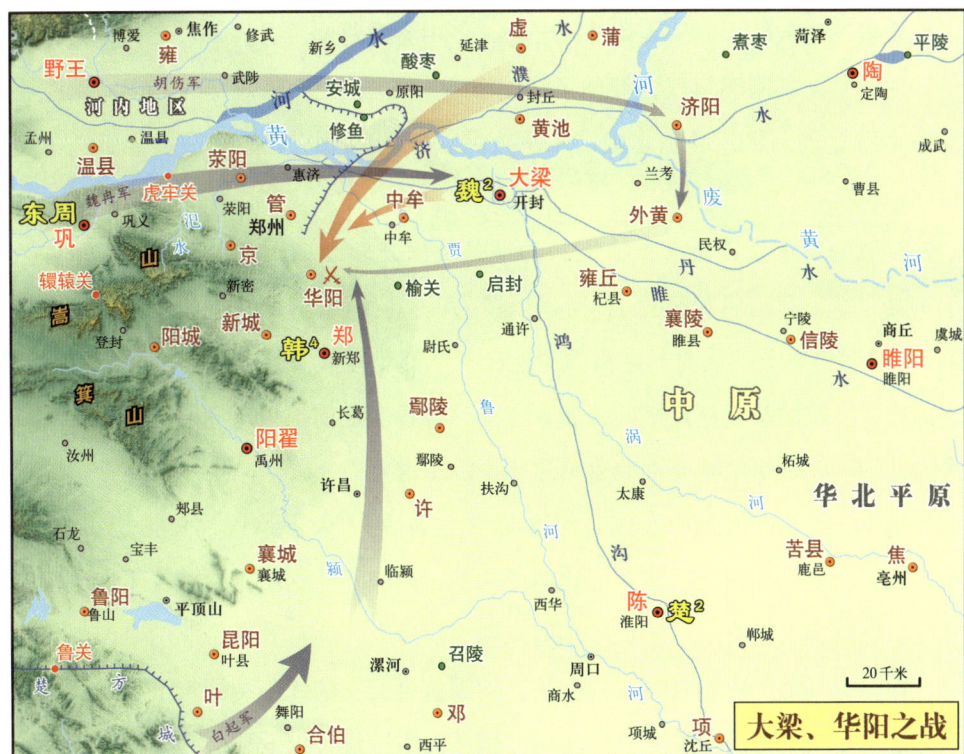

大梁、华阳之战

第三年，眼看秦军围困大梁一年多，齐襄王坐不住了，如果秦国吞灭魏国，那齐国就危险了，于是起兵救魏。在大梁北，魏冉大败齐军，斩首四万。

眼看韩、齐先后被打败，此时的魏国只好向赵国求救，并答应将邺城割给赵国。

第四年，赵、魏联军向华阳（今河南郑州南，原为韩邑，此时为秦所据）进攻。魏冉命白起和胡伤南北夹击。南北两路大军只用了八天便赶到华阳，大败赵、魏联军，斩首十三万。魏将芒卯败走，逃回大梁。赵将贾偃见魏军已退，赵军独木难支，便率赵军撤离，结果渡河时被白起追上，赵军被斩首两万。

白起回兵大梁，大梁危在旦夕。魏安僖王派大夫须贾游说魏冉：楚、赵都打算救魏，魏国正准备征集三十万大军守城，秦国如果强攻，未必能成功，反而消耗巨大。

魏冉一方面觉得须贾说得有理，另一方面也担心被白起抢了功，便答应退兵，但要求魏国割地。最终，魏国将河内那块飞地割给了秦，那里还有赵国的一块飞地，也一并被秦国抢走。

魏国逃过一劫，但从此和韩国一样，任由秦国驱使。

此时楚国刚刚喘口气，夺回了江南旧地十五城（位于黔中郡以东）。秦昭王担心楚国复兴，想趁胜利之威，南下攻楚。楚国闻讯，立即派遣左徒黄歇出使秦国。

黄歇的身世争议较多，有人认为他是黄国公族之后，但也有可能祖上曾封于黄县（楚灭黄国后置黄县），所以以黄为氏；同时代的韩非说他是"楚庄王之弟"，钱穆先生考证认为，这里的"楚庄王"即楚顷襄王。楚国是个传统的封建制国家，掌权的基本还是芈姓公族，左徒这一官职之前也只有屈原担任过，所以个人认为，黄歇是楚顷襄王的弟弟这一说法比较可靠。

前272年，黄歇到达秦国，向秦昭王上书说："天下诸侯，莫强于秦、楚。听说大王将要举兵伐楚，这就好比两虎相斗。两虎相斗则劣狗受益，不如与楚国亲善。臣听说物极必反，现在秦国的土地不仅广大，还占有西、北两个方向的边陲之地，这是天子也不曾有过的功绩。秦国从惠文王到武王再到大王您，三代人都念念不忘将秦国的土地与齐国相接，以此截断诸侯合纵的要害。如今大王派盛桥到韩国驻守任职，盛桥以韩地入秦，如此大王不费一兵一卒而拥有韩地——这是大王的能力。大王举兵伐魏，堵住大梁的门户，攻取河内，拿下燕、酸枣、虚、桃等地，又攻入邢地，魏军如风吹白云四处飘散而不敢互救——大王的功劳够多了。此时如果大王休整两年，再攻蒲、衍、首、垣等地，进而兵临仁、平丘、黄、济阳等地列兵自守，而魏国屈服。而后，大王再割取濮水以北之地，通齐、秦之道，断楚、赵之脊，天下经过五次合纵的六国再也不能互为救助——大王的威力将独步天下！

"大王如果能持守功业，少攻伐之心而广施仁义，使秦国永无后患，则大王的事业可与三王（夏禹、商汤、周武）并称，大王的威势可与五霸并举。大王如果依靠壮丁多、军备强大，乘着毁灭魏国的威势，而想以武力使天下诸侯屈服，臣以为必有后患。《诗》云：'靡不有初，鲜克有终。'《易》曰：'狐涉水，濡其尾。'这意思是说，开始容易，结局难啊。为什么这么说呢？当年，智伯只看到攻打赵氏的好处而没有料到榆次之祸（智伯死于榆次），夫差只看到攻打齐国的好处而没有料到后来的干隧（今江苏苏州西北四十里处）之败。这两国（智氏事实上已成为一国），不是没有建立过大功，只是贪图眼前的利益而看不到后患。夫差相信了越国的恭维，所以才去攻打齐国，在艾陵战胜齐人，回来时却在三江（这里的三江指太湖附近的松江、钱塘江、浦阳江，代指太湖一带）水边被勾践擒获；智伯相信韩、魏，所以才去攻打赵氏，取晋阳城，本以为胜利指日可待，可韩、魏却叛变了，在凿台（今山西榆次南的台名）杀死了智伯。如今大王忌恨楚国不能毁灭，却忘了灭掉楚国就会让韩、魏强大，臣为大王考虑，认为此举实不可取。

"《诗》有云：'大武远宅而不涉。'（大军不宜远离自家宅地而长途跋涉去征战。）以此观之，楚国是帮手，邻国才是敌人（此时楚国的核心已迁至中原，与秦国中间隔着韩、魏，所以黄歇认为楚国已不是秦国的邻国）。《诗》里说：'趯[yuè]趯毚[chán]兔，遇犬获之。他人有心，余忖度之。'（狡猾的兔子蹦又跳，遇到猎犬跑不掉；别人的心思，我能揣摩到。）大王现在相信韩、魏与您亲善，这正如吴国相信越国。臣听说，对待敌人不能宽容，抓住时机不容错过。臣担心韩、魏两国低声下气劝秦国除掉祸患楚国，实际是在害秦国啊！为什么这么说呢？大王想想，秦国对韩、魏并没有几代的恩德，却有几代的仇怨。韩、魏两国的人，父子兄弟接连死在秦人的刀下将近十代了。他们国土残缺，社稷破败，宗庙毁坏；上自将领下至士卒，剖腹断肠，砍头毁面，身首分离，枯骨暴露在荒野水泽之中，头颅被扔得到处都是；还有父子老弱被系着脖子捆着手，成了任人凌辱的俘虏，一群接一群地被赶往通往秦国的路上。韩、魏两国的鬼神都没人祭祀了，百姓更是民不聊生，亲族逃离，骨肉分散，流亡各国成为奴仆的，不可胜数。韩、魏人对秦国有多恨，大王可想而知，所以臣以为，韩、魏不亡，是秦国最大的忧患，如今大王却借此二国要攻楚，这是重大失误啊！

"再说了，大王打算怎么出兵攻打楚国呢？要向仇敌韩、魏借路吗？如果是，那么大王该担心出去的兵还能不能回来，大王这是把自己的军队送给韩、魏这两个仇敌啊！大王如果不向韩、魏借路，必攻随水之右（随水之西，指大洪山一带，随水即溳水）。而随水之右都是大川大水，高山密林，深溪幽谷，连粮食都生产不出来，大王即使占领此处，也等于没有得到土地。如此，大王只是得了个毁灭楚国的恶名，而没有得到占地的实惠啊！

"还有，大王攻楚之日，韩、魏、赵、齐四国必定发兵对付秦国。秦、楚两个大国一旦交战，战事必定旷日持久，那时魏国将出兵攻打留、方与、铚、湖陵、砀、萧、相这些地方，原来从宋国夺来的土地必定全部丧失。齐国会向南方攻击楚国，于是泗水北岸地区必为齐国所有。这些都是平原地区，四通八达，经济富庶，却被齐、魏独占。大王攻楚，却肥了韩、魏，壮了齐国。韩、魏一旦强大，必定能与秦国抗衡；而齐国如果南面以泗水为境，东靠大海，北倚黄河，再无后患，天下之中就没有强于齐、魏的——果真如此，两国励精图治，一年以后，即便不能称帝，但阻止大王称帝绰绰有余。

"总之，大王凭借国土之广、人徒之众、兵革之强，一旦发兵与楚国结下仇怨，迟早会让韩、魏尊齐为帝，这是大王的失策！臣替大王考虑，不如与楚国亲善，秦、楚联合以进逼韩国，韩国必定不敢轻举妄动。大王再经营好东山（秦国东部山地，指崤山、王屋山一带）的险地，利用黄河环绕的有利条件，韩国必定会成为秦国的附庸。然后，大王再以十万兵力驻守郑地（新郑），大梁必定胆寒，许、鄢陵（新郑南，属魏国）也将固守不敢出，那么上蔡、召陵（许城南，属魏国）与魏都的联系就被切断了，这样一来，魏国也将臣属秦国。大王一旦与楚国交好，那么韩、魏这两个万乘之国就只能去侵略齐国的土地，齐国西部的土地将拱手而得。果真如此的话，大王的国土将横贯东西，制约天下诸侯，燕、赵无齐、楚相依，齐、楚无燕、赵相助，秦国以一国震慑燕、赵，动摇齐、楚，不用急攻，四国便臣服了。"

黄歇原本的目的不过是为楚国开脱，让秦国不要攻打楚国，但他对当时的形势分析得头头是道，句句切中要害，无意之中为秦国指明了兼并天下的战略方针，这也是黄歇始料未及的。秦昭王听完后，当即说："好！"立即阻止白起出兵，又谢绝韩、魏两国，然后备礼遣使入楚，与楚国结好。楚国派太子完到秦国为人质，黄歇陪同。

至此，秦、楚交好。

但秦国还是把削弱强国放在首位，于是秦国的下一个进攻目标就是赵国。

第二十章 远交近攻

在攻打赵国之前，秦国还必须解决一个背后的敌人，这个敌人就是义渠。多少年来，秦国每每东进，义渠国总在背后搞小动作，这让秦国很是懊恼，想灭又灭不掉，东进时又有后顾之忧。

义渠进入陇东定居后，成为一个半牧半农的部族，但只要一打仗就全民皆兵。如果论单兵作战的能力，秦国强于六国，但义渠又强于秦国。所以这么多年以来，秦国虽然一而再、再而三地打击义渠，但一直没能动摇义渠的根本。

宣太后掌权后，一改过去动用武力的政策，对义渠采取怀柔、拉拢的方式，用金钱、美女腐蚀对方，以使其丧失战斗意志。为此，宣太后亲自出马，勾引义渠王，请他住到甘泉宫，好吃好喝款待他。甘泉宫是秦国太后的住所，位于甘泉山，恰好在咸阳与义渠之间。如果是到咸阳居住，义渠王未必敢，但甘泉宫这里相对安全，义渠王也就来了。义渠国毕竟条件艰苦，义渠人没过过什么好日子，义渠王到了甘泉宫之后，果然掉进了温柔乡里，长期住在甘泉宫里不愿回去了，他与宣太后还生了两个儿子。

前272年，宣太后突然痛下杀手，在甘泉宫里杀掉了义渠王。趁义渠群龙无首之际，秦国立即发兵攻打，一举灭掉了义渠国。从商代到战国，存续八百年之久的义渠从此消失。

随后，秦国在原义渠所在地设北地郡。再加上陕北高原的上郡和陇西高原的陇西郡，秦国已经在关中的西北外围形成了一道保护屏障。但即便如此，河套一带还有更强悍的匈奴人。为防止匈奴人侵，和赵国一样，秦国开始在三郡外围修筑长城。这段长城西起陇右，东至肤施（今陕西榆林南），绵延千里。后来，秦国从赵国手中夺取河套后，又修了一条从陕北到河套的长城。两道长城相连，有效地阻止了匈奴人的南下。

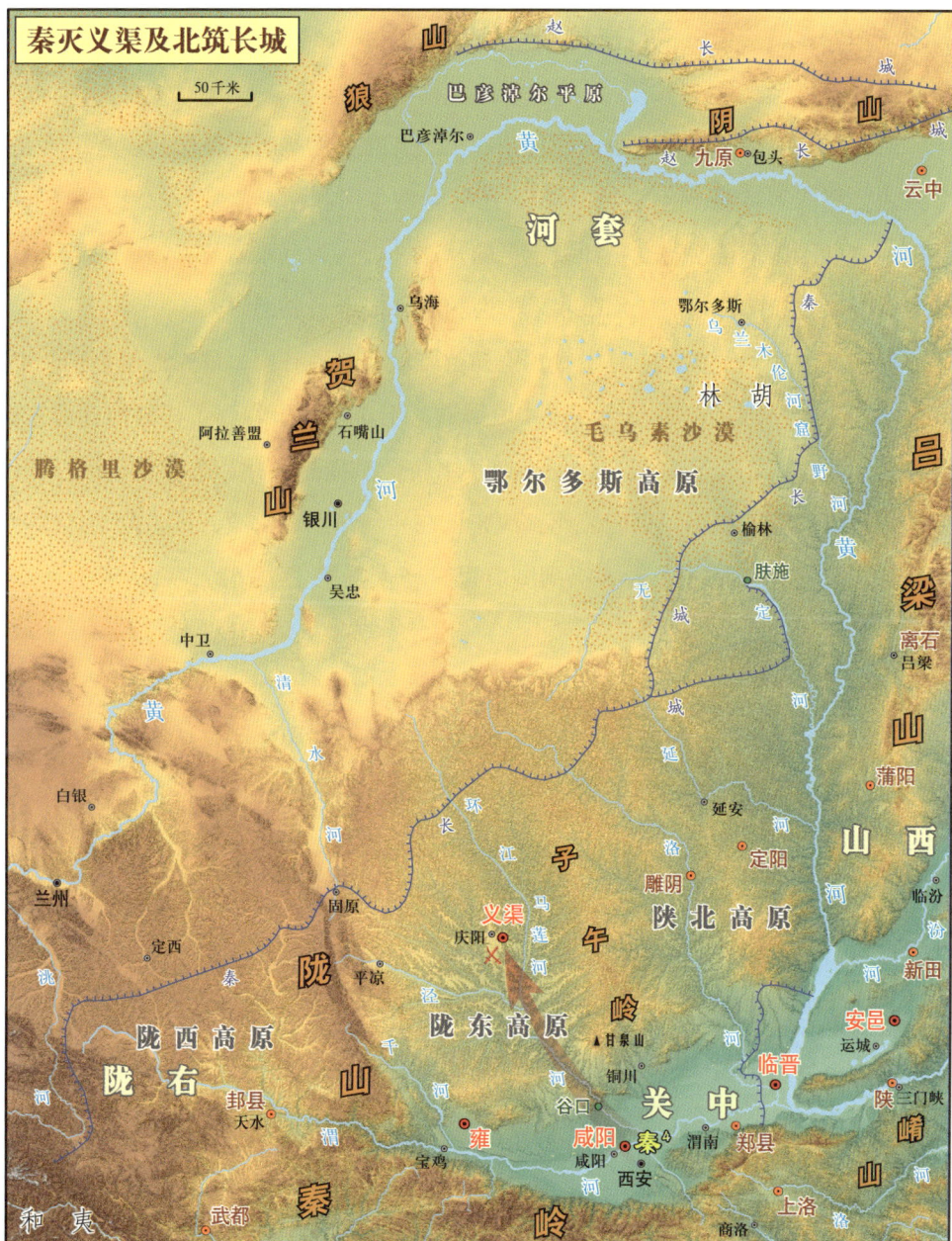

秦灭义渠及北筑长城

50千米

没了后顾之忧，秦国开始对付赵国，目标是阏与（今山西和顺）。恰在这时，一个名叫范雎[jū]的人前来相投。

范雎是魏国人，出身贫寒，曾周游列国，想一展抱负，不得志。最终回到魏国，想效力魏王，可家里实在拿不出钱来打点，于是做了魏大夫须贾的门客。田单复国之后，齐襄王励精图治，齐国国力迅速恢复，这让当初参与五国伐齐的魏国坐立不安。魏安僖王担心齐襄王报复，于是派大夫须贾出使齐国，意图修好，范雎随行。

两人在齐国待了数月，也没能见到齐王。齐襄王倒是听说范雎能言善辩，是个人才，就派人赏赐十金（十斤铜），还有一些牛肉和酒，范雎不敢受。须贾见齐王不和自己这个正使通气，却给一个随从送礼，认为范雎暗通齐国，大怒，范雎当然否认。最终，须贾让范雎收了牛肉和酒，把十金还了回去。

回到魏国后，须贾越想越生气，假如范雎没有暗通齐国，那么他这个正使也太没面子了，必须是范雎暗通齐国才说得通，于是把此事告到了相国魏齐那里。魏齐听了大怒，不分青红皂白，便指使手下将范雎痛打一顿。范雎肋骨被打断，牙齿被打落，惨不忍睹，只能装死。魏齐正在和一帮宾客喝酒，以为范雎真的死了，命人将范雎用席子一卷，扔到厕所里。客人喝醉了上厕所，都对着范雎小便，以示羞辱。

范雎等众人离去，只有一名看守在的时候，向他恳求道："如果您能让我出去，我必有重谢。"看守去请示魏齐，说席子里的人已经死了，是不是可以把尸体扔掉。魏齐喝醉了，随口说："可以！"于是范雎得以脱身。

第二天，魏齐酒醒，后悔了，忙派人四处寻找范雎。

话说魏国有位叫郑安平的人，听说这件事之后，就找到范雎，带着他跑了。为了躲避魏齐的爪牙，范雎化名张禄。

前271年，秦昭王派王稽出使魏国。郑安平化装成一名差役，去服侍王稽。王稽问他："魏国有什么贤能之士能跟我西游吗？"

郑安平说："臣乡里有位张禄先生想见您，一谈天下大事。只是他有仇人，白天不能出来。"

王稽说："夜里你和他一起来。"

于是当夜郑安平带着范雎来见王稽。话没说完，王稽已经知道范雎是个人才，便说："先生请在三亭的南边等我！"约好见面时间，两人便各自离去了。

三亭位于新郑东南，原本属于韩国，三年前被魏国占去。因为在边境，从这里很容易到达韩国，脱离魏齐的视线。

到了王稽离开魏国的那天，他果然取道三亭，而郑安平和范雎已在那里等候。王稽带上范雎，与郑安平作别，然后西行入秦。

不日，至一大湖，望见一队车马远远而来。

范雎问："来的是谁？"

王稽说："秦相穰侯去东边巡视县邑。"

范雎说："我听说穰侯独揽大权，他最讨厌收纳各国说客，我觉得他会羞辱我，我还是藏在车里吧。"

不一会儿，穰侯魏冉果然来了，客套一番后便问："关东有何变化？"

王稽说："没有。"

魏冉又问："先生不会带着诸国说客来了吧？那些人没什么用，只会添乱。"

王稽说："不敢。"随即告别。

走不多远，范雎说："我听说穰侯是个聪明人，但反应慢半拍，刚才他怀疑车里有人，但忘了搜查，一会儿肯定会后悔。"于是下车跑了。

王稽前行十余里，魏冉果然派骑兵追来搜车了，见车里确实没人，这才作罢。

随后，王稽与范雎会合，进了咸阳城。

王稽向秦昭王汇报完出使魏国的工作后，说："魏国有位张禄先生，是天下能言善辩之士，他说秦国已危如累卵，如果采用他的策略就可以安国，但是不能用书信传达，所以我把他带回秦国了。"

这种耸人听闻的言论秦昭王听多了，没当回事，让人安排范雎住到馆驿，只备了些粗劣的饭食。

于是范雎只好等着，没想到一等就是一年多。

当时秦国的情况是，穰侯（魏冉）和华阳君（名戎）是宣太后的弟弟（魏冉是其同母异父弟），泾阳君（公子芾）、高陵君（公子悝）是宣太后的儿子。这四个人中，前两个是秦昭王的舅舅，楚人；后两个是秦昭王的弟弟，一半楚人血统。这四个人被称为"秦国四贵",魏冉为相国,其他三人轮流为将。宣太后正是靠着这四个人把控着秦国的朝政,自然不再需要客卿。在这种情况下,秦昭王基本被架空,秦国上下只知道有太后和四贵,而不知道有秦王。

针对这种情况,范雎斗胆给秦昭王上书,说:"臣听说善于持家的,取才于国;善于治国的,取才于诸侯。正因为天下有明主,所以任何诸侯都不可能独揽贤才。良医能知病人生死,圣主能知事之成败,有利就实行,有害就舍弃,如果有疑惑,那就先尝试,即使舜、禹复生,也不能改变这种方略。再往深的话,我不敢写在书面上,说浅了大王又不爱听。想来是臣太愚笨不合大王心意,还是因为推荐我的人人微言轻呢?如果都不是,臣且恳求一见,耽误不了大王多少工夫,感激不尽!"

这番话果然说到了秦昭王的心病。秦昭王大喜,向王稽表示了歉意,派他用专车去请范雎来离宫相见。

到了宫门,范雎假装不懂走哪条路,径直往里走。这时恰巧秦昭王出来,宦官一边驱赶范雎一边怒斥:"大王来了!"范雎故意大声道:"秦国哪里有王?秦国只有太后、穰侯!"他想以此激怒秦昭王,秦昭王听后却前来迎接他,道:"寡人早该向先生请教,只是义渠之事紧急,须早晚请示太后;今义渠之事已毕,寡人才得空闲请教。寡人糊涂,又很愚笨,请先生受寡人一礼。"范雎连忙还礼,随秦昭王进入内宫。

秦昭王屏退左右,长跪道:"寡人有幸得先生赐教!"

范雎只道:"嗯嗯。"

过了一会儿,秦昭王依旧长跪道:"寡人有幸得先生赐教!"

范雎还是说:"嗯嗯。"

如此反复三次,秦昭王道:"先生不肯教寡人?"

范雎道:"不敢。当年吕尚遇到文王时,只是个在渭水边钓鱼的渔夫。像这种关系,就是交情浅。但文王听完吕尚的一番话后,拜其为太师,以车载其回宫,交谈就深入了,文王也因吕尚而王天下。假使当初文王疏远吕尚而不与之深入交谈,那周人就无天子之德,而文王、武王二人也难以成就王业。臣现在不过是羁旅之客,跟大王交情浅,而想说的都是匡扶君王之事,又涉及大王与亲人的骨肉关系，想效愚忠却不知大王心里所想，所以大王三次问臣，臣不敢回答。臣不是害怕，臣知道今天说了可能明天就会被处死，臣也没想逃避。如果大王真照臣的话办了，臣死不足惜。况且，以五帝之圣，三王之仁，五霸之贤，他们都不免一死；以乌获、任鄙之力，成荆、孟贲、王庆忌、夏育之勇，他们也不免一死。人终归难免一死。即便一死，如果能对秦国有益，了却臣一大心愿，臣又何惧哉！当年伍子胥躲在口袋里逃出昭关，昼伏夜行，到了陵水（溧水，在今江苏溧阳市），吃不上饭，只好爬行，在吴国集市上乞讨，最终却振兴吴国，使阖闾成为霸主。如果臣能像伍子胥一样，得以尽心为大王出谋划策，即使最终被幽禁，终生不再相见，而臣的主张实现了，臣又有什么可担心的呢？当年箕子、接舆漆身生癞，披发装疯，而对君主毫无用处。假使臣也像箕子那样，却对臣认为的贤主有所帮助，这就是臣的荣幸。臣所担心的，只是在臣死后，天下之人见臣因尽忠而死，于是闭口裹足，没人再敢来秦国。大王上畏太后之严，下惑于奸臣之态，深居内宫，不离左右近臣的把持，终身迷惑，分不清忠奸。长此以往，往大了说，宗庙覆灭，往小了说，陷于孤立，这才是臣所担心的。至于什么穷困、屈辱、处死、流亡之类的事，臣不敢担心。如果臣死了而秦国得以大治，那么臣死了比活着有意义。"

秦昭王拜道："先生这是什么话！秦国偏远，寡人愚钝，幸亏先生屈尊至此，这是天意，有先生在，秦国宗庙可保。今后事无大小，上及太后，下至大臣，还请先生知无不言！"

范雎再拜，秦昭王也再拜还礼。

范雎道："大王之国，乃四塞之地，实为险固，北有甘泉、谷口，南带泾河、渭河，右通陇山、巴蜀，左依函谷关、蒲阪，雄师百万，战车千乘，有利则进攻，不利则退守，这真是王者之地。民众怯于私斗而勇于公战，这真是王者之民。大王兼有这两样，以秦兵之猛、战车之多，制服诸侯如同放出猎犬捕捉跛脚的兔子一样，建立霸王之业完全不成问题，问题是大王的臣子们不当其位。秦国至今已闭关十五年，不敢出兵崤山以东，正是因为穰侯不忠，而大王也失策啊！"

秦昭王道："寡人愿闻其详。"

范雎本想谈太后专权的事，可发觉四周有不少窃听的，不免害怕，于是不敢说秦王的家事，只谈外事，道："穰侯越过韩、魏而攻打齐国的刚、寿（二邑均在汶水南岸），不是好计策。出兵少则不足以伤齐，出兵多则有害于秦。我猜想大王的本意是不出兵而让韩、魏尽量多出兵，这不合情理。现在已经可以看出来，这两个国家跟秦国并不亲近，而秦国却要越过两国去打仗，合适吗？这种策略有问题。当年齐湣王南攻楚国，破楚军，杀楚将，辟地千里，最后齐国却寸土未得，是齐国不想吗？是其地势所限啊！诸侯见齐国疲敝，君臣不和，于是兴兵伐齐，大破齐国。士兵受辱，都怪齐王，说：'这是谁的计策？'齐王说：'田文。'于是齐国大臣发动叛乱，田文出走。所以，齐国大败，是因为它耗尽兵力去打楚国，却让韩、魏得利，这等于是把兵器给强盗，把粮食给窃贼啊！"

注意，关于伍子胥过昭关，范雎又提供了一个版本。另外，范雎说田文出走的原因，似乎有些张冠李戴，但说齐国攻打楚国却让韩、魏得实惠倒是事实，因为齐国离楚国的腹地太远。所以，下面重点来了。

范雎接着说："大王不如远交近攻，哪怕得一寸土地，也是大王的，得一尺也是大王的。如今放弃邻国而远攻，岂不荒谬！当年中山国方圆五百里，赵国将其独吞，功成名就而又得利，天下也不敢怎么样。如今，韩、魏地处中原，为天下枢纽，大王要成就霸业，必亲近中原之国，以此为枢纽，威胁楚、赵。楚强则亲赵，赵强则亲楚，楚、赵同时亲近秦国，则齐国必然恐惧。齐国惧，必然低声下气拿着厚礼来求秦。齐国一旦归附，则韩、魏两国就可以收服了。"

秦昭王说："我想亲近魏国很久了，但魏国多变，寡人也没办法。请问怎样才能亲近魏国？"

范雎答道："大王可以说好话、送重礼，不行就割地给它，再不行就发兵攻打它。"

秦昭王大喜，道："以后寡人就听先生指教了！"于是拜范雎为客卿。

范雎的战略方针其实和黄歇的想法如出一辙，只是范雎的策略更系统化，而且高度概括为四个字"远交近攻"，简单好记，易于执行。当初秦昭王听到黄歇的一番话后立即退兵，说明他对此战略构想已然心动，而范雎的到来，不但重申了这套战略构想，还使之有了执行人，岂不是天意！

那么为什么"远交近攻"具有如此大的魅力？简单来说就是个地理的问题，

我们只要看看这时期的地图就明白。比如秦国和齐国中间隔着韩、魏两国，秦国要攻打齐国，必然要拉上韩、魏帮忙，如果获胜，所得的土地与韩、魏相连，韩、魏更容易控制，秦国就算分得一块，也会因为它是飞地，与本土不相连，需要花费大量的人力物力去控制。而秦国如果把韩、魏作为进攻对象，所得的土地与秦国本土相连，控制起来就容易得多了。

远交近攻为秦国提供了一个吞灭六国的战略方针，接下来，就看秦国如何实行了。

第二十一章　睚眦必报

按范雎远交近攻的构想，秦国应该从此结好齐、楚、赵甚至燕国，而集中精力打击韩、魏。但面对赵国的强势崛起，秦国还是按习惯思维，谁出头就打谁。

前269年，秦昭王派中更胡伤率大军攻打赵国的阏与。

阏与位于太行山上清漳河的上游，与赵国都城邯郸直线距离不过二百多里，如果秦军占有阏与，可顺清漳河而下，经滏口陉，直扑邯郸。情况紧急，赵惠文王急召大臣商议。廉颇和乐乘认为，从阏与到邯郸，路途遥远，山路崎岖，难以救援。但赵奢认为，两军狭路相逢勇者胜。于是赵惠文王派赵奢率军救援阏与。

秦军已料到赵国会救援阏与，一面围困阏与，一面分兵直插武安（今河北武安西南），以阻止赵国援兵。

赵奢率军从邯郸出发，得知秦军驻兵武安时，行军三十里便安营扎寨。这个距离相当于邯郸到武安的一半，秦军一看，目的达到了。

赵奢一面派人加固营垒，一面下令道："有以军事谏者死。"

秦军驻扎在武安西，一擂鼓，武安城里的屋瓦都震动了。有人建议赵奢救援武安，赵奢立即下令将其处死。

从秦国的角度看，赵奢只是在固守，目的是保护邯郸，根本无意进取阏与。

二十八天后，赵奢再次加筑营垒。秦军派间谍混进赵营打探消息，赵奢好酒好菜招待对方后，把人放走。间谍回报秦军，秦将大喜："阏与不再是赵国的了！"

放走秦国间谍后，赵奢立即集合军队，向西疾行，仅两天一夜就赶到阏与，安排弓箭手离阏与五十里扎营。

武安城外的秦军得知消息后，立即起程往阏与赶来。此时赵军面临腹背受敌的危险，稍有不慎，后果不堪设想。

这时，有位叫许历的军士想提点意见，赵奢让他进帐。许历说："秦人没料到我们的军队已经到达这里，所以士气正盛，将军一定要集中兵力，严阵以待，不然必败。"

赵奢道："请指教。"

由于赵奢还没有解除禁令，所以许历说："您还是杀死我好了。"

赵奢道："那也要等回到邯郸再说。"言外之意是可以说了。

许历道："先据北山者胜，后至者败。"

赵奢认为此人言之有理，立即派出一万人占据北山。

不久，秦军赶来，争抢北山。赵军居高临下，大破秦军。

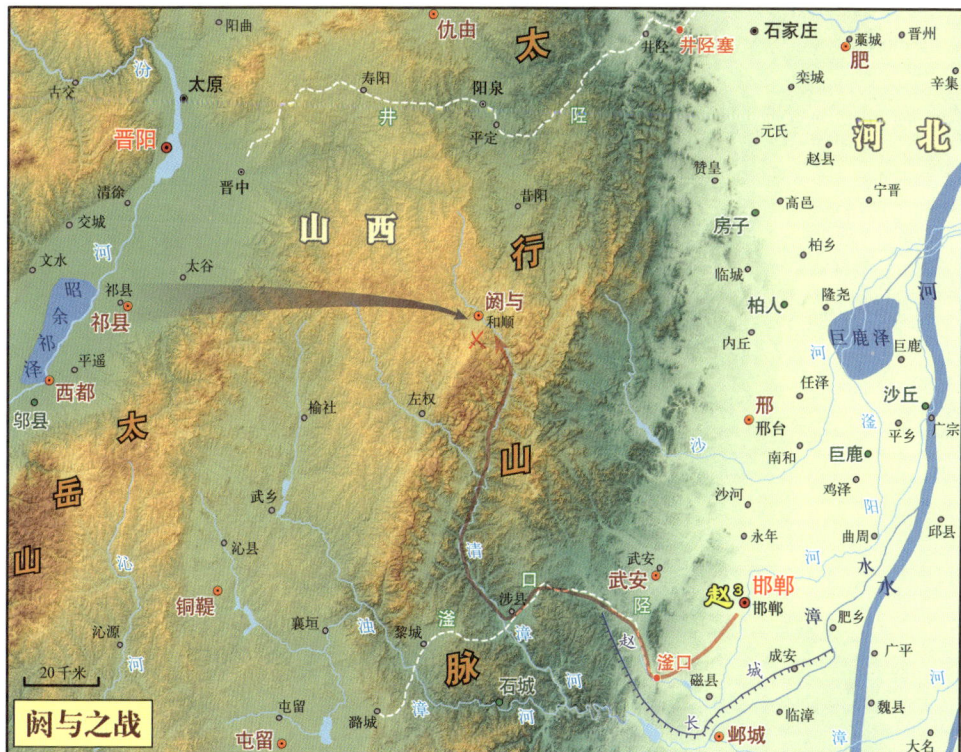

阏与之战

就这样，阏与之围解了，赵奢一战成名。赵惠文王封赵奢为马服君，与廉颇、蔺相如官位并列，又封许历为国尉。

阏与之战给了秦国当头一棒。自从打败楚国后，秦国自认为天下无敌，六国也无人再敢招惹秦国。阏与之战的失败让秦昭王意识到，在六国之中择强而攻风险太大，还是范雎的远交近攻靠谱。

远交近攻只是个战略方向，如何实现还需要具体措施。为此，范雎给秦昭王提了三条意见。

第一，将韩国作为秦国的首要拉拢和打击目标。

范雎认为，韩国与秦国的地形犬牙交错，韩国一旦有什么变故，对秦国影响最大，所以第一步要先拢住韩国。秦昭王认为，韩国不会听从秦国，毕竟两国仇怨太深。于是范雎建议秦国出兵荥阳，如果秦国占据荥阳，韩国的土地就会被一分为三，彼此孤立，那时韩国就会乖乖听话了。

荥阳位于虎牢关以东，取荥阳就是为了控制虎牢关。此时韩国的土地实际

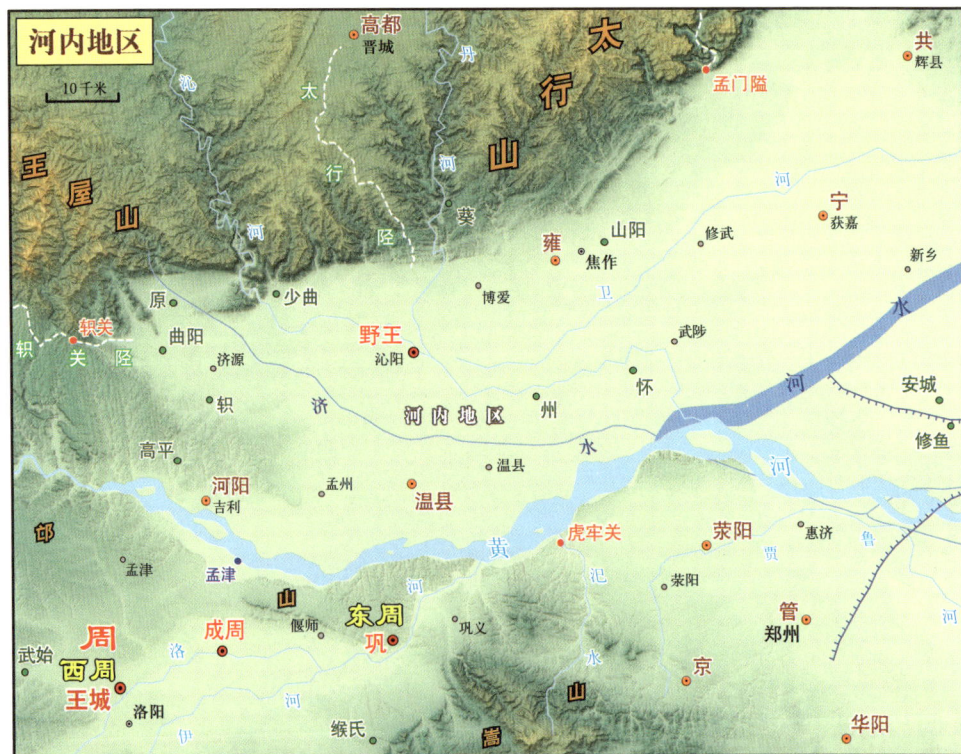

河内地区

上已经被分成两半了，其中山西部分大多在上党；河南部分，往西与东周国的巩邑接壤；如果秦国占领虎牢关，韩国在河南的土地也将被一分为二，总共就是三块，所以范雎说一分为三。这还是次要的，更重要的是，赵、魏、韩同气连枝，如果河内在魏国手上，韩国的南北两部分联系起来并不是问题，但如果秦国占有河内，韩国的上党部分就成了飞地，可以任由秦国蚕食。

前268年，在范雎的建议下，秦国攻占了魏国的怀邑（今河南武陟西），河内之地一半落入秦国，剩下的一半就在韩国所控的太行陉到野王（今河南沁阳）一带。所以，占领河内，彻底切断韩国在黄河南、北两块土地的联系，是秦国的下一个目标，这就为长平之战埋下了伏笔。

第二，废太后和四贵。

范雎认为，太后独断专行，穰侯出使不报，华阳君、泾阳君随意惩处别人，高陵君任免官吏从不请示，有太后和四贵在，秦国的政令就不可能出自秦王。又举例子说，当年崔杼、淖齿在齐国专权，崔杼射杀了齐庄公，淖齿抽了齐湣王的筋；李兑在赵国专权，把赵武灵王困在沙丘宫一百多天，致使其被活活饿死。

这番话可把秦昭王吓了一跳，他没想到身为一国之君，如果不把权力抓在手上，结局会这么惨。所谓"匹夫无罪，怀璧其罪"，倒不是权贵与国君有仇，只是在集权体制之下，作为一国之君，要么大权在握，要么彻底沦为傀儡，一个有点权力又不好操控的国君不符合权贵的利益最大化需求。

于是秦昭王废了太后，把穰侯、高陵君、华阳君、泾阳君统统逐出国都。穰侯的封邑在陶邑，路途遥远，朝廷派车派牛帮他搬家，结果一千多辆车装得满满当当，奇珍异宝比国库还多。

然后，秦昭王拜范雎为相国，并把应城（今河南平顶山西）封给他，称"应侯"。

第三，修建褒斜栈道。

我们知道，穿越秦岭的古道主要有四条：陈仓道、褒斜道、傥骆道和子午道。其中傥骆道始见于三国时期，子午道开辟于秦代，先秦时期只有陈仓道和褒斜道，而陈仓道因位于秦岭西端，海拔相对较低，道路没有那么险峻，但有点绕远，又靠近羌、氐聚集之地，很不方便。从关中到汉中，最便捷的道路自然是褒斜道。据说褒斜道始发于大禹，后周武王伐蜀、周幽王伐褒，走的都是这条路。在先秦时期，褒斜道也是秦、蜀之间的主要商贸通道。但在范雎入秦之前，褒斜道也好，陈仓道也好，都是沿着河谷，靠着人们的双脚踩踏自然形成的道路，既窄又险，一遇雨雪天气就会中断，不能四时通行，民间商贸勉强可用，对国家军事行动和物资运输来说则极为不便，于是范雎想沿褒斜道修建一条可以四时通行的栈道。

褒斜道南起褒谷口，沿褒河（褒水）而上，在今太白县西侧到达源头，然后翻越一个长约五里的缓坡（五里坡），即到达斜水的源头，而后顺斜水而下，出斜谷口即进入关中平原。这其中，斜水谷道相对平缓，而褒河谷道特别是靠南部分非常险峻。在自然形成的谷道中，且不说道路狭窄，时断时续，单是山谷间的一场阵雨，就有可能冲毁道路，带来泥石流，中断交通。为解决这个问题，范雎派人在悬崖绝壁上开凿石孔，插入横木，然后在横木上铺上木板，历尽千辛万苦，一条不惧风雨、可以四时通行的山间栈道建成了。褒斜道全长249公里，是

秦岭古道

中国历史上的第一条栈道。

褒斜栈道开通后，关中与巴蜀之间的来往便捷多了，不仅巴蜀地区的物资可以源源不断地运往关中，秦国从关中往巴蜀派兵也方便了。这样一来，楚国的荆襄腹地又受到威胁了，因为秦国可以随时从巴蜀出兵，沿三峡顺江而下。

范雎当上相国后，不忘旧恩，举荐郑安平为将军，王稽为河东郡守。司马迁评价范雎："一饭之德必偿，睚眦之怨必报。"而当时要他性命的魏国一干人等，还不知道即将大祸临头。

话说魏国得知秦国的远交近攻政策后，知道韩、魏必然成为秦国的首攻目标，魏安僖王急召群臣商议，信陵君魏无忌主战，相国魏齐主和。魏齐也是魏国公子，资格比魏无忌老，又是相国。最终，魏安僖王听从了魏齐的建议，派中大夫须贾赴秦议和。

须贾到了咸阳后，住在馆驿。

范雎得知后，换上破旧的衣服，偷偷来到馆驿拜见须贾。须贾一见范雎，惊道："范叔原来没事啊？"范雎字叔，称字是一种礼貌。

范雎说："是啊。"

须贾笑道："范叔是来秦国游说的吧？"

范雎说："不是。我以前得罪过魏相，所以流亡到此，怎么还敢游说呢！"

须贾说："那么范叔现在干些什么呢？"

范雎说："给人当差役。"

须贾有些可怜范雎，便留他吃饭，说："范叔怎么穷困成这样！"拿出一件粗丝袍子送给范雎。须贾没有想到，正是这个举动，救了他一命。

须贾顺便问道："秦国的相国张先生，你知道吗？我听说他在秦王那里很得宠，天下大事都由相国做主。唉，我这次的差事，成败也在张先生。你们年轻人，交游广，有没有朋友认识张相？"须贾所说的张先生就是张禄，正是范雎的化名。

范雎说："我的主人跟他很熟，我也可以求见张相，我替您引见吧。"

须贾却说："我的马病了，车轴也断了，没有四匹马拉的大车，我是不出门的。"

范雎说："我愿意为您向主人借来驷马大车。"

范雎回去取了驷马大车，亲自为须贾驾车，直入秦相府。府里的人看见范雎，纷纷回避，须贾觉得很奇怪。

到了相国办公之所的门口，范雎对须贾道："等我一下，我先进去通报一声。"然后进去了。

须贾在门口等了半天，不见人出来，问门口的守卒："范叔半天不出来，怎么回事？"

门卒说："哪里有什么范叔！"

须贾说："就是刚才和我一起坐车的那个人。"

门卒说："那是我们相国张相。"

须贾大惊，这才知道自己被骗了，于是赶紧脱掉上衣，光着膀子，双膝跪地而行，托门卒向范雎请罪。

于是范雎派人挂上盛大的帐幕，召来更多侍从，架势摆好之后，才让须贾入堂相见。

须贾一路磕头，口称死罪，然后说："我没想到您能靠着自己平步青云，我真是有眼无珠。从今往后，我不敢再读天下之书，不敢谈天下之事。您就是把我煮了，或者把我扔到蛮荒之地，我也没有怨言，我的死活，都是您一句话的事。"

范雎道："知道你有几项罪吗？"

须贾说："拔下我的头发来数，也不够数。"

范雎说："你有三罪。当年申包胥为楚国请求秦军击退了吴军，楚昭王封其五千户，申包胥推辞不受，因为他的祖坟在楚国，击退吴军也是为了保住自己的祖坟。而今我的祖坟在魏国，可你却认为我外通齐国，于是在魏齐面前说我的坏话，这是一罪。当魏齐把我扔到厕所里羞辱，你不制止，这是二罪。你喝醉之后，还对着我小便，你怎么忍心？这是三罪。今天你能活命，只因你还念些故人之情，送我一件粗丝袍，所以我放你一马。"随即打发了须贾。

而后，范雎进宫把事情原委禀告了秦昭王，决定不接受魏国的使节，责令须贾回国。

须贾又前来辞行，范雎大摆宴席，请来所有诸侯国的使臣，同坐堂上，酒食丰盛；却让须贾坐在堂下，在他面前放了一槽草豆混杂的饲料。范雎命两个受过墨刑的人一左一右地夹着须贾，像喂马一样喂他吃饲料，然后喝道："给我告诉魏王，赶紧把魏齐的头拿来！不然，我将屠城大梁。"

须贾回到魏国后，把情况告诉了魏齐。魏齐大为惊恐，逃往赵国，藏在平原君赵胜的家里。

前265年，秦国伐韩，取少曲、高平（两地均在河内），为取上党做准备。

秦昭王听说魏齐在平原君家里，便想替范雎报这个仇，于是给平原君修书一封："寡人闻君之高义，愿与君为布衣之交。君若临幸寡人之地，寡人愿与君畅饮十日。"

赵国本来就害怕秦国，莫敢不从，平原君又以为秦昭王有意交好，便入秦见昭王。秦昭王果然大摆宴席，两人畅饮数日后，秦昭王说："当年周文王得吕尚，尊他为太公；齐桓公得管夷吾，尊他为仲父；而今，范先生就是寡人的叔父啊！范先生的仇人就住在您家，希望您派人把他的人头拿来，不然，我不会让您出函谷关。"

平原君道："人在显贵后还要交低贱的朋友，是为了不忘低贱时的情谊；富有了还要交贫穷的朋友，是为了不忘贫穷时的友情。魏齐，是我的朋友，即使在我家，我也不会把他交出来，何况他不在。"

于是秦昭王又修书给赵孝成王（赵惠文王已于前一年去世）："赵王的弟弟（此处的赵王指赵惠文王，平原君为赵惠文王弟）在秦，范先生的仇人魏齐在平原君的家里。大王赶快派人把魏齐的人头送来，不然我将举兵伐赵，王弟也休想出关。"

赵孝成王于是派兵包围了平原君的家，魏齐趁夜里出逃，去见赵国相国虞卿。虞卿料想难以说服赵王，于是解下相印，和魏齐一起逃亡。

两人抄小路出逃，想来想去中原诸侯之中也没有可以投靠的人，便又回到大梁，想通过信陵君投奔楚国。

信陵君也害怕得罪秦国，犹豫不肯见，但魏齐是魏国宗室，他不便拒绝，便问："虞卿这个人怎么样？"

当时侯嬴正好在旁，说："人固然不容易被别人了解，了解别人也不是一件容易的事。那位虞卿，脚踏草鞋，肩搭雨伞，第一次见赵王的时候，赵王赐其白璧一双，黄金百镒（yì，一镒等于二十两，一说等于二十四两）；第二次见赵王，赵王拜其为上卿；第三次见赵王，赵王授其相印，封万户侯。当此之时，天下之人都争着想认识虞卿。魏齐走投无路投奔虞卿，虞卿却没把高官厚禄放在眼里，解下相印，万户侯的爵位也不要了，和魏齐一起流亡。他能把别人的困难当作自己的困难来投奔您，而公子居然还问'这个人怎么样？'！"

信陵君深感惭愧，立即驾车到郊野相迎。

但魏齐得知信陵君一开始不肯见自己，一怒之下刎颈自杀了。

赵孝成王得知后，要了魏齐的人头，送给秦国，秦昭王这才放平原君回国。

就这样，一桩冤案，引出许多义士，又折出许多人间况味。

第二十二章 长平之战

再说楚国左徒黄歇陪着太子熊完到秦国为人质，一待就是十年。

前263年，楚顷襄王病重，熊完想回楚国，秦昭王却不同意。黄歇知道熊完和秦相范雎关系不错，便去试图说服范雎。

黄歇说，楚顷襄王可能一病不起，如果秦国让熊完回去继位，熊完必定会感激秦国，与秦国交好；相反，如果秦国不放熊完回去，而是利用熊完要挟楚国，那么楚国必定会另立国君，从此与秦国结仇，熊完也就没有利用价值了。

范雎将黄歇的意思转达给秦昭王，秦昭王让太子熊完的师傅先回去探探楚顷襄王的病情，等他回来后再作打算。

黄歇深感担忧，对熊完说："秦国扣留太子，无非想得好处。眼下太子只是个人质，也无法给予秦国好处。我担心的是，阳文君（楚怀王之子，楚顷襄王之弟）的两个儿子在国内，如果大王不幸辞世，而太子又不在身边，那么阳文君的儿子必定被立为继承人，太子就再也不能回国了——不如逃离秦国，跟使臣一起出去，我留下来，拼死阻挡。"

于是，黄歇让熊完换了衣服，假扮成楚国使臣的车夫，蒙混过关。而他自己则留守住所，并以熊完生病为由，拒绝一切来访。

等熊完走远了，黄歇这才向秦昭王表明实情。秦昭王大怒，想让黄歇自杀谢罪。范雎劝道："熊完即位后，必定会重用黄歇，不如卖个人情，让黄歇回去，日后必定对秦国有好处。"秦昭王听从了范雎的意见，将黄歇送回了楚国。

黄歇回到楚国三个月，楚顷襄王去世，太子熊完即位，是为楚考烈王。

前262年，楚考烈王任黄歇为令尹，封淮北十二县，号春申君。

随后，楚国割夏州（今湖北武汉）与秦国交好，秦国得以专心对付三晋。

同年，秦将白起伐韩，取野王。野王正对着太行陉，又处于河内之地的核心，秦国此举，等于彻底断绝了韩国本土与上党高地的联系。

此时韩国的选择，要么是两路夹击夺取野王，要么割地赔款换回野王。但韩桓惠王十分惊恐，知道秦国的意图就在上党高地，干脆派阳城君到秦国谢罪，愿意献出上党之地以求秦国息兵。

但上党郡守不愿降秦。于是韩桓惠王派冯亭接替上党郡守，履行交割土地的事宜。让韩桓惠王没有想到的是，冯亭上任后，也不愿意降秦，而是转而向赵国投诚。

到底要不要接受冯亭的投诚，赵孝成王犹豫不决。他先与平阳君赵豹商议，

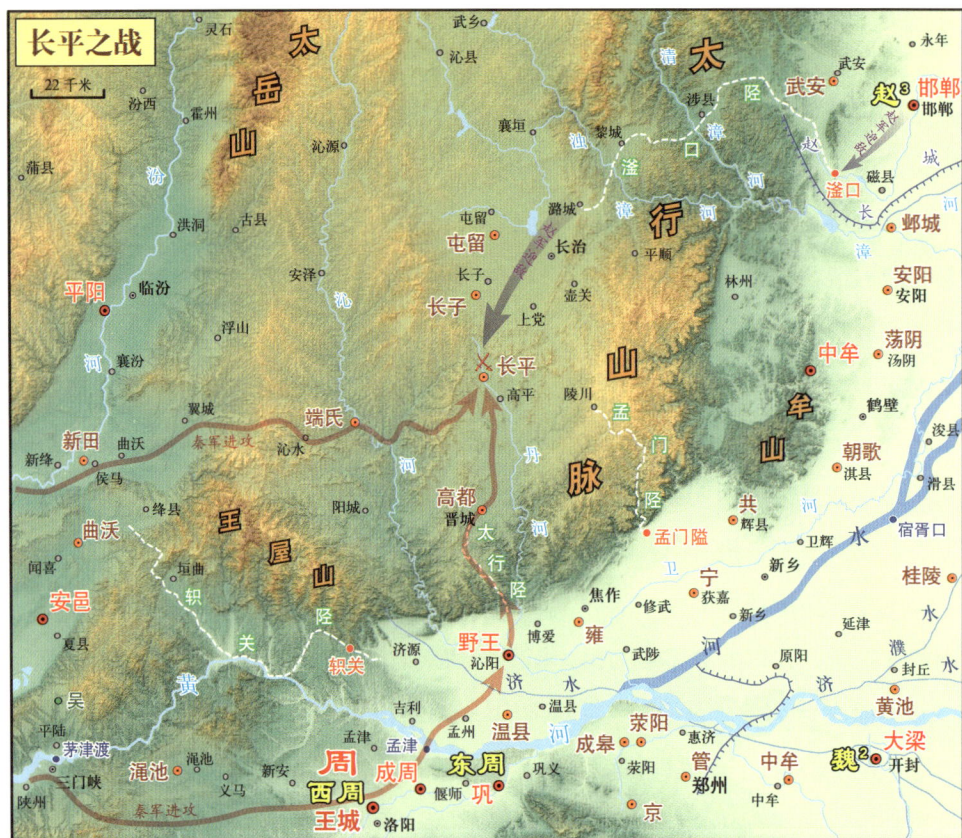

长平之战

赵豹认为冯亭想将祸水引向赵国，建议不要接受。

赵孝成王又召平原君赵胜和大臣赵禹商议，两人认为，即便发动百万大军，经年累月，也不一定能攻下一座城，如今坐享其成得到十七城，这是天大的好事，应该接受。

其实这还不是最关键的，关键是，韩国的上党郡控制着两处重要通道：往南，是太行陉；往东，是滏口陉。太行陉直通野王，对韩国具有重要意义，野王一丢，太行陉于韩国也就意义不大了。但滏口陉直通赵都邯郸，对赵国的生死存亡有决定性影响。试想一下，如果秦、韩之间顺利交割，秦国在上党的势力可以随时沿滏口陉到达赵国的长城之内，赵国必将寝食难安。

所以，赵孝成王最终同意接受冯亭的投诚，封其为华阳君，同时派平原君去上党接收土地，又派廉颇率军驻守长平，以防秦军来袭。

赵国白捡上党十七城，秦王闻讯后大怒，决定出兵攻赵。

前261年初，秦昭王出兵攻占了韩国的缑氏和纶氏。这两个地方，一个在嵩山北，另一个在嵩山南，都处于韩国与二周（东周国和西周国）的交会之地，秦国如果从函谷关出兵，必然途经二周的地界。秦国此举既是威慑韩国，使其不要支援赵国，也是防止韩国袭击秦军的后路。

实际上，此时秦国攻打上党有两条路线可选。

第一条是南线，即出函谷，穿崤山，入二周地界，然后北渡孟津，由河内经太行陉进入上党高地。这条路线我们很容易想到，但并不是最好的选择，因为崤函古道和太行陉都不好走，运送物资困难。

从咸阳进攻上党，秦国其实有更好的路线选择，即西线。我们知道，秦国都城咸阳位于渭河北岸，从渭河可以直通黄河，而后北上，进入汾河，直达晋国故都新田。从新田这里，又可以沿着汾河的支流浍河而上，一直往东到达乌岭（也称黄父）以西。翻过乌岭之后，又进入梅河，再经沁水河，便到达端氏，由端氏转入沁河。这一路除了乌岭之外，都是水路，行军运粮都十分便捷。到达沁河之后，只要翻过沁河以东的空仓岭，便是长平要塞了，而赵国廉颇的大军就驻扎在那里。

廉颇充分利用了长平一带的地形，在这里布置了三道防线：第一道，空仓岭

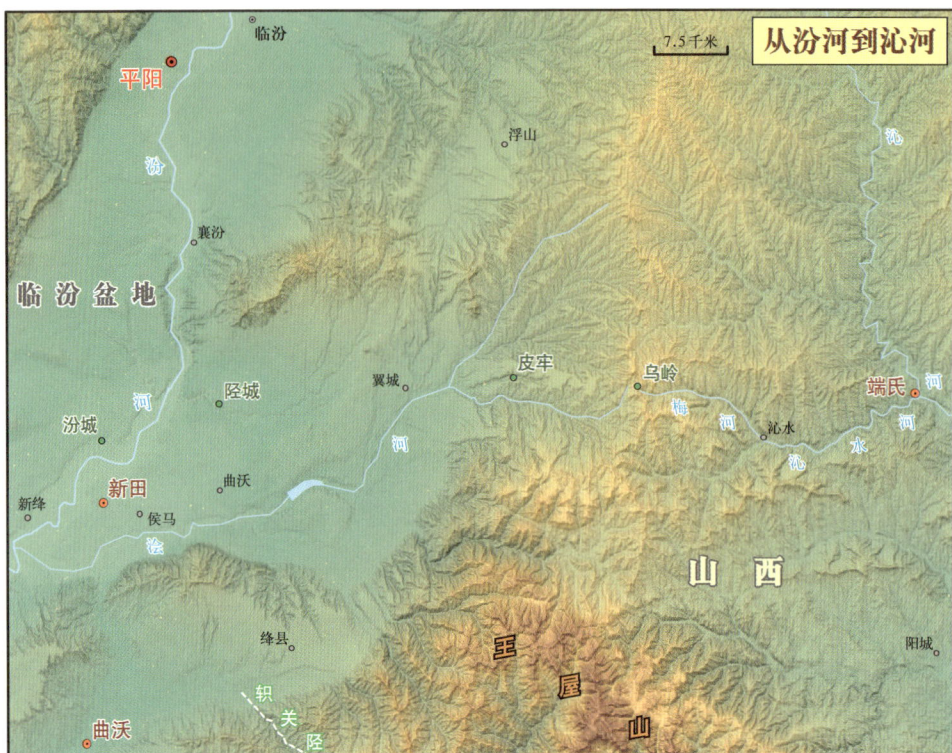

从汾河到沁河

防线；第二道，丹河防线；第三道，百里石长城防线。可以说，廉颇料定秦军会从西边来，所以在空仓岭一线布防；万一秦军从南面来也不怕，因为丹河防线和百里石长城防线不仅能阻挡西来之敌，也能阻挡南来之敌。

空仓岭南北长约40公里，山势陡峭，唯一可供大军通行的是高平关。除了派重兵把守高平关之外，廉颇还在高平关以东修建了南、北两座鄣城，与高平关形成掎角之势。除此之外，又在二鄣城以东的光狼城驻有重兵，作为支应。

前260年四月，秦国果然派左庶长王龁 [hé] 由西线进发，到达端氏后，以此为据点，开始进攻空仓岭一线。秦军的侦察兵与赵军在高平关以西遭遇，一名赵军副将被斩杀。

六月，秦军攻破高平关，斩杀赵军四名都尉，夺取南、北两个鄣城，随后又夺取了光狼城。空仓岭防线全线告破。

七月，赵军深沟高垒拒不出战。秦军强攻，斩杀赵军两名都尉。赵军丹河以西的营垒逐渐被秦军占据。

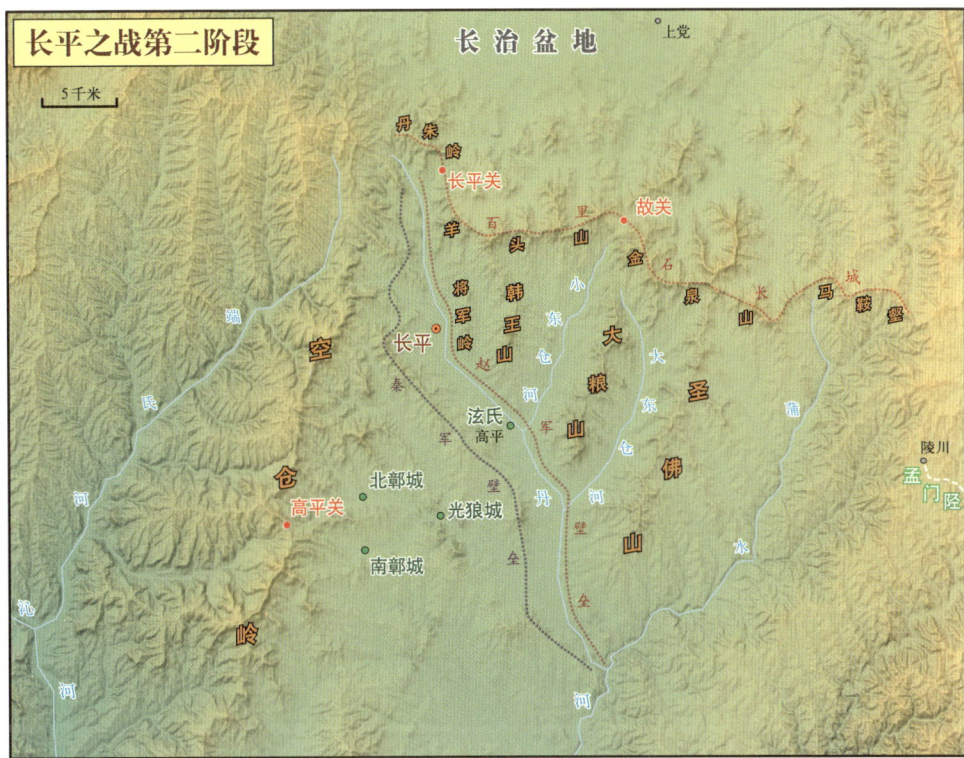

长平之战第二阶段

长治盆地

上党

5千米

丹朱岭
长平关
故关
百头山
里山
辛
韩王山
将军岭
小东仓河
大粮山
石濕山
长马城鞍
金
火
长平
东仓河
佛山
法氏
高平
军壁河
北郭城
光狼城
陵川
孟门陉
高平关
丹壁
空仓岭
端氏河
民河
沁河
南郭城
丹河

面对咄咄逼人的秦军，廉颇率军退至丹河以东，沿河修筑壁垒。丹河河宽谷深，背后又有大粮山和韩王山作为制高点，秦军的一举一动被赵军尽收眼底，自此廉颇将秦军阻挡在丹河以西。

秦军远道而来，人数又多，粮草耗费巨大，急于求战。但无论秦军怎样挑战，赵军就是坚守不出，双方一时陷入胶着状态。

按照廉颇的设想，既然正面作战不敌秦军，那么不如打消耗战，与秦军僵持下去，再伺机寻找战机。这样是不是赵军就能取胜呢？答案是未必。赵军的补给线，从邯郸到长平，需要翻越太行山的主脉，经滏口陉到达上党高地。太行山海拔2000多米，这一路的艰辛自不必说，中间几乎全是山路，行军运粮极其困难。而秦军的补给线，先说西线，可以利用汾河、沁河，这一路除了中间要翻越乌岭之外，全程都是水路，无论是运兵还是运粮都十分便捷；南线，可以利用黄河顺流而下，将粮草物资迅速运到河内，再经太行陉到达上党高地，相比之下，太行陉远比滏口陉短，行军运粮的难度也低很多。

表面上看，赵国是主战场，离都城近，实际上赵国的补给线劣势明显，除了滏口陉别无选择。而秦国的补给线可以最大限度利用水路，而且有两条线路互为支应。除了补给线之外，秦国的国土更广，实力更雄厚，除了从都城调兵调粮，还可以从河东、河西、河内就近补给，背后还有巴蜀作为大后方。如果真要打消耗战，赵国一样没有胜算，只不过在眼下，廉颇没有更好的选择。

从这个方面来说，我倒是很理解赵孝成王急于求战的心理，作为一国之君，他比廉颇更清楚赵国还有多少家底可以消耗。所以，当赵孝成王得知廉颇初战失利的消息后，坐立不安，急召楼昌、虞卿（此时已回赵国）等人商议，想亲临前线与秦军决战。楼昌认为这样于事无补，不如与秦国议和。而虞卿则认为，如果秦国决心攻赵，和谈难成，不如派使者携珍宝去楚、魏活动，让秦国害怕各国合纵，议和才有成功的可能。

但赵孝成王没有听从虞卿的建议，反而采纳了楼昌的意见，派郑朱前往秦国议和。虞卿叹道："郑朱入秦，秦国必隆重接待，以示天下。如此则楚、魏以为秦、赵已和，必不肯出兵救赵。而秦国知道天下无人救赵，则议和必不成，如此则赵军必败。"

郑朱到了秦国，秦国果然隆重接待，搞得天下皆知，各国以为秦、赵和谈必成，于是赵国陷入孤立无援的境地，和谈最终也泡汤了。

面对廉颇的固守策略，秦军一时找不到突破口。这场战争双方都出动了几十万兵力，消耗极大，秦国也想尽快结束战斗。于是秦相范雎派人携千金到赵国散布谣言说："秦人最害怕的是马服君的儿子赵括，廉颇好对付，而且他快要投降了。"

赵孝成王早就对廉颇不满了，便打算换人。

马服君即赵奢，是赵国的名将，可惜此时已死。蔺相如是文官，此时又病重。其实，赵国此时还有一位名将，即乐毅。只是乐毅投奔赵国后，燕国惨败，燕惠王很后悔，又担心乐毅趁机攻打燕国，于是又派人向乐毅道歉，还把乐毅的儿子封为昌国君，乐毅心里感念燕国，赵国不敢重用他。

赵孝成王便打算让赵括代替廉颇，蔺相如劝道："赵括只是读过他父亲的兵书，不懂应变。"赵括的母亲也劝，不要以他的儿子为将。赵孝成王不听，执意让赵括为将。其实，年轻气盛的赵孝成王只是要找一个同样年轻气盛的人替他出战，他不懂为什么廉颇当缩头乌龟当得这么心安理得！

前260年七月，赵括率二十万援军到达长平，接替廉颇为主将。秦昭王得知后，暗中调任白起为主将，令王龁改任副将，且严令军中不得走漏消息。

赵括接任后，立即改变了廉颇的防守政策，主动出击。他将赵军主力集结在韩王山西侧的丹河附近，准备由此渡河进攻秦军。

两军交战，白起命秦军佯装败退，赵括不知是计，率赵军主力渡过丹河，攻击秦军营垒。只是秦军防守严密，赵军一时难破。

应该说，赵括的用兵策略到这时还没有太大的问题。面对强悍的秦军，赵军要想取胜，必然要集中优势兵力，攻敌之一线。赵括错就错在，对秦军营垒久攻不下时，将赵军后方的兵力逐步调往前线，导致后方防守空虚。而这，正是白起想要的结果。

白起命一支两万五千人的部队沿秦川水（今端氏河）北上，过丹朱岭，绕到

长平之战第三阶段

百里石长城的后方。由于赵军主力南下，百里石长城防守薄弱，秦军轻而易举就控制了百里石长城。这样一来，赵军的后路就被切断了，失去了与邯郸的联系。同时，另一支五千人秦军突破丹水防线，迅速占领小东仓河沿线。大粮山既是附近一带的制高点，也是赵军的粮草辎重屯集之所，这里只有少量的守卫军队。于是，赵军被分为两部，而主力部队被分隔在小东仓河以西，既无粮草，也无后援。

赵括发现中计后，率军撤回丹河以东，就地建造壁垒，伺机突围。

这时的赵军，被围困在由长平关、故关、泫氏组成的狭小三角地带，进退失据。对赵国来说，眼下唯一的选择就是派出援军夺回百里石长城，与赵括的主力取得联系。只可惜，也许是山道艰难，消息传递得太慢，也许是国力不允许，后援跟不上，赵国的反应没有秦国快。

秦昭王得知赵军被围后，亲自到河内郡，加封当地百姓爵位一级，征调河内十五岁以上男子到长平战场，拦截一切对赵军的支援。这个时候，赵国就算是想救也来不及了。

前260年九月，赵军主力断粮四十六天后，大量赵军士兵饿死，军士们开始互相杀人为食。有想冲出秦军包围圈的，也被秦军射杀。

赵括将残余部队组织成四支，轮番突围。冲击了四五次，以失败告终。

于是，赵括亲率精锐强行突围，结果被秦军乱箭射死。

主帅阵亡，赵军无力再战，便向秦军投降。

事情结果正印证了蔺相如的话，赵括只读过兵书，并没有实战经验。因此，后人据此总结出一个成语"纸上谈兵"。当然，这个成语至少出现在东汉造纸术出来之后，因为战国时期是没有纸的，那时用的书写材料还是竹简。这个成语也让赵括成了军事上的笑话，让人误以为他只会夸夸其谈。实际上，从长平之战的表现看，赵括作战很勇猛，如果作为普通将领，他是合格的，只是他的作战水平远不如其父，更比不上白起。赵国在长平之战的失败，不能全怪赵括。秦军隐瞒了白起为主将的事实，导致赵括轻敌是一方面，赵国国力不足，后援跟不上才是最大的原因。客观来说，赵括只是让这场战斗提前结束，减少了双方的损耗，而接下来的事，是赵人做梦都没有想到的。

如何处置赵军俘虏，对秦国来说是个令人头疼的问题。放回去吧，赵国会组织这些军力再战；不放吧，赵人对秦国没有认同感，终究会成为秦国的负担。白起说："本来秦国已占有上党，上党之民不愿为秦人而归赵。赵人反复无常，如果不把他们全部杀掉，恐怕会再生事端。"这话当然是借口，因为这些赵军里上党人只占少数，大多数是从邯郸派过来的。

于是四十万赵军降卒全部被坑杀，只有二百四十名赵卒因年龄太小被放回了赵国。加上之前战死的赵人，长平之战让赵国损失了四十五万青壮劳力。

消息传到赵国，举国震惊。赵国之外，诸侯莫不惊恐，白起从此有了"人屠"的称号。长平之战也是中国历史上最惨烈的战争之一。

秦国的损失实际也不小。秦国出兵六十万，伤亡近二十万，如果不是杀降，秦国的损失恐怕在赵国之上。

长平之战后，赵国伤筋动骨，已无力与秦国相抗。白起便想乘胜追击，将赵国一举消灭，于是兵分三路向赵国进发：一路由王龁率领，攻占赵国的皮牢（今山西翼城东）；一路由司马梗率领，攻赵国故都晋阳；一路由白起自率大军，进攻赵国都城邯郸。

赵国十分恐惧，与韩国合谋，派使者携重金赴秦，游说范雎。范雎最终被使者说服，便向秦昭王建议罢兵。这倒不是说范雎贪图钱财，只是白起的功劳太大了，如果再任由他灭掉赵国，那么他范雎的相国位子就难保了。

秦昭王采纳了范雎的意见，让韩国割垣雍（今河南原阳西）、赵国割六座城给秦国，然后双方和解。

前259年正月，秦昭王下令罢兵。

白起得知事情原委后，恨死了范雎，两人从此有了嫌隙。

匈奴

乌孙

巴丹吉林沙漠

月氏

腾格里沙漠

嘉峪关 ●酒泉

张掖

金昌

武威

海西

海北

西宁 ● 海东

羌

黄南

果洛

玉树

昌都

林芝

甘孜

迪庆

昌都

怒江

密支那

丽江

攀枝花

大理

德宏

保山

楚雄

滇

玉溪

巴彦淖尔 ● 包头 ● 呼和浩特

乌海

石嘴山

阿拉善盟

银川

吴忠

中卫

白银

兰州

定西

临夏

甘南

陇南

氐人

广元

绵阳

德阳

成都

成都

眉山

资阳

乐山

自贡

宜宾

邛都

凉山

昭通

毕节

六盘水

靡莫

曲靖

昆明 劳浸

漏卧

句町

骆越

林胡

榆林

吕梁

延安

固原 义渠

平凉 庆阳

铜川

天水 宝鸡

渭南

雍

咸阳 咸阳 西安

汉中

安康

巴中

达州

南充

广安

内江

遂宁

重庆 巴

泸州

遵义

铜仁

且兰

贵阳 且兰

安顺

夜郎

黔西南 夜郎

百色

西瓯越

朔

太 晋

韩

临汾

运城 安邑

临晋 唐

三门峡 王城

商洛 西 周 东

商

南

十堰 襄阳

宜昌

恩施

张家界 常德

湘西 益阳

怀化 娄底

邵阳

永州

桂林

河池

柳州 贺州

科尔沁沙地

东胡

肃慎

辽源

延边

赤峰

铁岭

沈阳

白山

通化

清津

朝阳

阜新

抚顺

辽阳

鞍山

燕

承德

锦州

本溪

濊貊

盘锦

营口

丹东

咸兴

张家口

葡

北京

唐山

秦皇岛

大连

平壤

元山

代

廊坊

天津

其子朝鲜

赵

武阳

蓟

渤海

渤海

开城

首尔

顾

河间

沧州

仁川

保定

石家庄

日本海

寿

衡水

德州

滨州

东营

烟台

威海

朝鲜半岛

邢台

聊城

济南

淄博

临淄

潍坊

即墨

辰国

邯郸

邯郸

齐

泰安

青岛

釜山

安阳

濮阳

卫

济宁

菏泽

曲阜

邹

鲁

费

莒

琅邪

临沂

本州岛

大梁

开封

陶

秦

睢阳

小邾

郯

日照

福冈

北九州

魏

陈

商丘

彭城

徐州

连云港

黄海

济州

弥生人

巨阳

周口

淮北

宿迁

淮安

长崎

阜阳

蚌埠

淮南

盐城

东

九州岛

寿春

滁州

扬州

泰州

曾

六安

合肥

南京

镇江

南通

海

楚

芜湖

常州

无锡

吴

安庆

铜陵

宣城

湖州

苏州

上海

鄂州

池州

黄山

嘉兴

黄冈

九江

杭州

会稽

宁波

舟山

黄石

景德镇

绍兴

东海

南昌

鹰潭

上饶

衢州

金华

台州

琉

宜春

新余

抚州

丽水

温州

球

吉安

南平

瓯越

那霸

赣州

宁德

闽越

福州

群

龙岩

三明

莆田

钓鱼岛

赤尾屿

岛

台北

基隆

太平洋

泉州

厦门

新竹

南越

梅州

漳州

台中

台湾岛

100千米

长平之战后形势(前259年)

205

第二十三章 窃符救赵

长平之战后，秦国一家独大的局面已经形成，山东六国如果不能合纵，任何一国都不能再与秦国抗衡。

先说三晋，韩、魏作为秦国的邻国，早已被秦国打得抬不起头来。原本强悍的赵国，经此一战后，不但失去了韩国送来的上党之地，连自己原有的上党之地也丢了。上党是连接晋阳和邯郸的中转地，不出意外的话，晋阳不保，连带着赵国在山西和河套的土地都难以保全，只有代郡还能凭险固守。可以想象的是，在不久的将来，赵国会变成一个完完全全的河北诸侯国。而秦国拥有了上党之后，随时可以俯冲赵都邯郸，邯郸已无险可守。

表面上看，楚国仍然拥有广袤的土地，但丢掉荆楚腹地之后，楚国只有淮南淮北和江东有价值，剩下的南方山区都是越人居住的地方，人烟稀少，经济落后，难以提供有效的资源，如兵源和粮草。而淮南淮北又无险可守，如若不是有韩、魏作缓冲，楚国将直接暴露在秦国的铁蹄之下；江东相对落后，提供的资源也十分有限。

另一个有实力的国家是齐国。但自从五国伐齐之后，齐国仿佛被伤透了心，把所有的诸侯国都当成了敌人。特别是齐襄王死后，齐王建继位，太后（太史敫之女，史称"君王后"）掌权，更是对诸侯国合纵连横之事不闻不顾，与秦国的交往也十分谨慎。这正符合范雎远交近攻的策略，于是秦国派出大量间谍前往齐国，不是为了刺探军情，而是去贿赂齐国的重要大臣。从此，齐国更坚定了事不关己、袖手旁观的国策，任凭外面腥风血雨，我自闲庭信步。从另一方面来说，没有战争，齐国的百姓倒是因此过上了几十年的太平日子，生活也富足了，临淄城里的市民整日歌舞升平，斗鸡踢球——没错，现代足球的前身，中国古代称为"蹴鞠"，最早的历史记载就来自战国时的齐国。"蹴"即踢，"鞠"即革制皮球。相传蹴鞠起源于黄帝时期，原本用于军事训练，到战国时民间已经开始把它当作娱乐活动了。战国时期，人类的手工业还比较原始，无法制作出球状物体，所以把几片皮革缝合起来，使它接近一个球体，片数越多越接近圆球。现代足球的造型正是继承了这一特点，制作工艺也类似，只不过在其内部加了一个橡胶内胆，这样更有弹性。工业革命之后，机器可以直接冲压出一个半球，两个半球一黏合就是一个球体，所以诞生于工业革命之后的篮球、排球跟足球的造型都不一样。只不过，战国时人们还没有发明填充气体的足球，那时缝合技术不好，想让皮球不漏气难度太大，为此，人们在球体内部填充了一些动物的毛发以提高弹性。充气的皮球直到唐宋时才出现。

最后是燕国，从燕昭王时期跻身七雄，但仅仅维系了一代人。田齐复国后，反击燕国，燕国又迅速衰落下去，不只是秦国没把燕国放在眼里，诸侯合纵时也经常把燕国忘了。

前259年正月，也就是秦昭王下令罢兵的时候，一名婴儿在邯郸城里降生，他是秦国人质异人的儿子，取名政。

异人是秦国安国君之子。安国君是秦昭王的次子，异人母子都不得宠，因此被送到赵国当人质。这是九死一生的差事，当时秦、赵关系紧张，异人在赵国的待遇可想而知，连出行的车马都没有。

某日，卫国商人吕不韦到邯郸做生意，知道了异人的情况后，说："奇货可居！"于是开始与异人结交，送钱送物，异人的生活才得到改善。

作为王孙，又是庶子，异人原本与王位不沾边。但前267年，秦国太子在魏国做人质时去世，于是秦昭王立安国君为太子。这样一来，异人迟早也是王子。只是，安国君有二十多个儿子，生母夏姬在安国君的众多姬妾里再怎么排名也只能排到中间，子以母贵，异人想继承王位比登天还难。

但吕不韦却看出了这里面的机遇。安国君最宠爱的姬妾是华阳夫人，因得宠而被立为正夫人。按道理，正夫人的儿子是法定继承人，可惜的是，华阳夫人一直没有生儿子。为此，吕不韦西游秦国，花费重金，打通各个环节，成功见到华阳夫人。华阳夫人也担心自己将来年老色衰后没有依靠，在吕不韦的游说下，便认异人为儿子。

自此，异人身价大涨，不再是一个不受人待见的王孙。

吕不韦有一个美艳而又善舞的小妾，称赵姬。异人在吕不韦家中喝酒时见到赵姬后，十分喜爱，趁起身向吕不韦祝酒时，请求吕不韦把赵姬送给他。吕不韦很生气，因为赵姬已有身孕，但想想自己为了眼前这个人都快破产了，不能前功尽弃，就把赵姬送给他了。

赵姬一直瞒着身怀有孕的事，十个月后，生下儿子政。于是异人立赵姬为夫人。

再说秦国退兵后，赵孝成王准备按原本的约定给秦国割六座城，却遭到大臣虞卿的反对。虞卿认为，割地只会让秦国越来越强，而赵国越来越弱，如此下去赵国必亡，不如把六城送给齐国，联合齐国抗秦。

赵孝成王吸取了长平之战的教训，认为绝不可再让赵国陷入孤立，便采纳了虞卿的意见，让虞卿出使齐国，与齐王建商讨合纵抗秦计划；同时将灵丘封给楚国的春申君黄歇，结好楚国；又趁魏国使节来赵之际，与魏国结盟，同时交好韩、燕。一切准备妥当，又整顿军务，积极备战，就等秦国来犯。

前259年十月，秦昭王见赵国违约不割城，就令五大夫王陵率军伐赵，直取赵都邯郸。

赵国军队在廉颇的率领下顽强抵抗。赵相平原君也散尽家财招募士卒入伍，甚至将妻妾都编入队伍上阵杀敌。长平之战并没有将赵人打垮，反而激发了他们的斗志。

第二年，王陵仍没能攻下邯郸。秦国增兵十万，结果阵亡四五万人。

秦昭王想到了白起，便命白起接替王陵为主将。白起怨恨秦昭王当年错失战机，称病推辞。

秦昭王改令王龁接替王陵，继续增兵围攻邯郸，结果秦军又是死伤近半。

范雎举荐恩人郑安平为将，令其再率五万大军携粮草支援王龁。

此时邯郸城内粮食耗尽，赵国危在旦夕，赵孝成王立即向魏、楚求救。

先说楚国。

为了说服楚国救赵，赵孝成王特意派平原君赵胜出使楚国。

平原君想从门客中选出二十个文武双全的人随行，结果选来选去只凑了十九人。这时一位名为毛遂的门客自告奋勇，想与平原君同行。

平原君问道："先生在我门下有几年了？"

毛遂说："三年了。"

平原君说："贤者处于世，就好比锥子处于囊中，锋芒很快就会显露出来。先生来我这里三年，我从没听过身边的人夸您有什么才能，说明先生确实不行，您还是留下来吧。"

毛遂说："我今天就是请公子将我放在囊中，只要我处于囊中，岂止崭露锋芒，必定脱颖而出。"

这就是成语"毛遂自荐"和"脱颖而出"的出处。

平原君答应了，另外十九人却相视而笑。之后一行人来到楚国，在毛遂与十九人交谈后，那十九人才感觉到毛遂的口才和见识非同一般。

到了会谈的那一天，平原君和楚考烈王从早晨日出开始，一直谈到日上中天，也没谈出个结果。十九人对毛遂说："先生上！"于是毛遂按剑登阶而上，对平原君说："合纵的利与害，两句话就可以说清楚了。而今从日出谈到日中，还没定下来，为什么？"

楚考烈王不知道这是从哪里冒出来的一个愣头青，问："这人谁呀？"

平原君答道："是我的随从。"

楚考烈王呵斥道："还不下去！我在跟你主人谈话，你来干什么？"

毛遂按剑向前，道："大王之所以呵斥我，不过是仗着楚国人多。现在十步之内，大王的命就掌握在我手里，人多也没用。我的主人在这里，您呵斥我干什么？据我所知，商汤以七十里地称王天下，文王以百里之地使诸侯臣服，这是靠人多吗？这是据其势而奋其威。而今楚地方圆五千里，持戟百万，这是楚国称霸的资本。以楚之强，天下无人能敌。然而白起这小子，率数万人攻楚，一战克鄢、郢，再战烧夷陵，三战辱大王先人。这是百世的仇怨，我们赵人都替您感到羞耻，而大王却无动于衷。今天我们来合纵，不是为了赵国，而是为了楚国——我的主人在这里，您呵斥我干什么？"

楚考烈王深感羞愧，改变态度并答应合纵。于是两国歃血而盟。

平原君回国后，楚考烈王派春申君领兵救赵。

再说魏国。

三晋本是一家，又有唇亡齿寒的关系，赵国求救，魏安僖王不好推托，派晋鄙率十万大军救援赵国。这时，秦昭王派人传话给魏安僖王："我攻下赵国是早晚的事，诸侯中谁敢救赵国，等我打败赵国后，我就先打谁。"魏安僖王被吓住了，命晋鄙停在邺城观望。这下平原君急了。

平原君的夫人是信陵君的姐姐，也是魏安僖王的姐姐，她为了救赵的事，数次写信催促两位弟弟。魏安僖王害怕秦国，不敢动，于是平原君的使者络绎不绝地来到魏国，劝说信陵君。信陵君几次请示魏安僖王出兵，魏安僖王不听。

劝不动魏王，信陵君自己凑了百余辆战车，打算私自救赵，誓与秦军决一死战。

军队路过夷门（大梁东门）的时候，信陵君去见侯嬴。侯嬴的职务是夷门看守，实际是位隐士。侯嬴年高七十，家境贫寒，信陵君曾想给他送点东西，被他拒绝。信陵君觉得这个人不同凡响，于是大摆筵席，等客人都坐定后，亲自去接侯嬴。侯嬴整理了一下破旧的衣帽，看到车上左边的位子空着（左为上），显然是信陵君有意空出来的，便直接坐了上去，也不谦让。信陵君亲自执辔[pèi]，态度恭敬有加。侯嬴却又对信陵君说："我有个朋友在街市的屠宰场，劳驾改道去拜访一下。"信陵君驾车入街市，侯嬴下车，与屠夫朱亥攀谈半天，其间偷偷观察信陵君，发现信陵君依旧和颜悦色。当时，魏国的将相宗室都在等着信陵君开席，信陵君的随从已经偷偷开骂了，街市之人都用异样的眼神看着信陵君，但信陵君面不改色，视若无睹。终于，侯嬴和朱亥闲聊完了，上车。到了信陵君家，信陵君请侯嬴坐上座，还向所有宾客介绍，宾客们都惊了，觉得不可思议。酒至半酣，信陵君又起身，为侯嬴祝酒。从此，侯嬴成为信陵君的座上客。后来，侯嬴又向信陵君推荐了朱亥，信陵君数次拜访，朱亥却对他爱搭不理，信陵君感觉很是奇怪。

这一次，信陵君料定自己有去无回，所以把自己打算与秦军死战的事告诉了侯嬴。辞行的时候，侯嬴只说："公子努力吧，我老了，不能相随。"

信陵君走出数里，越想越不对劲，心想："我对侯先生这么好，天下皆知。现今我快要死了，他却没有一言半句送我，是我哪儿做得不对吗？"于是又赶着车回来了。

侯嬴一见，笑道："我知道公子必然会回来。"又说，"公子喜欢结交士人，名闻天下。如今公子有危难，没有其他办法，却要与秦军决战，这就好比以肉投饿虎，有什么用？这样的话还要我们这些宾客做什么呢？"

信陵君再拜，请教对策。

侯嬴屏退旁人，说："我听说晋鄙的兵符在大王的卧室内，而如姬最受大王宠幸，经常出入大王的卧室，能拿到兵符。我还听说，当年如姬的父亲被人所杀，三年来，除大王之外，如姬一直在找能替她报仇的人，都没有成功。最后，如姬求到公子，公子派门客割下她仇人的头，将人头献给了她。如姬一直想报答公子，虽死不辞，只是找不到机会。如果公子开口，如姬必定能偷得兵符。"

兵符，也称"虎符"。到了战国末期，随着中央集权的强化，各国大臣的分工越来越细，最明显的就是将和相的分工，相主内政，将管军事。相还好说，毕竟手上没兵，对将的管理却是个问题。在传统的分封制国家中，比如楚国，比如春申君，仍是军政一把抓，但传统的将相仍由公族把控，还有宗族约束，不到万不得已，没有造反的必要。但在变法成功的国家中，比如秦国或魏国，臣子不是传统的卿大夫，其来源不一，如果手握兵权，在个人或宗族的利益驱使下，很容易造反。这个时候，一国之君就需要想办法将军事大权掌控在自己手上。国君事务繁多，不可能亲自带兵，而战国时期的兵种和数量已经远远超过春秋时期，平时的训练，更是需要交给专业的军事人才去做。于是国君想到了虎符。所谓虎符，就是虎状的兵符，一般由青铜制成。虎符制成后，一剖两半，一半在将军手里，另一半在国君手里，当将领需要调动大军时，需要拿到国君手里的另一半虎符，合符才行。否则，将领手下的军士可以拒不从命。一般来说，国君手中有很多兵符，各有分工，需要调动哪个军队就动用哪个兵符。侯嬴所说的兵符，正是与晋鄙手中兵符相合的另一半兵符，信陵君如果能拿到它，就可以调动晋鄙手中的军队。

按侯嬴的计策，信陵君去求如姬。如姬果然将兵符偷了出来，交给了信陵君。

侯嬴又说："将在外，君命有所不受。就算公子与晋鄙兵符相合，如果晋鄙不肯交兵，反去请示大王，那就麻烦了。我的朋友朱亥可与公子同往，此人是个大力士。晋鄙听从，最好；不听，就杀了他。"

信陵君一听，哭了。

侯嬴说："公子是怕死吗？为什么哭？"

信陵君说："晋鄙是魏国宿将，恐怕不会听从命令，就这样杀了他，我感到伤心，所以哭了，我怎么可能怕死？"

随后，信陵君去请朱亥。朱亥笑道："我不过是一个市井屠夫，公子却多次登门问候，我没有答谢您，是以为小礼无所用。现在公子有急事，正是我效命的时候。"于是与信陵君同往。

信陵君再次来到夷门，致谢侯嬴。侯嬴说："我本该跟随，只是年纪大了，无能为力。等公子到了晋鄙军中，我当自刎以送公子。"

信陵君到了邺城，出示兵符，假传王令，要替代晋鄙为将。晋鄙将两块兵符合在一起，验证无误，但仍有疑虑，说："如今我统率十万之众，屯于边境，这是何等重要之事，而你却是单车前来替代我，为什么？"正要拒绝，朱亥从袖子里使出四十斤铁锤，一锤将晋鄙锤死了。

于是信陵君接管了晋鄙的军队，下令道："父子都在军中的，父亲回去；兄弟都在军中的，兄长回去；独子的，回去奉养父母。"就这样，选出了八万人，渡漳水，向邯郸进发。

再说侯嬴，得知信陵君到达军中后，果然北向自刎。

而此时的邯郸，已是水深火热。平原君等不来魏、楚援军，招募了三千人的敢死队，命李同率领出城进击秦军，击退秦军三十里，可惜李同战死，赵孝成王封其父为李侯。

但秦军很快又卷土重来。生死存亡之际，有人想到秦国还有个人质异人在邯郸，但异人在秦国的分量实在太轻，拿他也退不了秦军，不如干脆杀了他。

紧要关头，又是吕不韦花六百金贿赂守城官吏，使异人得以脱身。异人先逃

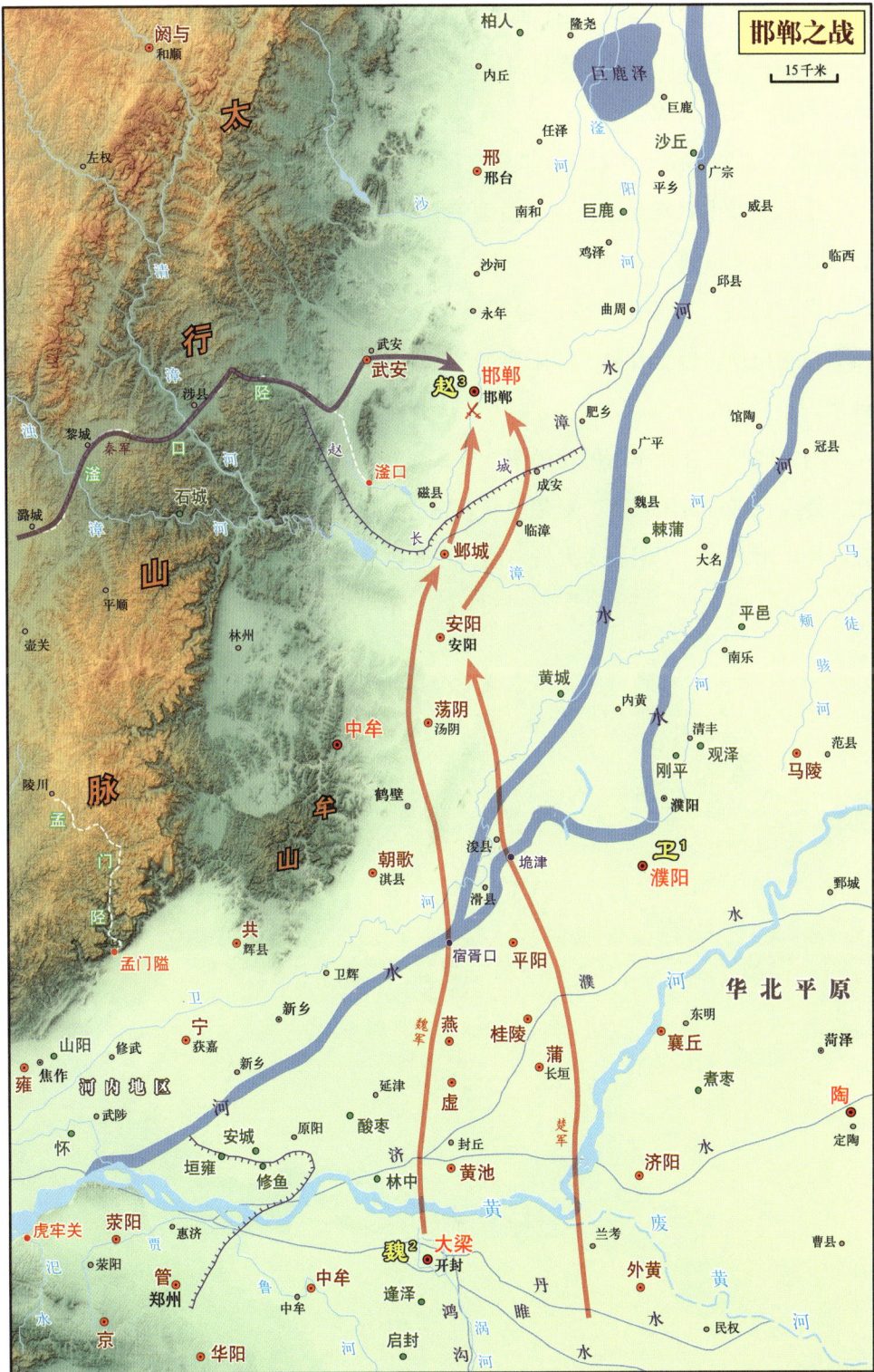

15千米

太

行

山

脉

牟

山

阅与
和顺

左权

柏人
隆尧

巨鹿泽

内丘

邢
邢台

任泽

沙丘

巨鹿
广宗

威县

南和
平乡

临西

鸡泽
邱县

沙河
曲周

馆陶

永年
冠县

武安
武安

赵³

邯郸
邯郸

肥乡

漳
广平

魏县
棘蒲

滏口
磁县

成安
临漳

大名

城

长
漳

邺城

黄城

平邑

安阳
安阳

南乐

内黄

徒
骇
河

漷县

清丰

荡阴
汤阴

观泽

马陵

中牟

范县

鹤壁
濬县

刚平

濮阳

淇县

滑县

卫¹

濮阳

共
辉县

朝歌

黎城

石城

漳

河

渔

秦军

漳

河

平顺

壶关

陵川

孟
门
陉

孟门陉

宿胥口

平阳

水

濮

河

华北平原

宁

山阳

修武

获嘉

新乡

新乡

魏军
燕

桂陵

东明

蒲

襄丘
煮枣

菏泽

焦作

河内地区

武陟

延津

虚

长垣

陶

雍

怀

安城

垣雍

原阳

酸枣

济

林中

封丘

黄池

楚军

济阳

定陶

修鱼

水

废

虎牢关

荥阳

贾

惠济

鲁

中牟

兰考

黄

外黄

管
郑州

中牟

逢泽

魏²

大梁
开封

丹
雎

水

曹县

京

华阳

启封

鸿
涡
沟
河

水

民权

213

往秦军大营，然后回秦国。赵姬原本是赵国富豪之女，便带着儿子藏在父母家。

前257年十二月，魏、楚两国军队先后抵达邯郸城郊，赵、魏、楚三国联军进击秦军。秦军大败，伤亡近二十万人，损失惨重。最终，王龁撤回汾城（新田北），郑安平所部两万人投降，邯郸之围遂解。

事后，春申君领兵回楚国，而信陵君自知愧对魏王，让手下带着魏军回国，自己则留在了赵国。

秦国这边，秦昭王又令白起领兵攻赵。白起始终托病不出。秦昭王大怒，强令白起出征，行至杜邮（咸阳西），秦昭王派人送来一把剑，白起会意，拔剑自杀。

与此同时，在吕不韦的帮助下，异人辗转回到秦国。华阳夫人是楚国人，芈姓，熊氏，来自楚国王族，对楚国深有感情，于是吕不韦让异人换上楚国人的衣服面见华阳夫人。华阳夫人大为感动，正式收异人为儿子，并改其名为子楚。

第二十四章 债台高筑

邯郸之战的失败并没有阻止秦国侵伐的脚步。

前256年，秦伐韩，攻阳城，斩首四万；攻赵，取二十余县，斩首及俘虏九万。比韩、赵更靠近秦国的周天子十分恐慌，整日忧心忡忡。

诸侯之中，最恨秦国的当数楚考烈王。邯郸之战让楚国再次扬名，楚考烈王想趁机打压秦国，但他也知道这事单靠楚国不行，需要合纵诸侯，而自己又没有那么大的号召力，于是派人请周赧王以天子名义，号令各国协力伐秦。周赧王大喜。

周天子实际是寄居在西周国的王城，自己并没有一寸土地，而此时天下诸侯，除了东、西二周，早已不向天子进贡，所以，周天子比谁都穷。但是作为天子，再穷也要凑出一支军队与诸侯会合，否则不成样子。

周赧王让西周君凑了一支五千人的军队，可是缺少武器、粮饷。于是周赧王向西周国的豪门大户借钱，并留下字据，答应周军班师之日以战利品偿还。

一切准备就绪后，周赧王任西周君为大将，率五千周军出发，与诸侯相约在伊阙会合，而后攻秦。伊阙位于阳城和秦国之间，联军想以此切断秦军的后路。

谁料，除了楚、燕之外，其他四国都没到场。三国兵力加起来也不过几万，远不是几十万秦军的对手。于是三国联军在此等候，结果等了三个月仍不见其他四国兵马，只好各自打道回府。

西周国的豪门大户见周军回来了，纷纷拿着借据向周赧王讨债。他们从早到晚聚集在王宫门外，喧哗不止，吵闹之声直传内宫。周赧王懊悔不已，又无钱还债，只好跑到王宫后面一个高台上躲债，周人称这个台为"逃债台"。这就是"债台高筑"的来历。

周赧王伐秦不成，却因此惹恼了秦国。秦军攻下阳城、负黍后，直扑西周王城。

西周君（西周文公）亲往秦国，磕头认罪，把全部三十六邑、三万人口都献给了秦国，秦国这才放其回国。

不久，周赧王郁郁而终。

紧接着，西周君也郁郁而终。西周国人不肯当秦人，纷纷逃往东方。因为九鼎在王城，从此秦国便据有九鼎。

至此，西周国灭亡。同时也意味着历时八百年的周王朝走向终结。这是中国历史上历时最长的王朝，也是对华夏文明影响最大的王朝，我们的思想、我们的文化，无不带有周人的基因。

秦灭西周

楚灭鲁及迁都巨阳

与周王朝几乎同时灭亡的是鲁国。在东周时期，鲁国才是周文化的最大继承者。前255年，楚考烈王伐秦不成，派春申君出兵鲁国，鲁国灭亡。楚国将鲁顷公改封在莒邑。六年后，鲁顷公去世，鲁氏绝祀。至此，孔子终生奔走呼吁的周礼周制不但没有复活，反而彻底消亡。

周礼宽容，王室因此衰微。秦法严苛，臣民因此恐惧。

话说秦相范雎，因为郑安平在邯郸之战中投降，按秦法，作为推荐人的范雎要罪责三族（父、母、妻）。范雎自知罪责难逃，便请秦昭王治罪。可范雎毕竟立有大功，秦昭王不忍治他的罪，反而给予更多赏赐宽慰范雎。

本来这事可以糊弄过去了，可谁知两年后，范雎推荐的另一个恩人王稽，在做河东郡守的时候，因为私通敌国，被秦国处以弃市（在集市处以死刑并陈尸街头，让众人唾弃）。范雎再也坐不住了，整日情绪低落。

有一天，秦昭王在朝堂上连连叹息，范雎浑身一哆嗦，说："臣闻'主忧臣辱，主辱臣死'。今大王中朝而忧，臣敢请其罪。"

秦昭王叹道："寡人听说楚国的铁剑锋利而舞技拙劣。铁剑锋利士兵就勇敢，舞技拙劣说明国君心思不在享乐，必定思虑深远。如此，楚国恐怕要在秦国身上打主意。如果不早做准备，恐怕到时就来不及了。如今武安君（白起）已死，而郑安平叛变，内无良将而外多敌国，所以我发愁啊！"秦昭王的本意是激励范雎早作打算，可无意中重提郑安平，更让范雎惶恐不安。

恰在此时，燕人蔡泽来到秦国，找范雎辩论。蔡泽以商鞅、吴起、文种为例，劝范雎急流勇退。范雎和蔡泽都是能言善辩之士，但一番辩论之后，范雎被蔡泽折服。

前255年，范雎向秦昭王推荐蔡泽替代自己的职位，秦昭王同意。范雎辞归封地，不久病死。

秦国眼下的情况，也确如秦昭王所说，无大将可用。而邯郸之战却让魏国名声大噪，趁此机会，魏安僖王立即出兵秦国的陶邑。

陶邑原是魏冉的封邑，魏冉死后，秦国在此设陶郡。因为新吃败仗，加上陶

魏取陶卫

郡远在魏国之东，秦国无力救援，前254年，陶郡落入魏国之手。

紧接着，魏安僖王又将矛头对准卫国，卫国臣服。

两年后，即前252年，卫怀君到魏国朝拜，被执杀。魏安僖王立卫怀君的弟弟为君，即卫元君。卫元君同时也是魏安僖王的女婿。从此，卫国成为魏国的附庸。

眼看魏国气势咄咄逼人，为避其锋芒，楚国将都城迁到了巨阳（今安徽阜阳北）。

看来，楚国并没有收复荆楚故地的打算。而此时的秦国，却已将巴蜀经营为"天府之国"。

秦昭王晚年，派李冰到蜀地任郡守。李冰对天文地理颇有研究，到蜀地任职后，发现成都平原经常发生水患，便着手修建都江堰。

成都平原的水患，其实和大多水患原因一样。岷江发源于岷山，当岷江从青藏高原流入成都平原时，由于落差变小，河水流速放缓，于是泥沙沉积。泥沙沉积导致河床堵塞，河床堵塞导致能容纳的水量变小，平时好说，一旦雨季到来，水流变大，容纳不下的河水就会冲出河床，造成水患。

李冰以前，蜀中人民也曾试图治理水患，积累了一些经验，但总体收效不大，成都平原仍是水患不断。李冰总结前人的治水经验，又根据岷江在高原与平原交接处的地形特点，精心设计了一套完整的水利工程，这便是都江堰。

都江堰主要包括鱼嘴、宝瓶口、飞沙堰三个部分。

任何河流在河床变宽、流速变缓时，都会因泥沙的堆积在河中形成江心洲。所谓洲，就是四面临水的岛屿。比如长江出海口的崇明岛，其形成原理也相同。只不过崇明岛体量大，总体看起来比较稳定。普通的江心洲，如果体量很小的话就显得极不稳定，会随着水文情况时大时小，天长日久还会发生位移。岷江也不例外，在冲出峡谷后会形成一些小沙洲。李冰因势利导，利用天然沙洲修建了一个人工岛，人工岛用卵石筑成，以此避免天然沙洲的不稳定性。这个岛屿的关键在于其头部，其状如鱼嘴，因此得名。有时我们也常用"鱼嘴"代指整个岛屿。

鱼嘴将岷江一分为二，外江宽而浅，内江窄而深。洪水期，大部分河水顺外江排走；枯水期，能保证内江有足够的水。

岷江

外江

金刚堤

内江

鱼嘴

二王庙

凤栖窝

飞沙堰

宝瓶口

人

字

堤

玉垒山

城隍庙

离堆

岷江

都江堰市
（灌县）

理县

汶川

绵阳

沱江

绵竹

罗江

邛崃山

什邡

德阳

三台

中江

青城山

彭州

三星堆

龙

都江堰

广汉

泉

成都平原

新都

金堂

岷江

郫县
郫都

山

川中丘陵

崇州

成都
成都

脉

大邑

双流

龙泉驿

沱江

临邛
邛崃

新津

巴蜀

简阳

乐至

蒲江

彭山

武阳

江

15千米

芦山

天全

名山

眉山

都江堰与成都平原

220

然后，内江的水经宝瓶口流入成都平原。宝瓶口也是人工开凿的，它原是玉垒山的一部分，李冰率人在此开凿河渠后，原来的一部分山体与主山分离，因此称为"离堆"。宝瓶口的两侧都是由山体岩石组成的，足够坚固，能经受长年累月的河水冲刷，一方面能减少维修的频次，另一方面保障了成都平原的安全。

这样一来，洪水期，成都平原不会受到威胁；枯水期，成都平原依然有水可用。

河水经宝瓶口流入成都平原后，因水量可控，地形平坦，变得格外温顺，蜀中人民又在成都平原上修建了大大小小的水渠，引水灌溉良田。于是成都平原沃野千里，"天府之国"就此得名。

最早的都江堰主要有鱼嘴和宝瓶口两个关键部分。后来，人们在使用的过程中发现，随着时间的推移，内江也会堆积泥沙，而且这些泥沙会随着宝瓶口进入成都平原，影响土质。有鉴于此，到唐朝时，人们又修建了飞沙堰。

飞沙堰看似简单，却有泄洪、排沙和调节水量三个功能。

当洪水到来时，内江的水如果也大到不可控，就会威胁到宝瓶口的安全，继而威胁到成都平原的安全。飞沙堰虽是一道水坝，但坝体不高，当洪水超过宝瓶口的警戒线时，多余的水就会漫过飞沙堰流入外江。而当内江的水不足时，飞沙堰又能阻挡江水外流，保证内江的水全部进入宝瓶口。这样一来就达到了调节水量的功能。

泄洪和调节水量都好理解，最巧妙的还是排沙功能。

通常枯水期河水的含沙量很小，不用过多考虑，需要考虑的是水量大的时候。为此，都江堰的设计者再次告诉了我们什么叫"因势利导"：当洪水到来时，内江水经过鱼嘴的分流，直冲飞沙堰对岸的凤栖窝山体，在山体的反作用力下，河水反弹，搅动宝瓶口前的泥沙，接着冲向飞沙堰，将泥沙带入外江。于是，流入宝瓶口的水含沙量大大降低，真是绝妙！

都江堰的总体设计思路是因势利导，充分利用河流山川的自然规律。然而，这并不是一劳永逸的解决方案，每隔一段时间就要进行一次大规模修缮，大修主要是加固和清淤，为此，人们总结了一套六字诀——"深淘滩，低作堰"：深淘滩指大修期间对鱼嘴到宝瓶口一段的河床清淤，要以一直挖到埋在凤栖窝附近的

"卧铁"为准，以此保证枯水期内江也有足够的水；低作堰指飞沙堰的堰顶不宜过高，以宝瓶口旧水则的第十三划为准，太高会影响排沙。

刻有六字诀的石壁如今被存放在都江堰附近的二王庙里。除了这六字诀石刻外，二王庙里还有两处石刻：一个是"逢正抽心，遇湾截角"，另一个是"乘势利导，因时制宜"。都江堰虽然充分利用了岷江及附近山体的特点，但毕竟是人工工程，对局部还是有影响的，比如减缓了岷江的整体流速，时间一长，江中会形成一些沙洲，拐角处会形成一些河滩，这时就需要人工干涉一下：在沙洲中间开凿一条河渠，让河流冲刷沙洲，使其最终消失，这叫"逢正抽心"；将拐角处的河滩清理掉，这叫"遇湾截角"。"乘势利导，因时制宜"则是都江堰的总体设计思路，正是这一思路，让都江堰能平稳运行两千多年而不衰，直到今天还在发挥作用，这是人类历史上的一个奇迹。

李冰修建都江堰时，都江堰还不叫都江堰，而是称"湔珊[jiān péng]"。"湔"指湔山，即今玉垒山。当时都江堰附近的居民主要为氐羌人，他们把堰称作"珊"。三国时期，刘备的蜀汉政权在此设都安县（今四川都江堰市东南二十里），因县得名，称都安堰。唐朝时，称"楗尾堰"。楗尾指用竹笼装石头，早期修筑堤堰基本都是用这种方式，因此得名。直到宋代，才有了"都江堰"这个名称，沿用至今。从五代十国开始，政府在此设灌州，明朝时将其降级为灌县。1988年，灌县升级为市，并改名为都江堰市。

虽然都江堰在后来的历朝历代中都有修缮，又增加了许多附属设施，比如水渠、水闸等，但总体布局和基础设计还是沿用李冰的思路。李冰不仅修建了都江堰，还在今乐山、宜宾等地疏通河道，又修建了汶井江（今四川崇州市西河）、白木江（今四川邛崃南河）、洛水（今石亭江，在四川成都平原东北，与当时河南的洛水同名）、绵水（今绵远河）等灌溉和航运工程。蜀地百姓十分感念李冰的恩德。

在都江堰附近的玉垒山中，原本有一座望帝祠，是纪念古蜀王杜宇的。南北朝时，南齐益州刺史刘季将望帝祠迁至郫县，将原庙改祀李冰，名崇德庙。五代以后，当地开始流传李冰次子李二郎跟着父亲治水的故事，于是李冰父子相继被追封为王。北宋时，崇德庙增筑李二郎塑像，该塑像最初是坐着的，一条腿搭在另一条腿上，这就是"二郎腿"的来历。此时，崇德庙又称"二郎庙"，这时的李二郎已经被百姓当成神仙供奉了，渐渐地，便有了"二郎神"的名号。至于我们的神话故事中二郎神为什么姓杨而不姓李，则是在传说中又融入别的故事了。到了清代，崇德庙改称"二王庙"。

总之，蜀地的富足离不开李冰的功劳。李冰并非蜀地第一任郡守，却是对蜀地福泽最大的官员，其影响延续至今，这是秦昭王无论如何也不会想到的。

前251年，征战一生的秦昭王去世，享年七十五岁，在位五十六年。他死后，安国君继位，是为秦孝文王。

秦孝文王继位后，立华阳夫人为王后，立子楚为太子。赵国将子楚夫人赵姬和儿子政送回秦国。

新王继位要为先王守丧一年，第二年才能正式即位。

前250年十月，秦孝文王服丧期满，正式即位。但仅仅三天后，秦孝文王离奇死去。

于是子楚继位，是为秦庄襄王。秦庄襄王尊华阳夫人为华阳太后、生母夏姬为夏太后，任吕不韦为相国，封文信侯，食洛阳十万户。吕不韦一生的投资终于获得了回报。

第二十五章 一字千金

秦国虽然内部有点小动荡，但其对外兼并的政策却异常稳定。

前249年，即吕不韦封侯的当年，东周文君与诸侯密谋攻打秦国。秦庄襄王获悉后，立即命吕不韦出兵，一举攻灭东周国。东周国是周王室残存的最后一丝势力，毕竟周王室头顶着天子的名号，秦国还是有所顾忌，没有展开惯用的屠杀模式，而是将东周君及族人迁至阳人聚（阳人邑，今河南汝州西），以奉周祀。无论如何，周朝虽亡，但其祀未绝。

至此，洛阳盆地全部为秦国所有。紧接着，秦国又派蒙骜[áo]攻打韩国，取成皋（虎牢）、荥阳。秦国将此二城与洛阳诸城并在一起，设置三川郡，以成周为治所。这样一来，秦国就能以洛阳为基地，以成皋、荥阳为前站，继续东进。而首当其冲的，自然是韩、魏两国。

但此时秦国内部又出了变故。

前247年，秦庄襄王去世，年仅三十五岁。太子政即位，我们都知道，他就是后来的秦始皇，但此时，我们还是称他为秦王政更合适。孝文王在位三天，庄襄王在位三年，都不是年老体衰而亡，这背后是不是吕不韦搞鬼，好让秦王政快速登位，我们不得而知。

秦王政即位时，年仅十三岁，尊吕不韦为"仲父"。由此，秦国的国政完全把控在吕不韦手上。

同年，秦国攻占了韩国在山西的最后一块飞地，将其与此前占领的赵国土地合并起来，设置太原郡，治所为晋阳。

至此，秦国已经占据了半个山西，而且占据的是山西最肥沃的南部，只有北部仍为赵国所有，而赵国的重心已经转移到河北，所以，秦国在山西不存在威胁了，便把重心又放到了东方。

秦国东出虎牢，有两个选择，一是折往南方打韩国，二是直接向东打魏国。攻韩则魏必救，攻魏则韩必救，而攻城即是攻坚，如果对方背后的救兵强大，秦军就会陷入腹背受敌的窘境，所以攻魏是上策。

于是秦国派大将蒙骜率军伐魏，魏安僖王惶恐不已，立即派人去赵国请信陵君魏无忌回国主持大计。

自从上次窃符救赵之后，信陵君在赵国已待了整整十年。在赵国，信陵君听说了两个人，一位是毛公，另一位是薛公。毛公是个赌徒，薛公是酒店伙计，但魏无忌知道，大隐隐于市，这两人都是有才德的人，因此主动结交。平原君赵胜知道后，对他的夫人（也是魏无忌的姐姐）说："当初我听说你弟弟是个大贤人，所以结交，没想到他竟然胡来，跟一帮赌徒、酒店伙计交往，真是无知妄为！"夫人把这些话告诉弟弟。信陵君听后，说："以前听说平原君贤德，所以我背弃魏王而救赵国。没想到平原君与人交往只看富贵，不看贤德。以前我在大梁时，就听说这两个人贤能，到了赵国，想结交还怕他们不肯见我，而平原君竟以此为耻，看来平原君此人不值得结交。"于是打点好行装，准备离开赵国。赵胜听说后，深感惭愧，立即向信陵君谢罪，坚辞挽留。

当魏安僖王派人来请信陵君回国时，信陵君担心魏王怪罪他窃符救赵的事，于是告诫门客们说："有敢替魏王使者通报的，处死。"这些门客大多是随着信陵君从魏国来到赵国的，想回魏国也是人之常情，但为了避嫌，只好不说话了。只有毛公、薛公不是魏国人，他们也不认识魏国使者，于是两人去见信陵君，说："公子之所以在赵国备受尊重，名扬诸侯，是因为背后有魏国。如果魏国亡了，公子又算什么呢？"一句话点醒了信陵君，他立即命人打点行装飞奔魏国。

魏安僖王命信陵君为上将军，统率全军。同年，魏无忌派使者向诸侯各国求援，各国得知魏无忌主事，纷纷响应。

前247年，魏无忌率五国联军在黄河以南大败秦军，秦将蒙骜战败而逃。联军乘胜攻至函谷关，秦军紧闭大门，不敢出关。自此，信陵君名扬天下。

秦国对信陵君十分忌惮，暗中派人持万金到魏国，离间魏安僖王与信陵君的关系，同时派人到魏国假装祝贺信陵君登上王位，引起魏安僖王的猜忌。同为兄弟，魏安僖王的才能比信陵君相去甚远，二人在诸侯中的影响力也不可同日而语，魏安僖王本就对此十分敏感，最终选择了宁可信其有，罢免了信陵君的上将军之职。信陵君深感郁闷，终日借酒浇愁。

信陵君虽然被罢免职务，但毕竟人在魏国，秦国一时也不敢轻举妄动。而此时的韩国就非常紧张了，秦国不打魏国，必然攻打韩国。为此，韩桓惠王想到一个疲秦之计。

前246年，韩桓惠王派郑国前往秦国，游说秦国修建灌溉水渠。韩国的本意是想让秦国将大量的人力物力投入水利工程建设中，让秦国无暇东顾，没想到此举反倒帮了秦国一个大忙。

郑国是新郑人，水利专家。以郑为氏，说明他很有可能是原来郑国公族的后裔。郑国到秦国后，游说秦王修一水渠，引泾河水东注洛河水，以灌溉渭河以北的土地。秦王采纳，命郑国主持开凿水渠。这条水渠最终以郑国的名字命名，即郑国渠。

在咸阳以东的渭河平原，整体地势是西北高、东南低，因此郑国建议，从泾河的谷口开挖，利用水的自流动力，引水向东，直到洛河（也称北洛河，与洛阳盆地的洛河同名）。这条水渠与渭河几乎平行，但地势高，如果从这条水渠再挖一些小渠往南，就可以利用水的自然流动，灌溉渭河以北的大片农田。

如果以今天的眼光看，开挖这么一条水渠并不难：测量好地形，规划好线路，以挖掘机开路，数月可成。但在两千多年前，测量地形并不容易，需要边挖边修正，在没有工程器械的年代，这些工作只能靠民夫的一双手。所以，看似简单的一条水渠，修建起来实则耗时耗力。

在工程进行过程中，秦国发觉这是韩国的一个阴谋。于是秦王要杀郑国，郑国说："一开始，我的确是韩国派来的间谍，但等渠成之后，对秦国却是重大利

好。修渠，只不过为韩国拖延几年寿命，却为秦国建立万世之功。"如果郑国真是原来郑国公族后裔的话，那么此时他的心思已经放在秦国身上也不是没有可能，韩国灭郑，有多少郑国后人还记着韩国的仇恨不得而知，也许郑国就是其中一个。或者，作为一个"技术男"，在郑国眼里，郑国渠对后世的意义已经远远超过了对韩国甚至对秦国的意义，而事实也的确如此。

秦王觉得郑国的话有理，让他继续施工。

修建郑国渠前后花费了十余年时间，全程三百里（按现代标准二百多里，即一百多公里，盖因秦制之里与现时不同），灌溉田地四万余顷（折今一百多万亩），每亩收一钟（合今两百多斤，与今日亩产动辄千斤不能比，但即使到清朝，这个产量也是高产），关中之地遂成沃野。

前有都江堰，后有郑国渠，有了巴蜀和关中两大粮仓，六国即使合纵，也难以与秦国抗衡。韩国的疲秦之计最终助了秦国一臂之力。

而与此同时，六国的人才迅速凋零。

先说廉颇。长平之战后，燕国趁机攻赵，赵孝成王再次起用廉颇。廉颇率军大败燕军，杀燕将，北逐五百里，围蓟都，迫使燕国割五城。廉颇因此封信平君，授假相国（代理相国）。

前245年，赵孝成王去世，其子赵悼襄王继位。赵悼襄王即位后，立即解除了廉颇的军职，派乐乘替代廉颇。当时廉颇还在外征战，十分愤怒，掉转马头攻打乐乘，乐乘逃走。事后，廉颇也无法回赵国，只好投奔魏国。

廉颇在大梁待了很久，但魏王并没有打算重用他。而此时赵国遭到秦国的攻击，赵悼襄王又想起用廉颇，于是派使者带着一套名贵的盔甲和四匹快马到大梁去慰问廉颇，看看廉颇是否还中用。赵臣郭开与廉颇有私仇，唯恐廉颇再受重用，买通了使者。

使者见到廉颇后，廉颇在他面前一顿饭吃了一斗米、十斤肉，还披甲上马，表示自己还能用。

使者因为受了郭开的贿赂，回来后向赵悼襄王说："廉将军虽然老了，但饭量还很好，只是与臣相坐的时候，不一会儿工夫就去拉了三次屎。"赵悼襄王以为廉颇老迈不堪用，便没有召他回国。

楚王听说廉颇在魏国，暗中派人迎他入楚。但廉颇担任楚将后，并没有立什么功，他还是想为赵国效力。赵国终究没再起用廉颇，廉颇终日闷闷不乐，最终在寿春（今安徽寿县，那时楚国已迁都寿春）逝世。

再说信陵君，在魏国不得重用，日夜沉迷酒色，终于在三年后（前243年）郁郁而终。同年，魏安僖王也去世了，其子魏景湣王继位。

秦王得知信陵君去世后，立即出兵魏国，拔二十城，置东郡。东郡包括酸枣、燕、虚等地，正好在大梁的北部。前241年，秦国又攻占了卫都濮阳，以濮阳为东郡治所。卫元君被迫迁往野王，卫国此时已名存实亡。秦国没有将卫国完全消灭，主要原因是吕不韦是卫国人。至此，自西周以来大大小小数百个诸侯国，除七雄之外全部灭亡，包括周王室。

东郡就像一把尖刀一样插入山东腰部，六国再不合纵恐怕就没有机会了。

前241年，楚、燕、赵、魏、韩五国，推举楚考烈王为纵约长，以赵将庞煖为主帅，合纵伐秦。兵至函谷关时，秦军出击，联军溃败。这是战国时期诸侯第五次合纵伐秦，也是最后一次，可为什么齐国没有参加？因为齐国此时被秦国的远交近攻之策吃得死死的，反而和秦国站在了一边，以为这样秦国就永远不会打自己。所以五国战败后，很是气愤，转而攻打齐国，攻占了齐国的饶安（今河北盐山西南）。

事后，楚国担心秦国报复，为避其锋芒，又将都城迁到了淮河南岸的寿春。

此时的秦国，可以说想打谁就打谁，六国只有招架之功，毫无还手之力。只是，秦国还不能放手东进，因为秦国内部还有些问题，主要是吕不韦和太后赵姬不清不楚的关系。

赵太后之前就是吕不韦的妾，秦庄襄王死后，赵太后不甘心年轻守寡，与吕不韦旧情复燃，两人时常私通。

随着秦王政一天天长大，吕不韦担心事发后于己不利，便想找个人替代自己，以便脱身。他暗中搜寻，找到了"大阴人"嫪毐 [lào ǎi]，将其收为门客。他故意让嫪毐用阳具表演"转轮之术"，并将这事传到赵姬的耳朵里。赵姬生性淫荡，得知后便想为己所用。于是，吕不韦与赵姬密谋，让嫪毐进宫服侍赵姬。但男人是不能随意进宫的。于是，在吕不韦的安排下，嫪毐被人告发犯了该受宫

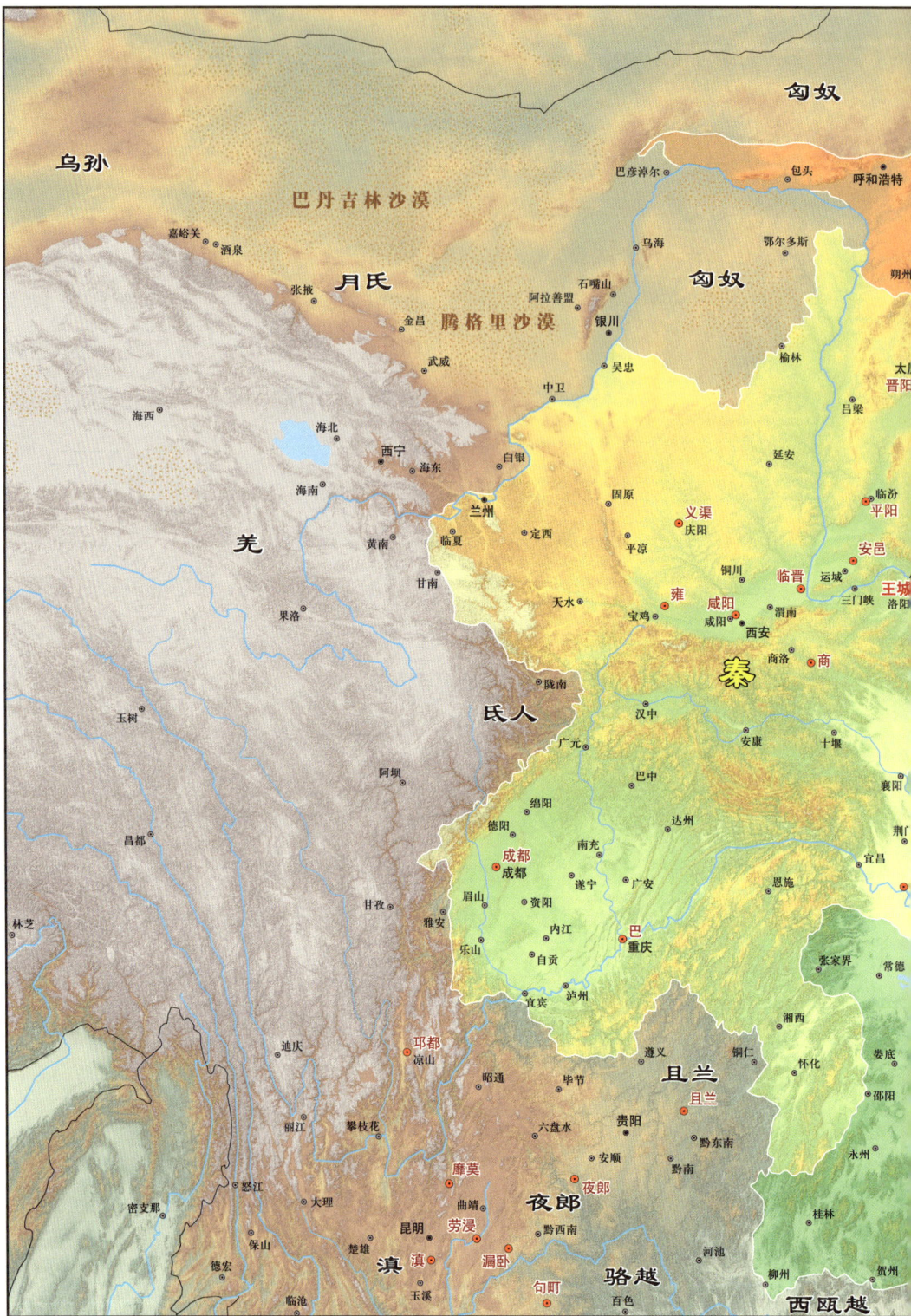

乌孙

匈奴

巴丹吉林沙漠

巴彦淖尔
包头
呼和浩特

嘉峪关
酒泉

月氏

乌海
鄂尔多斯
朔州

张掖

阿拉善盟
石嘴山
银川

匈奴

金昌
腾格里沙漠

武威

太厉
晋阳

中卫
吴忠

榆林

海西

西宁
海北
海东

白银

固原

延安

吕梁

临汾
平阳

兰州

定西

平凉

义渠
庆阳

安邑

海南

黄南

临夏

天水

铜川

雍

临晋
运城
王城
洛阳

羌

甘南

宝鸡
咸阳
咸阳
渭南
西安

三门峡

果洛

陇南

秦

商洛
商

玉树

氐人

广元

汉中

安康

十堰

襄阳

阿坝

巴中

达州

荆门

昌都

绵阳

南充

宜昌

德阳

成都
成都

遂宁

广安

恩施

林芝

眉山

资阳

内江

甘孜

雅安

乐山

自贡

泸州

巴
重庆

张家界
常德

宜宾

湘西

迪庆

邛都
凉山

昭通

遵义

铜仁

怀化

娄底

丽江

攀枝花

毕节

且兰
且兰

黔东南

邵阳

怒江

密支那

大理

六盘水

贵阳

黔南

永州

桂林

保山

楚雄

昆明

摩莫
劳浸

曲靖

安顺

夜郎
夜郎

黔西南

河池

柳州

贺州

德宏

滇
滇

漏卧

骆越

临沧

玉溪

句町

百色

西瓯越

科尔沁沙地
东胡
肃慎
辽源
延边
赤峰
铁岭
白山
清津
沈阳
阜新
抚顺
通化
朝阳
锦州
辽阳
本溪
濊貊
承德
葫芦岛
盘锦
营口
张家口
燕
唐山
丹东
咸兴
元山
代
蓟
北京
廊坊
天津
大连
平壤
赵
武阳
顾
保定
渤海
渤海
其子朝鲜
开城
首尔
日本海
石家庄
河间
沧州
仁川
衡水
德州
滨州
东营
邢台
齐
淄博
烟台
威海
邯郸
聊城
济南
临淄
潍坊
即墨
朝鲜半岛
安阳
泰安
杞
青岛
辰国
濮阳
曲阜
费
莒
琅邪
釜山
新乡
濮阳
菏泽
济宁
临沂
日照
陶
魏
枣庄
郯
连云港
黄海
本州岛
睢阳
商丘
彭城
徐州
邳
济州
福冈
北九州
陈
亳州
淮北
宿迁
淮安
盐城
弥生人
周口
巨阳
阜阳
蚌埠
长崎
信阳
曾
寿春
淮南
滁州
扬州
泰州
南通
东
九州岛
六安
合肥
南京
镇江
常州
无锡
吴
孝感
马鞍山
芜湖
苏州
上海
楚
安庆
宣城
湖州
嘉兴
汉
黄冈
池州
杭州
会稽
宁波
舟山
海
鄂州
黄石
黄山
绍兴
咸宁
九江
景德镇
衢州
金华
台州
东海
南昌
鹰潭
上饶
丽水
琉
宣春
新余
抚州
瓯越
温州
球
乡
吉安
南平
宁德
那霸
赣州
三明
闽越
福州
莆田
太平洋
赤尾屿
龙岩
台北
基隆
钓鱼岛
群
南越
漳州
泉州
新竹
岛
梅州
厦门
台中
台湾岛
100千米

秦灭卫后形势（前241年）

231

刑的罪。赵姬私下贿赂了主持宫刑的官吏，仅仅是拔掉了嫪毐的胡子，然后充当阉人入宫。赵姬大喜，从此不再纠缠吕不韦。

不久，赵太后怀孕，担心事发，便谎称算了一卦，不吉利，需要换一个环境，于是借机迁到雍邑居住，同时把嫪毐也带去了。

甩开了赵姬，吕不韦一身轻松。此时的吕不韦要钱有钱，要权有权，但还有一样东西他没有，那就是好名声。他十分羡慕"战国四公子"（孟尝君、平原君、信陵君、春申君）的贤名，便学他们招揽门客，多达三千人。但这还不够，他既没有公子们高贵的出身，也没有值得称道的义举，有的只是投机取巧，上不了台面，他便想到了学诸子百家，著书立说，这是四公子都没有的功业。于是他组织门客编了一本书，即《吕氏春秋》，自视堪比诸子。诸子百家都是弟子众多，其学说由弟子传诵，因此得以流传后世。吕不韦并没有自己的学说，也没有弟子，于是他想了一个办法，命人把书的内容写在布帛上，并将其悬挂在咸阳城门上，然后放出话来，凡能增删一字者，赏千金。这就是"一字千金"的由来。最终，没有一个人能增删一字。当然，这并不是说《吕氏春秋》完美无瑕，挑不出毛病，只是人们畏惧吕不韦的权势，不敢挑错而已。更重要的是，这个广告做得高明，不着痕迹，《吕氏春秋》因此得以流传。只是，在秦制之下，王权至高无上，即使是宰相，要钱可以，要权也不能过分，要想成为思想领袖是极其危险的事。

再说赵姬到了雍地，也是自在至极，嫪毐深得她的欢心，渐渐地，赵姬将很多事务都交给嫪毐去处理了。

前239年，嫪毐被封为长信侯，后宫事无大小都由嫪毐决定。嫪毐一时忘乎所以，野心膨胀，开始参与国事。参与国事必然会触动很多人的利益，无形中就结下了仇家。

前238年，秦王政亲政。有人向秦王告发嫪毐：嫪毐不是宦官，他和太后私通，还生了两个孩子，而且与太后密谋，等大王（秦王政）死后，就让他的儿子继位。

秦王命人彻查，这事果然属实，而且还和相国吕不韦脱不开干系。

雍城是秦王室祖庙所在地，秦王政亲政后，需要到祖庙祭告。同年四月，秦王政前往雍城，行君王礼，下榻蕲年宫。嫪毐知道罪行败露，想先下手为强，于是盗取秦王和太后的玺印，调动卫戍部队和附近的地方军，准备进攻蕲年宫。秦王政早有准备，命昌平君和昌文君率先出击。最终，嫪毐党羽被一网打尽，嫪毐被夷三族，两个儿子被摔死。

秦王政本想将吕不韦一同处置，但念在吕不韦侍奉先王的功劳上，就饶了他一命，只是将他免职，让他去封地洛阳居住。

同时，因平叛有功，昌平君被任为秦国相国。

昌平君实际是楚考烈王的儿子。楚考烈王为公子时，曾在秦国当过人质，后逃回楚国，匆忙之中没来得及带上家眷，这样昌平君就留在了秦国，后在秦国为官。不巧的是，就在昌平君平定嫪毐之乱的同年，楚考烈王去世。而楚考烈王的去世，也引发了楚国的一场内乱。

这件事情的缘由还要从春申君说起。春申君原本封于淮北，十年前（前248年），春申君请求楚考烈王把他的封地改为郡。战国时期的郡主要起军事作用，淮北邻近齐国，春申君的目的是以此拒齐。于是楚考烈王把春申君改封到江东的吴地。五国伐秦时，楚考烈王名义上是纵约长，实际主事的是春申君。伐秦失败后，楚考烈王把罪责推给春申君，对他日渐冷落。

自此春申君回到吴地办公，但仍替楚国的未来担忧，原因是楚考烈王回到楚国后就没再生儿子，楚国的继承人是个大问题。春申君为此愁眉不展，找了不少宜于生子的妇女进献给楚考烈王，但楚考烈王还是没有生出儿子。

话说有个叫李园的，本是赵国人，此时带着妹妹来到楚国。他本来想把妹妹献给楚王，后来听说楚王生不了儿子，担心时间久了妹妹失宠，便寻找机会投入春申君的门下，做了春申君的侍从。随后，李园将自己的妹妹进献给春申君。不久，李园的妹妹怀孕了，李园便说服春申君将她献给楚王。李园的妹妹进宫后，得到楚考烈王的宠幸，后来果然生了个儿子熊悍。熊悍被立为太子，李园的妹妹被封为王后。李园也因此得到重用，参与朝政。

李园兄妹窃国的秘密只有春申君知道，李园担心春申君泄密，便暗中豢养刺客，打算杀春申君灭口。

前238年，楚考烈王病重。朱英劝春申君提防李园，春申君不听。十七天后，楚考烈王去世。李园抢先入宫，在宫门埋伏刺客。春申君一进门，刺客便从两侧夹攻，杀死了春申君。刺客割下春申君的头，扔出宫门外。随后，李园派人将春申君家满门抄斩。

于是，太子熊悍即位，是为楚幽王。李园为令尹，把持国政。

第二十六章　秦灭韩赵

秦王命吕不韦出居洛阳时，正是郑国的间谍身份暴露的时候，秦国的宗室趁机进言：这些从国外来的家伙居心叵测，建议一概驱逐。秦王政想到了商鞅，他最终还是造了反；又想到了吕不韦，秦国差一点就毁在他手上。他们都是客卿，对秦国都不够忠心，于是秦王政下达了"逐客令"。

吕不韦手下有位门客名李斯，听说后立即上书劝谏，这就是著名的《谏逐客书》。

李斯是楚国上蔡人，后拜师于荀子门下。学成之后，李斯来到秦国，本想做吕不韦的门客，吕不韦看他是个人才，就推荐他到朝廷任职。李斯因此得以接近秦王。他经常给秦王提意见，这些意见大多得到秦王采纳，不久他被封为客卿。

如果秦国真的驱逐客卿，李斯也是其中一员。所以不光为秦国，就算是为自己，李斯也不能坐视不理。

在这篇上书中，李斯列举了来自西戎的由余、来自楚国的百里奚、来自宋国的蹇叔、来自晋国的丕豹和公孙支，秦穆公用了这五人，兼并了二十国，称霸西戎；而秦孝公任用卫国的商鞅，打败了楚、魏，拓地千里；秦惠文王用魏国的张仪，破六国合纵；秦昭王用魏国的范雎，使秦国独强。以上四位秦君，都是善用客卿才使秦国强大的。

总之，秦国不产人才，而六国人才都愿意来秦国效力，是因为秦国礼贤下士，如果秦国驱逐他们，那就是资敌，再也不会有人才来秦国了。

秦王立即取消了逐客令，并任李斯为廷尉。

但秦王对吕不韦还是不放心。吕不韦到洛阳后，各国使者络绎不绝地到洛阳问候。秦王担心吕不韦造反，就让吕不韦去巴蜀。吕不韦知道秦王容不下自己，饮鸩自杀。

平定内患后，秦国开始了统一六国的步伐。

前234年，秦攻赵，斩首十万，置雁门郡和云中郡。赵国在山西的势力仅剩代郡。

秦继续攻赵，取平阳、武城，斩首十万，杀赵将扈辄。这两座城池都在邯郸以南，而武城更是位于赵长城一线。如此一来，赵国邯郸南部防线瓦解。

前233年，秦军越过太行山，出井陉，插入赵国腰部，占领赤丽、宜安两城（今河北石家庄东）。很显然，秦军企图切断赵国南北两部的联系，并以此为基地，对邯郸实施南北夹击。赵王迁一面派军北上，一面急调李牧从代郡驰援。

李牧长期驻守在赵国的北部边境，主要任务是防止匈奴人南下。因此，与赵国主力不同，李牧的边防军以骑兵为主，擅长机动作战。

李牧率边防军主力与邯郸派出的赵军会合后，在宜安附近与秦军对峙。秦军刚刚取得胜利，士气高涨。对此，李牧采取筑垒固守的策略，不与秦军决战，等时间一久，秦军疲惫，再伺机作战。秦军这边，秦将桓齮[yǐ]当然看出了李牧的心思，秦军远来，不宜久持，为了让赵军出战，他率军攻打肥城，企图诱使赵军出救，只要赵军一出，桓齮再率军回击，必获大胜。果然，赵将赵葱建议救援肥城。但李牧早已看透了桓齮的心思，仍是坚守不出。

秦军主力攻打肥城之后，营中空虚，又因为赵军一直拒不出战，以为赵军怯懦，于是放松了警惕。李牧趁机进攻秦军大营，一举成功，俘获全部留守的秦军和辎重。李牧料想桓齮必然回救，于是在桓齮回援的路上部署一支军队，正面阻击秦军，而将主力放在两翼。不久，桓齮果然回救秦营，与赵军正面交锋，李牧立即命两翼主力夹击，秦军大败。

肥之战，极大地挫伤了秦军的锐气。李牧因此被封为武安君。

第二年，秦军复来。秦军兵分两路，主力由上党出井陉，进军番吾（今河北平山），另一路自邺城北上，进逼邯郸。李牧采取南守北攻的策略，令司马尚在

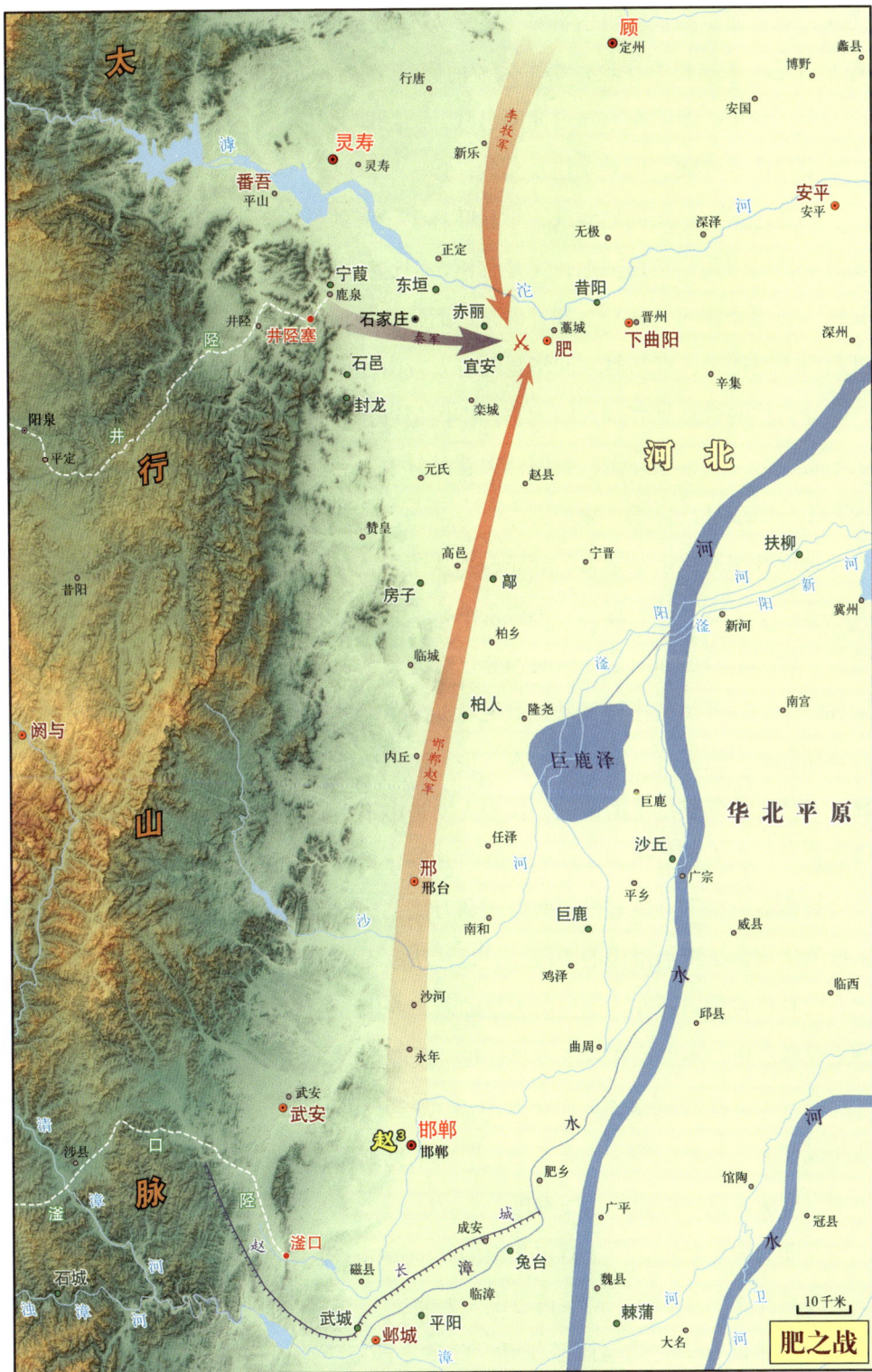

太

太行山脉

华北平原

河北

井陉塞

巨鹿泽

漳

滏口

赵③

邯郸

李牧军

邯郸赵军

秦军

肥

顾
定州

安平
安平

灵寿
灵寿
番吾
平山

行唐

新乐

正定

宁葭
鹿泉

东垣

赤丽

石家庄

宜安

石邑

封龙

栾城

元氏

赵县

赞皇

高邑

房子

鄗

临城

柏乡

柏人

内丘

任泽

邢
邢台

南和

沙河

永年

武安
武安

邯郸
邯郸

成安

磁县

临漳

兔台

武城

平阳

邺城

石城

阳泉
平定

阌与

井陉

昔阳

无极

深泽

河

晋州
下曲阳

薏城

辛集

深州

宁晋

隆尧

巨鹿泽

巨鹿

平乡

沙丘
广宗

鸡泽

曲周

肥乡

广平

魏县

棘蒲

大名

扶柳

新河

冀州

南宫

威县

临西

邱县

馆陶

冠县

10千米

肥之战

237

南线，依托漳水和长城阻击秦军，自率大军北上，与秦军主力决战。两军在番吾附近相遇，李牧督军猛攻，秦军大败而回。李牧随即回师，与司马尚合兵一处，攻击南路秦军。南路秦军知道北路已败，一触即溃。

秦国连战连败，但并未伤及元气。

只是，秦、赵之间的激战，早已吓坏了一旁的韩、魏。韩、魏两国担心秦国转身对自己用兵，又是割地，又是称臣。但这些举措已经无济于事，秦国在赵国受挫，必然要在韩、魏身上找补回来。而且从地理上讲，秦国攻打韩、魏要比攻打赵国方便得多，秦与赵之间毕竟隔着太行山，而与韩、魏之间则是一马平川。

最害怕的当然是韩国，因为它离秦国最近。面对秦国的泰山压顶之势，韩国也不是没努力过，派郑国去秦国修渠就是其中之一。郑国的间谍身份暴露后，韩国害怕秦国报复，只能一味妥协。

话说韩国有位宗室子弟名韩非，师从荀子，与李斯是同学，早就看到韩国形势危急，多次上书韩桓惠王，不得采纳，于是埋头著述。韩桓惠王死后，韩王安继位，韩国形势更加紧迫。这时韩非已有些名气，韩王安才开始重用韩非，但一切都晚了。韩非是战国晚期集法家之大成者，后人称其为"韩非子"，其才能远在李斯之上。法家有三宝：法、术、势。法以严刑厚赏推行法令，代表人物是商鞅；术是君主驾驭臣子的手段，代表人物是申不害；势是提高君主的权威，或者说权势，代表人物是慎到。韩非子兼收并蓄，将三者融为一体，认为君主只要将三者灵活运用，就可以轻松驾驭臣子和万民，达到国治民安的目的。这套理论后来成为历代帝王统治臣民的手段。只是，法家无所不用其极，总是在无限加强君权，而且将希望寄托在一个完美无缺的君主身上，殊不知不受限制的权力终将会产生反噬作用，不仅反噬君主本身，也会反噬这些理论的创造者和践行者。

韩非的文章传到秦国，秦王政看后大为赞赏，有如醍醐灌顶，说："寡人若能见到此人，与之交游，死而无憾！"为了见到韩非，秦王政下令攻打韩国。韩王安没办法，只好派韩非出使秦国。

韩非的理想是建立一个君主集权的统一帝国，这也正是秦王政的理想，所以秦王政对韩非十分欣赏，向他请教统一方略。

韩非建议秦王先伐赵而缓伐韩，此举立即被李斯抓住了把柄。李斯对秦王政说："韩非毕竟是韩国公子，始终是为韩国打算，这是人之常情。大王既然不用他，将来放回去就是个后患，不如找个借口杀了他。"秦王政认可，下令将韩非抓捕入狱。李斯趁机派人给韩非送去毒药，让他自杀。韩非想见秦王，表明心迹，但在李斯的蒙蔽下，没能见到。其实秦王政在韩非入狱后不久就后悔了，派人去赦免韩非，但为时已晚，韩非已经死了。

韩非一死，韩王安的最后一张牌也打完了，于是把"南阳之地"割给秦国，以求秦国的宽恕。这里的南阳之地既不是今天的南阳盆地，也不是河内地区，此时的韩国在这两处都没有土地。所谓山南水北谓之阳，这里的南阳指的是箕山之阳，即箕山到鲁阳一带的土地，也是韩国能拿得出手的为数不多的土地之一。

前231年，秦国派内史腾做南阳假守（代理太守）。

前230年，秦王政命内史腾攻韩，俘虏韩王安，韩国亡。随后，秦国在韩国旧地置颍川郡，郡治为阳翟。颍川指的是颍水，也就是今天的颍河，颍川郡以颍河为中心，地跨颍河两岸。

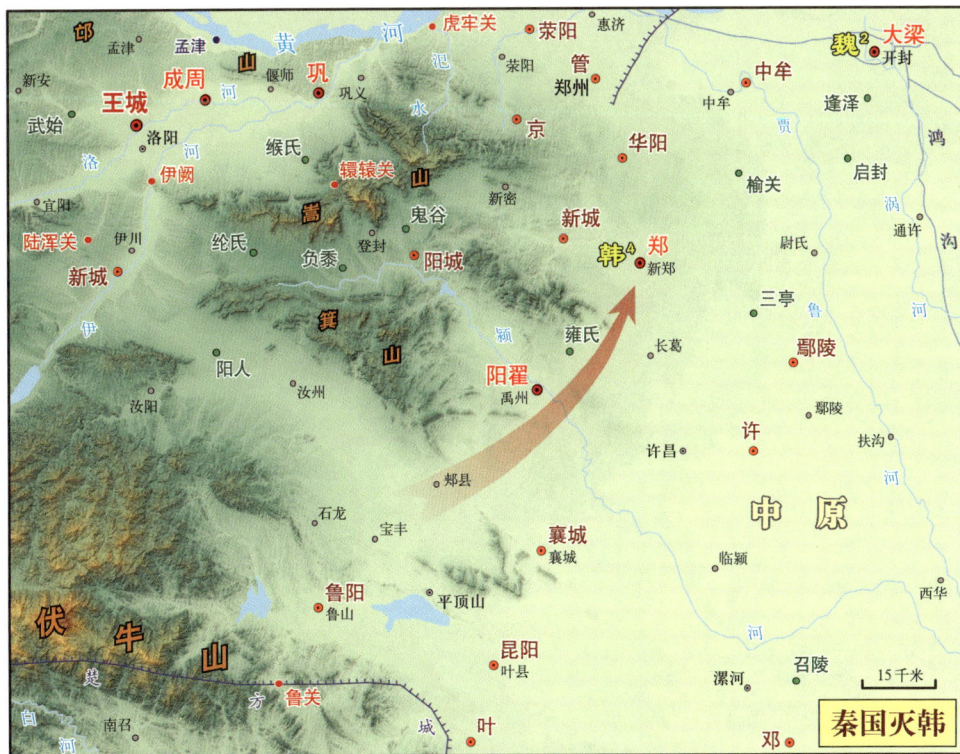

秦国灭韩

正当秦国攻灭韩国的时候，赵国境内因旱灾发生严重的饥荒，秦国瞅准时机，立即出兵赵国。

前229年，秦军依然是分兵两路：王翦由太原郡出井陉，从北方往邯郸进发；杨端和由河内北上，从南方夹击邯郸。

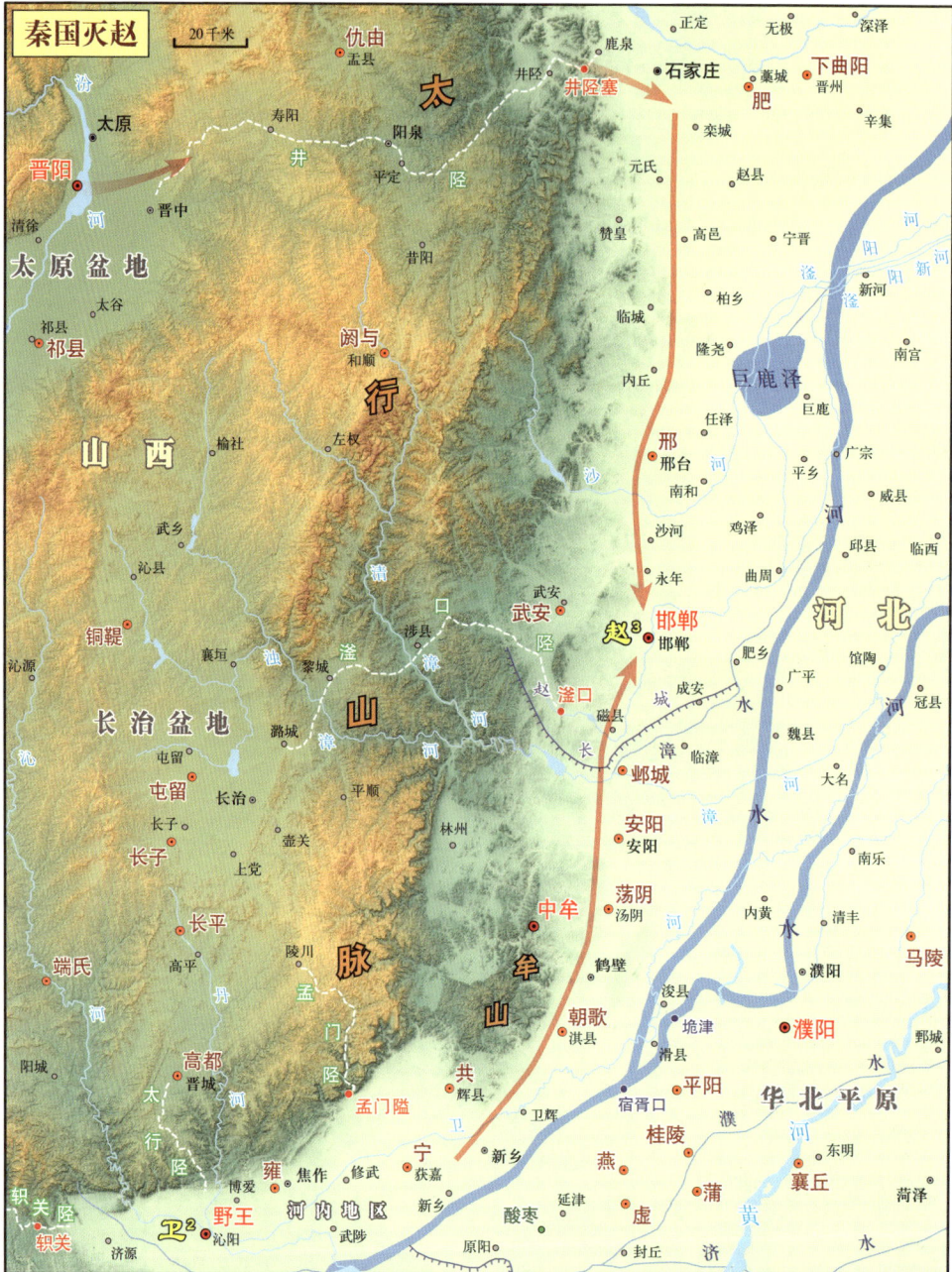

赵国方面，赵王迁派李牧和司马尚率军御敌。李牧仍采用筑垒固守的战术，避敌锋芒，不与秦军决战。秦军屡攻不胜，双方进入相持阶段。

此时郭开已是赵王迁的宠臣。郭开本是碌碌之辈，靠阿谀奉承上位，这种人最怕有真才实学的人，因为有真才实学的人会对他们的地位产生威胁，所以嫉贤妒能是他们一贯的特点。上一次，廉颇因为能力实在太强，被郭开害得回不了国，而眼下，李牧屡立奇功，假以时日，就会威胁到他郭开的地位。王翦正是抓住了这一点，使人携重金游说郭开。于是郭开向赵王迁说，李牧和司马尚暗通秦军，想要谋反。赵王迁听信谗言，便命赵葱和颜聚取代李牧和司马尚。李牧深谙兵法，知道大敌当前，更应该"将在外，君命有所不受"，拒绝交出兵权。赵王迁更深信李牧要造反了，暗中布下圈套，将李牧杀害，对司马尚也弃之不用。赵王迁此举，等于自掘坟墓。

李牧一死，赵国军心大乱。

前228年三月，王翦趁机猛攻赵军，杀赵葱，颜聚出逃。十月，王翦攻破邯郸，赵王迁被俘，赵国灭亡。

秦王政在邯郸做人质的时候，遭到不少人的欺负，此时他立即亲赴邯郸，将当年欺负自己的人全部坑杀，然后心满意足地从太原返秦。

随后，秦国在赵地设邯郸郡。

邯郸城破时，赵王迁的哥哥公子嘉带领宗族数百人逃到代郡，自立为王，史称代王嘉。

赵国既灭，秦国屯兵中山，兵临易水，燕国危在旦夕。

第二十七章 荆轲刺秦

燕太子丹曾在赵国为人质，那时候秦王政也跟着父亲在赵国为人质，两人关系很好。然而，当秦王政回国为王，太子丹又到秦国为人质时，秦王政对他很不友好。

前232年，太子丹逃回燕国。回国后，太子丹一心想报复秦王，可惜燕国太弱，他一时找不到办法，便去请教老师鞠武。

鞠武说："秦国那么强大，你为什么要去触逆鳞呢？"

太子丹说："那还有别的办法吗？"

鞠武说："让我想想。"

不久，秦将樊於期因为得罪了秦王政逃到燕国，太子丹收留了他。鞠武建议太子丹把樊於期送到匈奴去，以免给秦王政攻打燕国以口实，然后与三晋结盟，同时联合齐、楚，与匈奴讲和，这样就可以对付秦国了。

太子丹说："老师的计划，需要的时间太长了，我等不及。而且，樊将军穷途末路来投靠我，我不能因为害怕秦国而抛弃他，除非我要死了，才会把他送到匈奴去。老师再想想别的办法。"

鞠武说："燕国有位田光先生，智勇双全，可与之商量。"

太子丹说："请老师引见。"

田光是燕国的豪侠，有节操，明大义。鞠武见到田光后，说："太子希望与先生一同谋划国事。"

田光说："谨遵指教。"便来见太子丹。

太子丹听说田光来了，立即出门相迎，倒退着为田光引路。进屋后，跪下来将座席拭了又拭，然后请田光坐。

田光坐稳后，太子屏退左右，起身向田光道："燕国与秦国势不两立，希望先生指点一二。"

田光说："千里马壮年的时候，可以一日千里，可等它老了，就是劣马也能超过它。太子只听说过我年轻时的事，却不知道我已经老了——然而，我虽不能为太子效力，我的朋友荆轲却可以承担这个使命。"

太子丹说："希望先生为我引见荆卿，可以吗？"

田光说："遵命。"

田光起身告辞，太子丹送他到门口，说："今天我所讲的、先生所说的，都是国家大事，希望不要泄露出去！"

田光俯身笑道："是。"然后走了。

太子丹看着他弯腰驼背渐渐远去的背影，心想，田光果然是老了。

荆轲也是位侠士，原本是卫国人，后游历到燕国，与田光交好。荆轲常混迹于市井之中，放歌纵酒，酒醉之后与好友高渐离等人相对而泣，旁若无人。但荆轲不是普通的莽夫，其人好击剑、读书，表面上放荡不羁，其实心怀大志。也正因如此，田光推荐了荆轲。

田光找到荆轲后，说："你我彼此要好，燕国无人不知。太子听说了我年轻时候的事，想托付大事给我，我很荣幸，只是力不从心，所以我把你推荐给太子了，你去宫里找他吧！"

荆轲说："好。"

田光又说："老年人做事，不能不让人放心。太子告诫我不要泄露机密，这是对我不放心。一个行事让人疑虑的人，算不上侠义之士，你去告诉太子，就说我已经死了，让他放心。"说完就拔剑自刎了。

于是荆轲来见太子丹，告诉他田光已死，并转告了田光的话。太子丹痛哭流涕，说："我之所以告诫田先生不要说出去，是想保全大事得以成功，没想到田先生却以死明志，这不是我的初衷啊！"

事毕，荆轲端坐，太子丹起身，以头叩地，说："燕丹不肖，蒙田先生厚爱，得见足下，故而不揣冒昧，这实在是上天不愿抛弃燕国。秦王野心勃勃，贪得无厌，不占尽天下的土地，不使各国的君主臣服，是不会满足的。眼下，秦国已俘虏了韩王，占有了韩国的领土，又出兵向南攻打楚国，向北逼近赵国。王翦的几十万大军已到达漳水、邺县一带，而李信出兵太原、云中。赵国抵挡不住秦军，必定会臣服，那么燕国将会大祸临头。燕国弱小，就算举全国之力也不能抵挡秦军，而诸侯畏惧秦国，已无人敢再提合纵之事。我有个不成熟的计策，如果能有天下的勇士，前往秦国，以重利诱惑秦王，秦王贪婪，必然中计，以此接近秦王并劫持他，就像当年曹沫劫持齐桓公一样，让他归还各国的土地，那就太好了；如若不行，就趁机杀死他。秦国的将领在外，手握兵权，如果国内动乱，将领们就会彼此猜忌，东方各国再趁机合纵，定能打败秦国。这是我最大的愿望，却不知道该托付给谁，请足下考虑。"

一时间空气仿佛凝滞，四周听不见任何声响。

良久，荆轲说："这是国家大事，我能力有限，恐怕不能胜任。"

太子丹上前，再次以头叩地，恳请荆轲不要推托。荆轲思之再三，最终答应了。

于是太子丹拜荆轲为上卿，给他安排上等的房子，每天前去问候，好吃好喝地招待他，还不时送上奇珍异宝，车马和美女也是随其所欲。

但过了很长一段时间，荆轲却没有要行动的意思。

前228年，秦国灭赵，大军逼近燕国南境，太子丹深感恐惧，恳请荆轲道："秦军早晚渡过易水，那时就算我想长久侍奉您，恐怕也办不到了！"荆轲说："太子就算不说，我也要请求行动了。只是，现在去秦国，没有让秦王信任我的东西，又怎么接近秦王？那樊将军，秦王赏千金、封万户侯要他的脑袋。如果能得到樊将军的人头和燕国督亢的地图，献给秦王，秦王一定乐于见我，如此我则有机会报效太子。"

太子丹大惊失色，道："樊将军穷途末路来投我，我怎么能因一己之私而伤这位长者的心？足下另想别的办法吧！"

荆轲明白太子不忍心，便私下见樊於期，说："秦国对将军真可谓狠毒，将军的父母、族人都被杀尽。听说秦王为了得到将军的首级，赏千金，封万户侯，将军有什么打算吗？"

樊於期仰天长叹，泪流满面，说："每每想到这些，我痛彻心扉，却又毫无办法！"

荆轲道："在下有一言，可解燕国之围、报将军之仇，将军以为如何？"

樊於期立即凑上前来，道："请赐教！"

荆轲说："我想得到将军的首级，把它献给秦王，秦王必定乐于见我，到时我左手抓住他的衣袖，右手执匕首刺入他的胸膛，这样将军的仇就报了，燕国的恨也洗掉了，不知将军意下如何？"

樊於期脱掉一只衣袖，露出臂膀，一只手紧紧握住另一只手的手腕，走近荆轲，道："这正是我日思夜想难以平复的事，今日幸得指教！"于是自刎而死。

太子丹得知后，急急赶来，伏尸而哭，哀伤不已。但事已至此，他只好让人将樊於期的头装到匣子里密封起来，等荆轲起程。

有了樊於期的人头，剩下的就是督亢地图。督亢位于燕国的南部，今涿州到固安一带。燕国地处河北北部，纬度高，气候寒冷，农耕条件并不是太好，但督亢的位置偏南，再加上这里有涞水（今拒马河）流过，因此水热条件较好，适于耕种。再往南，就是燕下都武阳城所在地，已经靠近边境线了。因此，督亢是燕国最好的耕地。同时，督亢位于燕长城与蓟都之间，也是燕国都城的屏障，一旦督亢成为秦国的领土，秦国可以随时攻取蓟城。所以，督亢地图对秦王政的吸引力也很大，地图代表着版图，献图意味着献地。

荆轲要督亢地图还有一个作用，就是将匕首藏在地图里面。当地图卷成一个卷轴的时候，中间空心的地方正好能放一把匕首。太子丹已事先命人寻找天下最锋利的匕首，最终花费百金从赵国徐夫人手中买下匕首，让工匠在匕首上淬毒，然后拿罪犯试验，见血即死。

为确保万无一失，太子丹给荆轲派了一名副手。燕国有位勇士叫秦舞阳（燕将秦开之孙，也作秦武阳），十三岁就杀过人，别人都不敢正眼看他。柳宗元有篇文章《童区寄传》，曾被选入中学语文教材，作者为了说明区寄的勇猛，特意拿秦舞阳做比较，在文章结尾说："是儿少秦武阳二岁，而讨杀二豪，岂可近耶！"这说明秦舞阳的勇猛并非浪得虚名，太子丹派他做荆轲的副手也不是仓促决定的。只是，勇猛与胆略还是有区别的。

荆轲有自己的人选，他在等这个人，并且为他准备好了行装，只是这个人离得远，还没赶到。

又过了些日子，荆轲还没出发，太子丹以为荆轲反悔了，在拖延时间，于是再次催促道："日子不多了，荆卿准备动身了吗？要不我让秦舞阳先去？"这明显是在逼荆轲。

荆轲怒道："太子这是要干什么？让秦舞阳先去，提一匕首入不测之强秦，往而不返，竖子之行也！我之所以没动身，是在等一位朋友同去，既然太子着急，我便就此告辞！"

出发这天，太子丹和一些知道内幕的宾客，都穿戴白衣白帽前来为荆轲送行，一直送到燕国的边境——易水。

"易水"其实是个统称。从今天的地图上看，易水有三条：北易水、中易

督亢与易水

水、南易水（即瀑河）。战国时期易水也有两条，北线与今中易水走向一致，于今定兴附近汇入涞水。涞水即今拒马河，发源于今涞源一带，蜿蜒北上后东出太行山，战国时期还没有北拒马河和白沟河，所以涞水东出太行山后折向南方，沿今南拒马河一线，过今涞水、定兴后，与易水汇合，最终从今雄县附近注入河水（黄河）。南线易水变动较大，上游基本与瀑河重合，而下游却与今萍河重合，整体沿燕长城一线，最终在今安新附近注入河水。实际上，燕长城最开始就是利用南线易水的河堤修筑的，南线易水也可以看作燕长城的护城河。过了南线易水，即是原赵国所在地，现属于秦国。所以，太子丹送荆轲所到达的易水是南线易水，此时已过了燕长城，渡过易水便是秦国。

在易水岸边，太子丹为荆轲饯行。然后，高渐离击筑，荆轲和而歌，众人皆垂泪。荆轲远去，众人在他身后唱道："风萧萧兮易水寒，壮士一去兮不复还！"而荆轲始终没有回头。

前227年，荆轲携秦舞阳到达咸阳，先向秦王政的宠臣蒙嘉送上厚礼，让蒙嘉传话。秦王政听说燕国主动献地，还带来了樊於期的人头，大喜，乃朝服，设九宾，在咸阳宫里召见燕国使节。

召见那天，荆轲手捧木匣走在前面，里面装着樊於期的人头，秦舞阳捧着督亢地图走在后面。秦宫大殿巍峨，台阶很长，两人一前一后朝大殿走去，走着走着，秦舞阳脸色煞白，浑身发抖，秦国文武大臣不由疑惑。荆轲回头看了一眼，笑了笑，然后朝秦王道："北方蛮夷粗人，未曾见过天颜，所以害怕，请大王见谅！"秦王政回道："你拿着他手里的地图。"于是荆轲拿过秦舞阳手中的地图，独自一人上殿。

荆轲先献上木匣，秦王政打开一看，果然是樊於期的人头，顿时放松了警惕。然后荆轲献上地图，因秦王政未曾到过燕地，荆轲要展开地图给秦王政讲解。秦王政同意，让荆轲近前，在案上展开地图。

当督亢地图在秦王的案上徐徐展开的时候，燕国的山河一寸寸映入秦王的眼帘，秦王喜不自胜，看得痴迷。当地图完全展开时，竟露出一把匕首（图穷匕见），秦王政一时没反应过来，而荆轲已经将匕首抓在手里。

荆轲左手揪住秦王的衣袖，右手持匕首向秦王逼来。秦王本能地往后躲，无

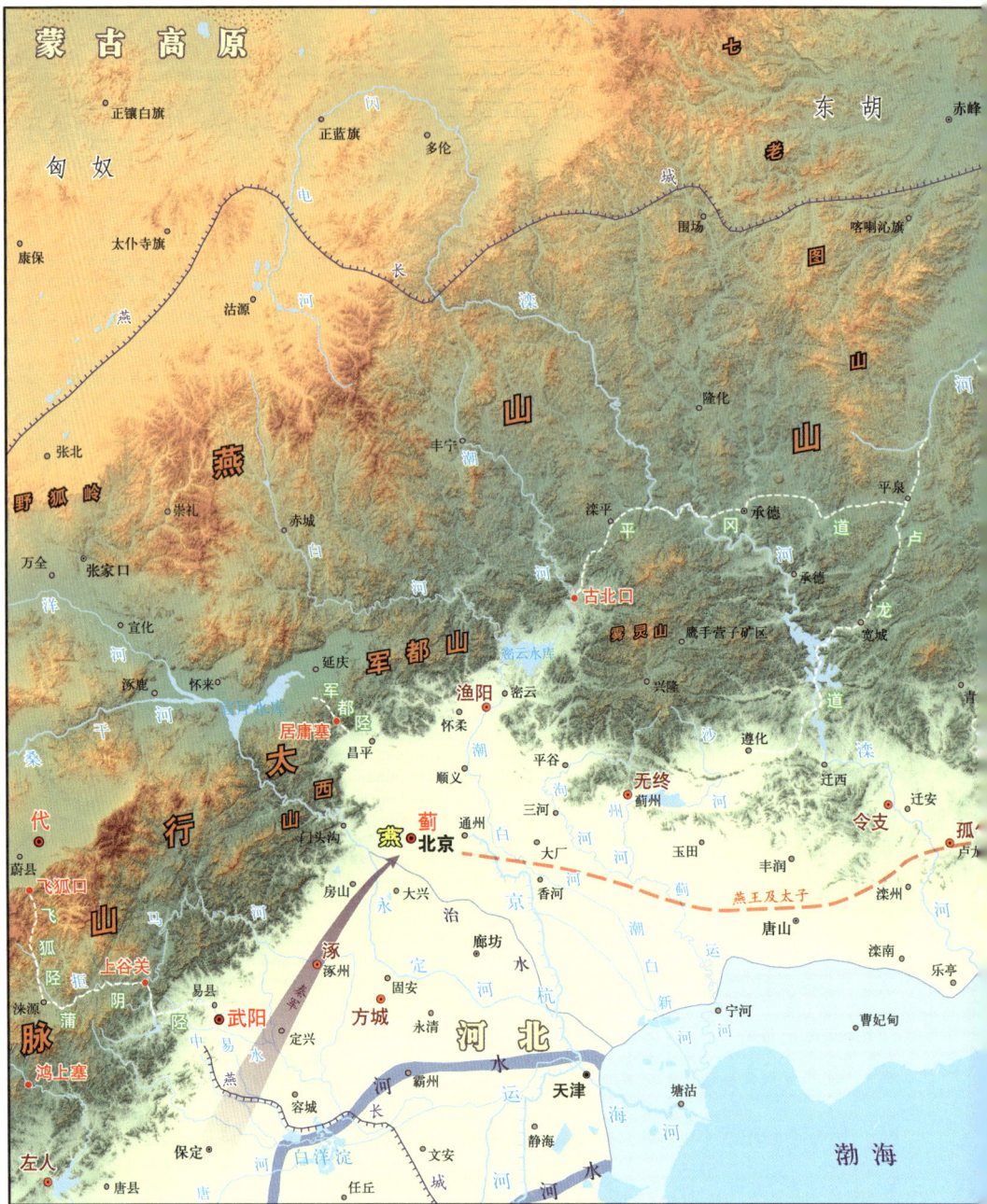

意中把袖子扯断，得以脱身，随即拔剑，没想到剑太长，一时拔不出来。

这时荆轲追了上来，秦王只好绕着柱子跑。

此时秦国的大臣们都看呆了，但没有一个敢上前，因为秦法规定，臣子上殿

东北平原

辽河平原

秦国伐燕

25千米

渤海

不得持有兵器，而持有兵器的侍卫都在殿下，没有秦王的召令是不能上殿的。此时的秦王只顾着逃命，哪里还想得起召令这码事？

却说群臣之中有位侍医（侍候秦王的医官），名叫夏无且，虽然没有武器，但因为职业原因，随身总带着个药囊，情急之中，他拿起药囊朝荆轲砸去。

荆轲发觉有个不明物体袭来，回头躲闪，这一分神，给了秦王空隙，而左右趁机喊道："大王把剑转到背后！"秦王把剑鞘转到身后，果然将长剑拔了出来。

秦王政也是身怀武艺之人，以长剑对匕首，荆轲立即落了下风。

秦王一剑砍断了荆轲的左腿，荆轲倒地，以匕首投秦王，结果没投中。秦王又朝荆轲连刺八剑，荆轲浑身是血，自知大事不成，倚柱而笑，道："事情所以不成，是因为我想生擒你，逼你签约以报太子。"

秦王这才缓过神来，召武士上殿杀了荆轲，秦舞阳也被杀于阶下。

这件事情，让秦王政很长一段时间都生活在恍惚之中。

荆轲虽功败垂成，其壮举却令后人景仰。

按照秦国的计划，应该先灭三晋，而后伐燕、伐楚，最后是齐国。如今韩、赵已亡，下一个应该是魏国。但这次刺杀行动让秦王政震怒，于是他改变了计划，立即派王翦、辛胜率军攻打燕国。

燕王喜与代王嘉联合，在易水共同阻击秦军，结果失败。

前226年，秦王政继续往前线增兵，王翦一举攻破燕都蓟城，燕王喜和太子丹逃往辽东襄平（今辽宁辽阳），秦军也随后追来。

太子丹知道秦军不肯罢休是因为自己，便躲到襄平附近的衍水，暂避风头。而此时燕王喜却收到了代王嘉的一封信。信中说，秦国要的是太子丹，如果杀了太子丹，秦国就退兵了。

燕王喜听信了代王嘉的话，派人到衍水杀了太子丹，取其首级，献给秦国求和。后人为了纪念太子丹，将衍水改名为太子河。

但秦国并没有答应讲和，只是眼见燕国已是奄奄一息，就不急于一时，便暂停进兵。与燕国相比，秦国更想灭掉挡在东进路上的魏国。

第二十八章 一统天下

同年（前226年），王翦从蓟都撤军后，立即南下，目标直指魏都大梁。

魏国立即出动四十万大军北上，拦截秦军，这几乎是魏国全部的兵力。

而与此同时，秦国派王翦之子王贲率军进攻楚国北部，取十余城。袭击楚国不是目的，而是意在使楚国在关键时刻无法援助魏国。只要楚国不援助，魏国就会陷于孤立无援的境地。

随后，王贲率军北上，扬言要支援从北方南下的秦军。如果从魏军的角度看，王贲此时北上，可以与王翦南北夹击，将魏军主力消灭在外，合情合理。

但王贲北上后不久（前225年），却突然率军南下，直奔大梁。与此同时，另一支秦军封锁了黄河渡口，使魏军主力不能回援。

大梁此时几乎是座空城，但凭着其城高池深，守军拼死抵抗，秦军几次强行攻城，都无功而返。

情急之下，秦军引河沟之水灌城。"河"指黄河，"沟"指鸿沟。战国时期的黄河（河水）离大梁城很远，而鸿沟离大梁城很近。所以秦军先将黄河之水引入鸿沟，抬高水位，再利用鸿沟水淹大梁城。

当时的城墙都是用土夯成的，经不起雨水的长期浸泡。三个月后，大梁城坍塌，城内死伤无数，魏王假出降。

而魏军主力，也被王翦消灭在河北。

至此，魏国灭亡。

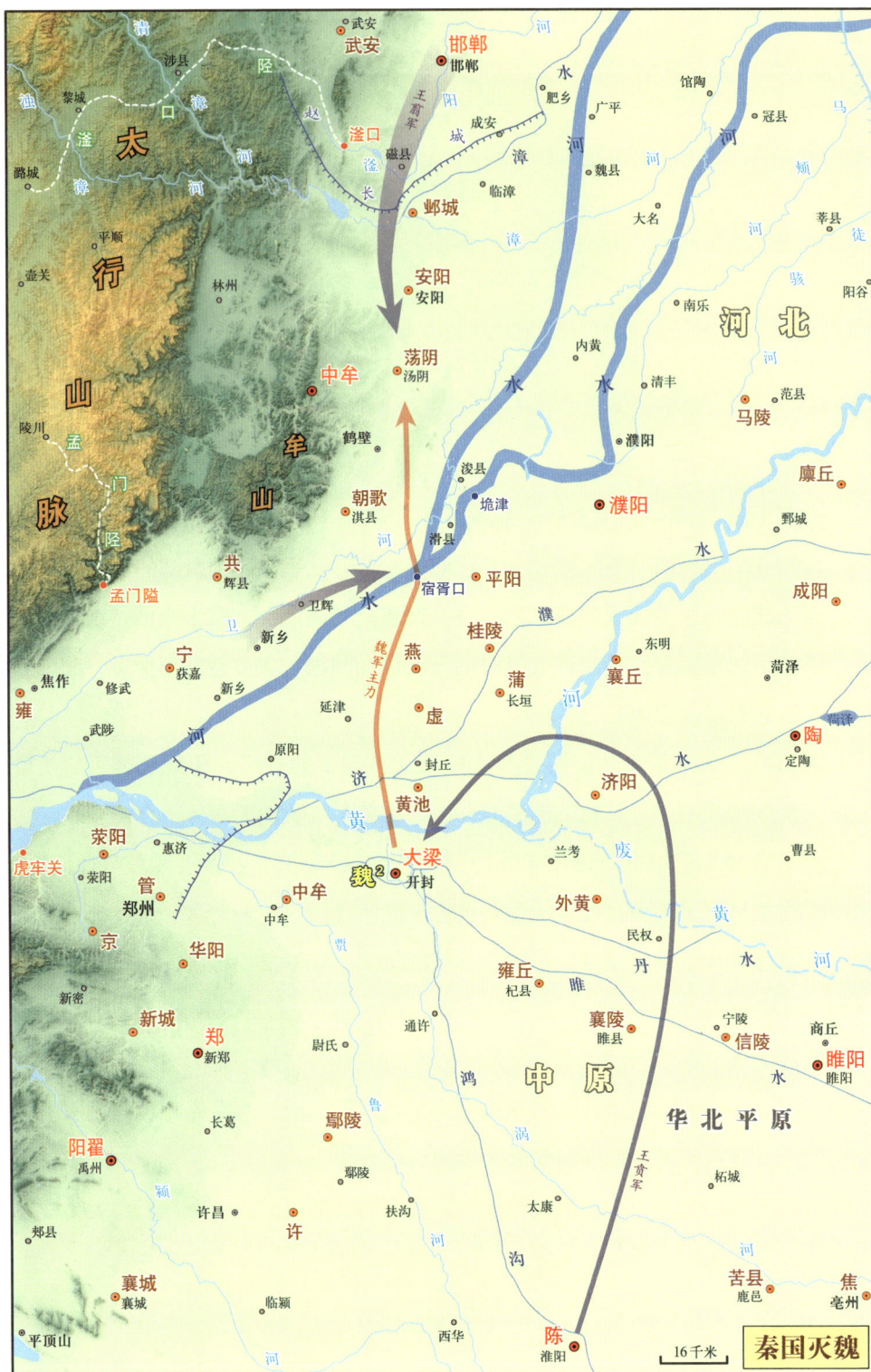

太行山脉

涛

涉县

黎城

武安
武安

邯郸
邯郸

陉
口

漳
河

赵

王翦军

阳
城

成安

磁县

肥乡

广平

馆陶

冠县

马

顿

涉口

涉口

长

漳
河

邺城

临漳

大名

莘县

徒

驼

阳谷

河

河北

平顺

壶关

林州

安阳
安阳

漳

内黄

南乐

清丰

河

陵川

牟
山

鹤壁

荡阴
汤阴

浚县

濮阳

范县

马陵

孟
门
陉

中牟

朝歌
淇县

圮津

濮阳

鄄城

廪丘

脉

共
辉县

水

滑县

平阳

濮

成阳

孟门隘

新乡

卫辉

宿胥口

桂陵

东明

菏泽

焦作

雍

宁
获嘉

新乡

魏军主力

燕
虚

蒲
长垣

襄丘

河

陶
定陶

武陟

河

延津

济

黄池

封丘

济阳

水

曹县

荥阳

惠济

济
黄

黄

大梁

兰考

废

虎牢关

荥阳

管

京

中牟
中牟

魏②
开封

外黄

民权

丹

黄

水

河

郑州

华阳

贾

水

雍丘
杞县

睢

宁陵

商丘

新密

新城

鸿

襄陵
睢县

信陵

睢阳
睢阳

新郑
郑

尉氏

通许

中
原

华北平原

柘城

阳翟

禹州

长葛

鄢陵
鄢陵

鲁

涡

太康

王贲军

颍

许昌

许

扶沟

河

苦县
鹿邑

焦
亳州

郏县

临颍

沟

襄城
襄城

西华

陈
淮阳

平顶山

河

16千米

秦国灭魏

252

紧接着，秦国将矛头转向楚国。对秦国来说，楚国才是最大的敌人。而此时的楚国，正经历一连串的内乱，其根源在于楚幽王的身世问题。

楚幽王在位十年后（前228年）去世，无子，同母弟熊犹继位，此即楚哀王。仅仅两个月后，熊犹的庶兄负刍揭露了当年李园的阴谋，声称熊犹也不是楚考烈王的儿子，便将其杀死，然后自立为王。其实，如果说楚幽王不是楚考烈王的亲儿子还有些依据，楚哀王的身世应该是没有问题的，因为熊犹是李园的妹妹入宫多年后生的，那时春申君早已死去。而且，按排行，负刍排在楚幽王和楚哀王之间，既然负刍认为自己的血统没有问题，那么楚哀王的更没问题。所以，说楚哀王不是楚考烈王的儿子只是一个借口，不仅负刍需要这个借口上台，还有众多的力量需要用这个借口除掉李园一族。

因此，负刍即位后，将李园一族满门抄斩。

负刍即位三年（前225年），秦国正式攻打楚国。

但楚国不是三晋，也不是燕国，秦王政不敢轻举妄动，问李信："寡人要取楚国，将军以为要用多少兵马？"李信曾在追击燕太子丹时表现英勇，因此颇得秦王政赏识。

李信道："不过二十万。"

秦王政又问王翦，王翦说："非六十万不可。"

秦王政道："王将军老了，这么胆小！李将军年轻勇猛，他说的才对。"于是命李信和蒙恬率二十万大军攻打楚国。王翦称病，告老还乡。

秦军进入楚境后，分兵两路，李信进攻平舆（今河南平舆北），蒙恬进攻寝邑（今安徽临泉），大破楚军，兵锋直指楚都寿春。然而，就在此时，陈地的楚人造反了，领头的正是昌平君。

昌平君原本是秦王政派往陈地安抚楚人的。作为楚国的故都，陈地被秦国占据后，当地的楚人时有反叛。昌平君从小生活在秦国，除了是楚考烈王儿子这个身份外，他几乎把自己当成了秦人，平时办事也是尽心尽力，深得秦王政信任。但当他到达陈地，看到当地楚人被征服后的惨状时，楚王的血脉起了作用，于是与当地的楚人一起反了。

李信一路前行，本已到达颍河岸边，准备渡河与楚军决战，此时听说后方昌

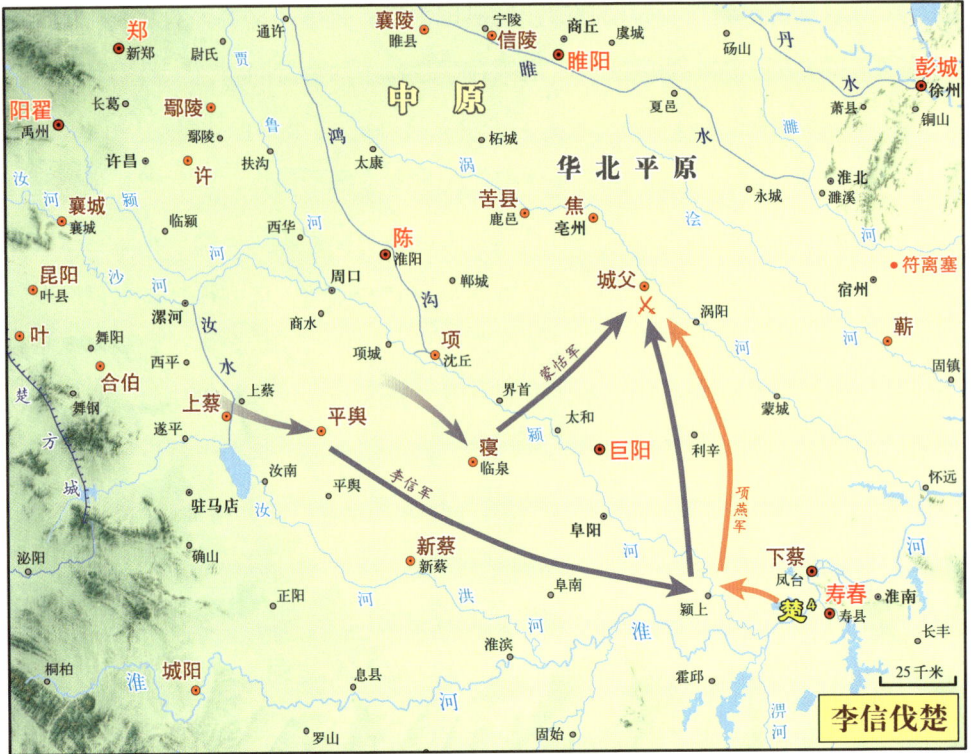

李信伐楚

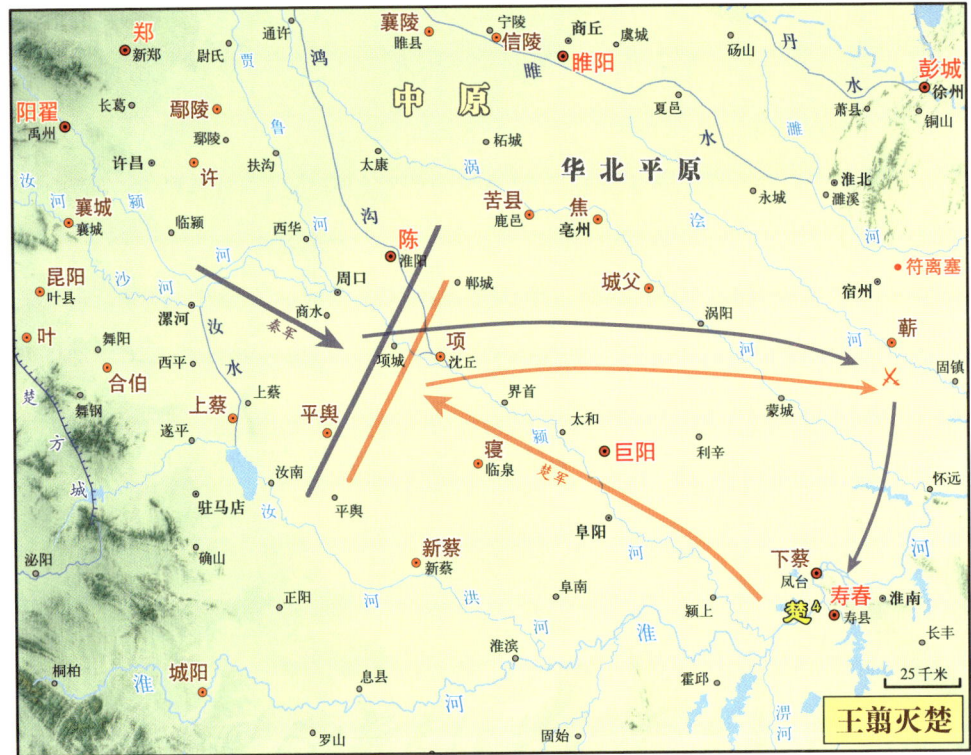

王翦灭楚

平君造反，立即挥师北上，与蒙恬相约在城父会合。

而此时的楚将是项燕，见秦军向北，立即尾随在后，三天三夜不停宿，果然追上，大败李信部秦军，又攻入秦军的两个营地，斩杀了七个都尉。李信率残部逃回秦国。项燕正是项羽的祖父。项家世世代代为楚将，因封于项地（今河南沈丘），因此以项为氏。

秦王政得知秦军兵败的消息，大为震惊。思来想去，秦王政知道自己用人不当，便亲自前往王翦的家乡频阳（今陕西富平东北），请王翦出任秦军统帅。王翦推辞，说身体不适，难以从命。秦王政固请，王翦说："如果非要用臣，需六十万大军。"秦王政同意。

出征时，王翦请求秦王政赐给他许多良田、美宅、园林、池苑等，还帮着儿孙们要了许多土地。出关前，又连续五次奏请秦王赐给他良田。连部下都觉得王翦太过分，真是趁火打劫，狮子大张口。王翦却说："大王生性多疑，如今秦国士兵全在我手中，此时我只有多提要求，让大王觉得我只是贪图钱财，才不会怀疑我拥兵自重。"君王以术治臣，臣子揣摩上意，这正是法家思想在起作用。

前224年，王翦领兵抵达楚境。

楚国这边，听说秦国出动六十万大军，也调动了国内全部的兵力，共计四十万，准备迎战秦军。

但王翦却下令秦军坚守营寨，让士兵每天好吃好喝，练习投石跳远，就是不出战。

项燕多次到秦营挑战，秦军置之不理。

一年后，楚军挑战不成，慢慢松懈，就率军东归了。

王翦趁机率军追击，至蕲县南，大败楚军，项燕自杀。

前223年，王翦和蒙武率军继续南下，攻破楚都寿春，俘虏楚王负刍。楚人拥立昌平君为王，继续在淮南抗秦。但随着秦军南下，昌平君战死，楚国彻底灭亡。

剩下的事就没什么悬念了。

前222年，秦国派王贲进兵辽东，俘虏燕王喜，燕国灭亡。接着回师蓟城，西取代国，俘虏代王嘉，代亡。

最后一个，齐国。

齐王建继位之初，其母君王后摄政，与秦国谨慎交往，对五国的生死不闻不顾。君王后死后，齐王建继续奉行与秦相安无事的政策，在位四十多年没经历过战争。其实在齐国的君臣之中，不是没人懂得唇亡齿寒的道理，但他们对当年五国伐齐的积怨太深，最终齐国选择袖手旁观。

前221年，秦王政派王贲从燕地南下，攻打齐国。在山东六国之中，其他五国都处于一马平川之地，只有齐国依山靠险，有泰山，有长城，如果秦军从西面来，齐国很好防守，但秦军选择了齐国最薄弱的北面。从这里，秦军只要渡过济水，临淄便无险可守，当年乐毅也是选择从这个方向攻打齐国，几乎让齐国灭国。

当秦国先后灭掉山东五国的时候，齐国这才感觉自己不会是个例外，开始派兵守卫西部边疆，断绝与秦国的一切往来。而当秦军从北方大举南下时，齐国军队四十多年未经历过战争，此时连反抗的能力都没有，一触即溃。于是秦国派出

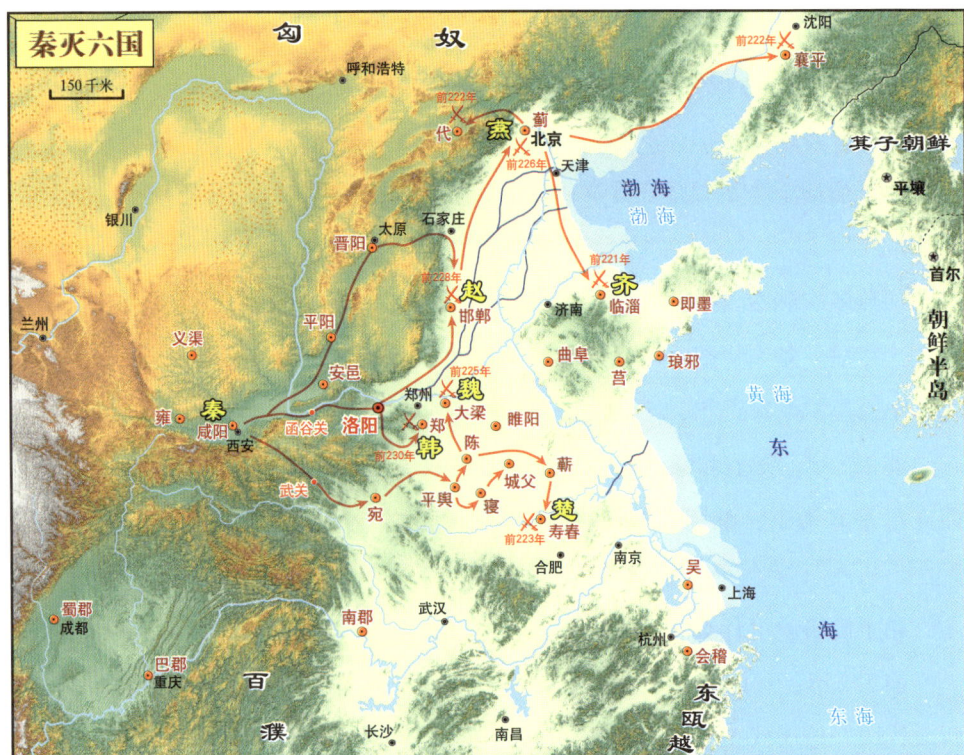

秦灭六国

150千米

使节，劝齐王建投降，说只要齐王投降秦国，秦国便封给他五百里土地。齐王建犹豫不决，找后胜商量。

后胜是齐国的相国，也是君王后的弟弟、齐王建的舅舅。但此时的后胜，早已被秦国重金收买，他也劝齐王建投降秦国，不要抵抗。于是齐王建率齐国群臣投降。

但事后秦国并没有兑现承诺，秦国把齐王建安置在共地（今河南辉县）一块荒无人烟的地方。这里地处太行山东麓，青松掩映，翠柏含烟，但是没有吃的，齐王建最终活活饿死。

从前230年灭韩算起，到前221年，前后仅仅十年，秦国便吞并了六国，其速度之快，令人咋舌。

从此，天下归一。秦王政自认为"德兼三皇，功过五帝"，于是各取一字，以"皇帝"为称号。又因为他是中国历史上第一个使用"皇帝"称号的人，所以称"始皇帝"。

在中央，秦始皇实行三公九卿制。三公通常指丞相、太尉、御史大夫，丞相管行政，太尉管军事，御史大夫管监察。但实际上这是汉朝的叫法，秦朝的百官之长是相邦，"邦"即是国，汉之后避刘邦的名讳称"相国"；另有左、右两名丞相，是相邦的助手；而"太尉"也是汉朝的称呼，秦朝时称"国尉"。所以，秦朝的三公指相邦、国尉和御史大夫。

三公九卿的说法其实由来已久，周朝时，称太师、太傅、太保为三公，也有说以司马、司空、司徒为三公，那时候的三公还只是对位高权重之人的尊称，到秦朝时才明确为官职。九卿更多时候是个概数，其地位仅次于三公，秦朝的九卿为：

奉常，掌管宗庙礼仪，九卿之首；

郎中令，掌管宫殿警卫；

卫尉，掌管宫门警卫；

太仆，掌管宫廷御马和国家马政；

廷尉，掌管司法审判；

典客，掌管外交和民族事务；

宗正，掌管皇族、宗室事务；

治粟内史，掌管租税钱粮和财政收支；

少府，掌管专供皇室需用的山海池泽之税及官府手工业。

汉朝时，九卿的名称也有变动，就不列举了。

最关键的是，三公九卿都由皇帝任免，一律不得世袭，这样就将所有的权力都集中在皇帝一人手上。

在地方，丞相王绾认为，齐、楚、燕等地偏远，应该分封诸王，便于管理。秦始皇让群臣商议，大多数人都认为这个提议合理。但廷尉李斯认为：周朝所封子弟甚众，但几代之后逐渐疏远，而后相互攻伐，周天子也不能制止；如今海内一统，皆为郡县，重赏诸子和功臣就可以了，分封诸侯不是好办法。

秦始皇最终采纳了李斯的意见，废分封，设郡县。

秦朝初期，全国设有三十六个郡，南征百越之后，新设桂林郡、南海郡、象郡和闽中郡，又将之前的三十六郡进行了调整，总共四十八郡。当然，这些郡并不是秦始皇统一天下后一次性设置的，有一部分是新设置的，也有一部分是在兼并过程中设置的，还有一部分是沿袭了原六国的设置。郡下设县，这也是战国时期逐步形成的。郡县的长官全部由中央任命，这样从中央到地方，所有的军政大权都把控在皇帝一人手上。由是，一个统一的帝国产生了。此后两千余年，这种格局基本没变。

后记

　　我们的历史，大多是帝王将相的历史，太多的宏大叙事，太多的气吞如虎，普通民众在这里通常只是一串数字。作为普通人，假如我们回到战国时代，大概率做不了商鞅、张仪，更做不了秦始皇，很有可能是秦治之下的一个农民，而且极有可能在时代的裹挟下，被征去前线做一名士兵。那么就让我们看一看，在被称作虎狼之师的秦军之中，一个普通士兵的境遇是怎样的。

　　1975年12月，湖北省云梦县睡虎地出土了大量秦简，其中有两片木牍，是两封家书。写信的是兄弟二人，一个叫"黑夫"，另一个叫"惊"，信是写给他们的兄长"衷"的。

　　先看第一封信，是黑夫写给衷的：

　　（正面）

　　二月辛巳，黑夫、惊敢再拜问衷，母毋恙也？黑夫、惊毋恙也。前日黑夫与惊别，今复会矣。黑夫寄益就书曰：遗黑夫钱，母操夏衣来。今书即到，母视安陆丝布贱，可以为禅裙襦者，母必为之，令与钱偕来。其丝布贵，徒操钱来，黑夫自以布此。黑夫等直佐淮阳，攻反城久，伤未可知也，愿母遗黑夫用勿少。书到皆为报，报必言相家爵来未来，告黑夫其未来状。闻王得苟得……

（背面）

毋恙也？辞相家爵不也？书衣之南军毋……不也？为黑夫、惊多问姑姊、康乐孝嬃故尤长姑外内？……为黑夫、惊多问东室季嬃苟得毋恙也？为黑夫、惊多问婴记季事可如？定不定？为黑夫、惊多问夕阳吕婴、區里阎诤丈人得毋恙……矣。惊多问新妇、媛得毋恙也？新妇勉力视瞻丈人，毋与……勉力也。

翻译如下：

二月辛巳日，黑夫和惊再次问候大哥衷，母亲还好吧？我和惊都挺好的。前天我与惊分开了，没想到今天又碰到一起了。我这么快又给你们写信，就是想说：给我寄点钱来，另外让母亲做几件夏天的衣服，一并寄来。收到信后，让母亲看看安陆的丝布价格，如果不贵，就做整套的夏衣，一定要做啊，做完和钱一起寄来。如果贵，就多寄点钱来，我自己买布做衣服。我就要去攻打反城淮阳了，时间会很久，结果怎样也不知道，希望母亲给我的钱不要太少。收到信后就回一封吧，一定告诉我们，我们给家里挣的爵位下来了没有？要是没下来，就写信告诉我。听大王说，如果……

没有问题吧？有没有感谢这些派送爵位的人啊？衣服和钱一定要寄到南军……不要搞错了。替我们问候姑姑和姐姐、孝姐姐（嬃[xū]）……特别是大姑……再帮我们问候东室的小姐姐，应该还好吧？还有婴记季，我们跟他说的事怎么样了？定下来了没有？还有住夕阳里的吕婴，住區里的阎诤，两位老人还好吧……惊惦记家里的新媳妇，还有妹妹媛[yuàn]，她们还好吧？新媳妇要尽力照顾好老人，不要……尽力吧。

第二封信，是惊写给衷的：

（正面）

惊敢大心问衷，母得毋恙也？家室外内同……以衷，母力毋恙也？与从军，与黑夫居，皆毋恙也……钱衣，愿母幸遣钱五、六百，布谨善者毋下二丈五

260

尺……用垣柏钱矣，室弗遗，即死矣。急急急。惊多问新妇、婹皆得毋恙也？新妇勉力视瞻两老……

（背面）

惊远家故，衷教诏婹，令毋敢远就若取薪，衷令……闻新地城多空不实者，且令故民有为不如令者实……为惊祠祀，若大发（废）毁，以惊居反城中故。惊敢大心问姑姊，姑姊子彦得毋恙……？新地入盗，衷唯毋方行新地，急急急。

翻译如下：

惊谨向大哥衷问好，母亲还好吧？家里人都好吧？母亲真的安好？我在军中，和黑夫一起，我们都挺好的……钱和衣服，请母亲给我五六百吧，布要挑好的，不要少于二丈五……借了垣柏的钱，花光了，家里再不寄钱来，真要死人了。急！急！急！新媳妇和婹还好吧？新媳妇要尽力照顾好两位老人……

我离家远，大哥照顾好婹，让她别去太远的地方砍柴，大哥让……听说新占领的地方，城里的人都跑空了，这些旧民不愿听从秦国的命令，实在是……为我祈祷吧，如果卦里有凶兆，也不必担心，因为我现在正在反城呢。替我问候姑姐姐（姑表姐），她和她儿子彦都还好吧？新占之地有盗贼，大哥千万不要去新地啊。急！急！急！

从行文看，衷是老大，黑夫是老二，惊是老三，下面还有一个小妹妹名婹。往上，是两位老人。老三刚娶媳妇，说话比较任性，但很关心小妹妹。这是一户普通人家，因为信中未提及姓氏，战国时期，姓氏还是贵族特有，平民无姓无氏，即便自家人说话也不提姓氏，如果是贵族出身，对人物称谓上则应该加上伯、仲、叔、季等字样，所谓"礼不下庶人"，平民没有这些讲究。而普通人家，正是秦国征兵的主要对象，黑夫兄弟三个，有两个上了前线，大哥或许有伤，或许有残疾，侥幸躲过兵役，在家里照顾父母。即便大哥身体无恙，三男征二，可以看出秦国几乎全民皆兵，对民力之盘剥也可见一斑。这就是战国时期普通人家的样子，和千千万万个家庭一样，史书里出将入相的家庭毕竟凤毛麟角。

信中所说的安陆，不是今天的安陆市，而是安陆市南方的云梦县，即两封家书的发掘地。这里位于随枣走廊的南端，再往南，就是云梦泽。竹简和木牍都是很容易腐烂的东西，但在两种环境下有可能保存下来：一种是极干，如敦煌；另一种是极湿，如云梦泽。木质的简牍如果完全泡在泥水里，与空气隔绝，反而有可能保存很长时间。正是云梦泽一带特殊的地理环境，才让我们能看到两千多年前的两封家书。

安陆原本是楚地，鄢郢之战后被秦国占据，于是这里成了秦地。

从信中的内容得知，黑夫和惊当时正在参与平定淮阳叛乱。淮阳即陈邑，楚国曾迁都于此，改名为郢，为了区别以前的郢都，史称陈郢。同理，楚国迁到寿春后，也把寿春改名为郢，史称寿郢。楚国不管迁都到哪儿，都把都城称为"郢"，所以在战国的文献里，不同时期的"郢"指的是不同的地方。

两封书信出土于战国晚期墓葬，与史料对照，战国晚期的淮阳叛乱正是昌平君反秦，所以信中说陈郢是"反城"。那时也是李信攻打楚国的时候，由此判断，黑夫和惊正是在李信的二十万大军之中。黑夫写信时，昌平君刚反；惊写信时，昌平君已经撤出，秦军进入陈郢。

鄢郢之战发生于前278年，昌平君反秦发生于前225年，前后相差53年，按常规算，中间隔了两代人。黑夫一家原本是楚人，但两代人之后，他们已经把自己当成了秦人，替秦国效力攻打楚国。这就是普通士兵的悲哀，他们并不明白自己在为谁打仗。当然，明白了也没有用，因为他们没有选择。为什么说黑夫一家原本是楚人而不是后期迁居于此的秦人？因为信中的"嫛"字，是楚人对姐姐特有的称呼，黑夫一家虽然国籍变了，但语言风俗没变。如果是后期迁入的秦人，作为征服者，他们不会去学楚人的语言。

黑夫和惊给家里写信的主要目的就是要钱，从中可以看出，秦人服兵役，是没有军饷的，还要自备衣物。对一个普通家庭来说，年轻男子被征去当兵，家里缺乏壮劳力，还要出钱供养他们在前线的开支，这实在是雪上加霜，所以家里的小妹妹要出去打柴补贴家用。兄弟俩唯一的选择就是在战场上奋勇杀敌，按秦律，砍一个人头（甲首）就可以升一级爵位，即使自己死了，家人也可享受到爵位的待遇，这大概是他们活下去的唯一希望。

信中还有很多张家长、李家短的话，除了问候父母兄弟，还问候了亲戚里道、左邻右舍，在战火连年的岁月，这显得极为温情。我们常说"最是无情帝王家"，王公贵族为了权力常常兄弟反目，而底层的平民却把亲情看得比命重要。

只是可惜，从史料中我们可以得知，李信这次伐楚大败，兄弟俩极有可能死在了这次战斗中。所以作为大哥的衷，在死后将两个弟弟的书信作为陪葬品，这大概是他两个弟弟唯一的遗物，也是他对两个弟弟最后的念想。

看了黑夫一家的情况，我们再回头看看史书里动不动"斩首十万""斩首二十万""坑杀四十万"的记载，就知道有多少个像黑夫这样的家庭从此陷入深渊，父母失去儿子，女人失去丈夫。看战国史，每每看到这些触目惊心的数字，不忍卒读。

战争是一件极其残酷的事，无论输赢，最终遭殃的总是平民，黑夫一家的境遇足以说明这个问题。

附：列国世系图谱

周王世系图谱

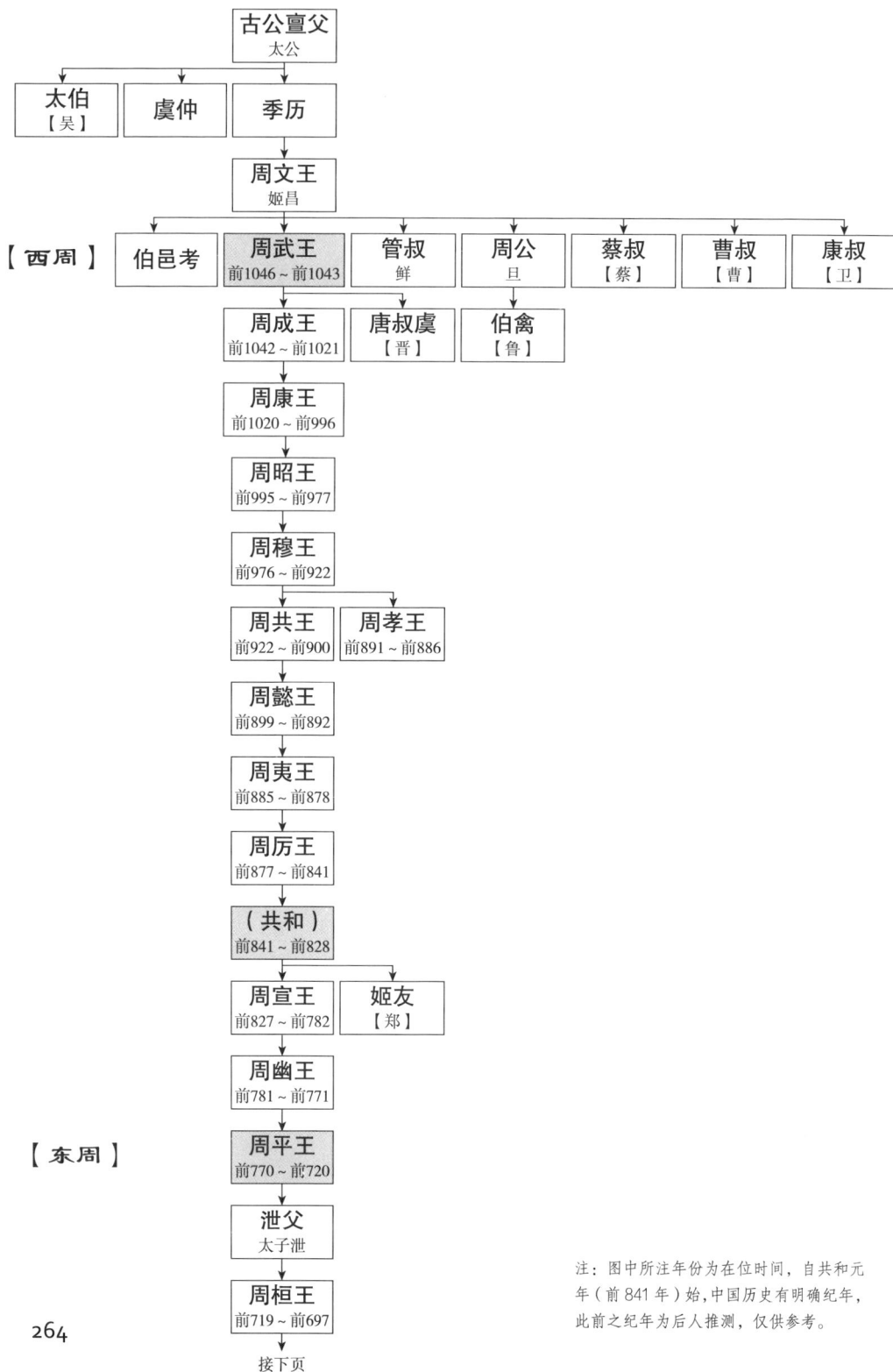

古公亶父
太公

太伯【吴】　虞仲　季历

周文王
姬昌

【西周】

伯邑考　周武王 前1046～前1043　管叔 鲜　周公 旦　蔡叔【蔡】　曹叔【曹】　康叔【卫】

周成王 前1042～前1021　唐叔虞【晋】　伯禽【鲁】

周康王 前1020～前996

周昭王 前995～前977

周穆王 前976～前922

周共王 前922～前900　周孝王 前891～前886

周懿王 前899～前892

周夷王 前885～前878

周厉王 前877～前841

（共和） 前841～前828

周宣王 前827～前782　姬友【郑】

周幽王 前781～前771

【东周】

周平王 前770～前720

泄父
太子泄

周桓王 前719～前697

接下页

注：图中所注年份为在位时间，自共和元年（前841年）始，中国历史有明确纪年，此前之纪年为后人推测，仅供参考。

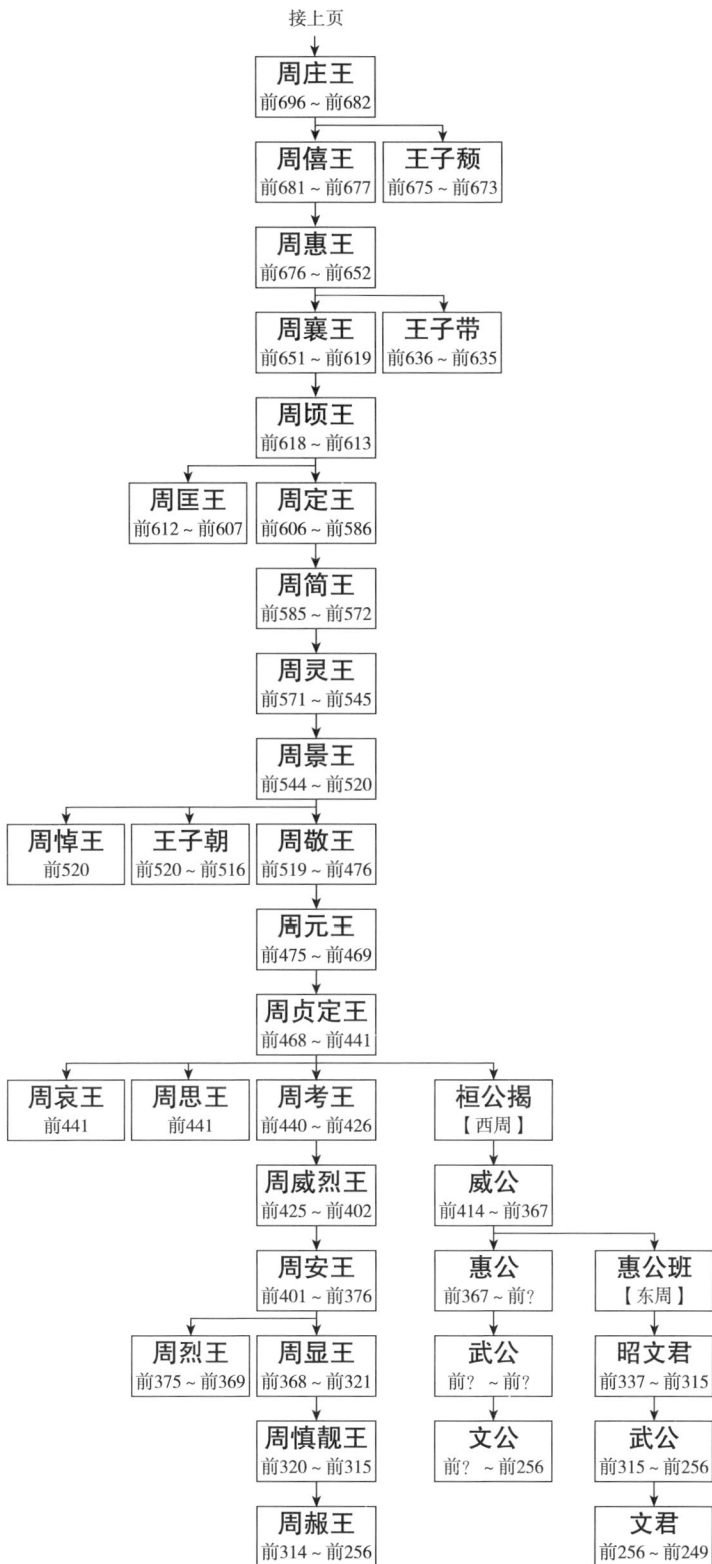

接上页

周庄王
前696~前682

周僖王
前681~前677

王子颓
前675~前673

周惠王
前676~前652

周襄王
前651~前619

王子带
前636~前635

周顷王
前618~前613

周匡王
前612~前607

周定王
前606~前586

周简王
前585~前572

周灵王
前571~前545

周景王
前544~前520

周悼王
前520

王子朝
前520~前516

周敬王
前519~前476

周元王
前475~前469

周贞定王
前468~前441

周哀王
前441

周思王
前441

周考王
前440~前426

桓公揭
【西周】

周威烈王
前425~前402

威公
前414~前367

周安王
前401~前376

惠公
前367~前?

惠公班
【东周】

周烈王
前375~前369

周显王
前368~前321

武公
前?~前?

昭文君
前337~前315

周慎靓王
前320~前315

文公
前?~前256

武公
前315~前256

周赧王
前314~前256

文君
前256~前249

265

郑国世系图谱

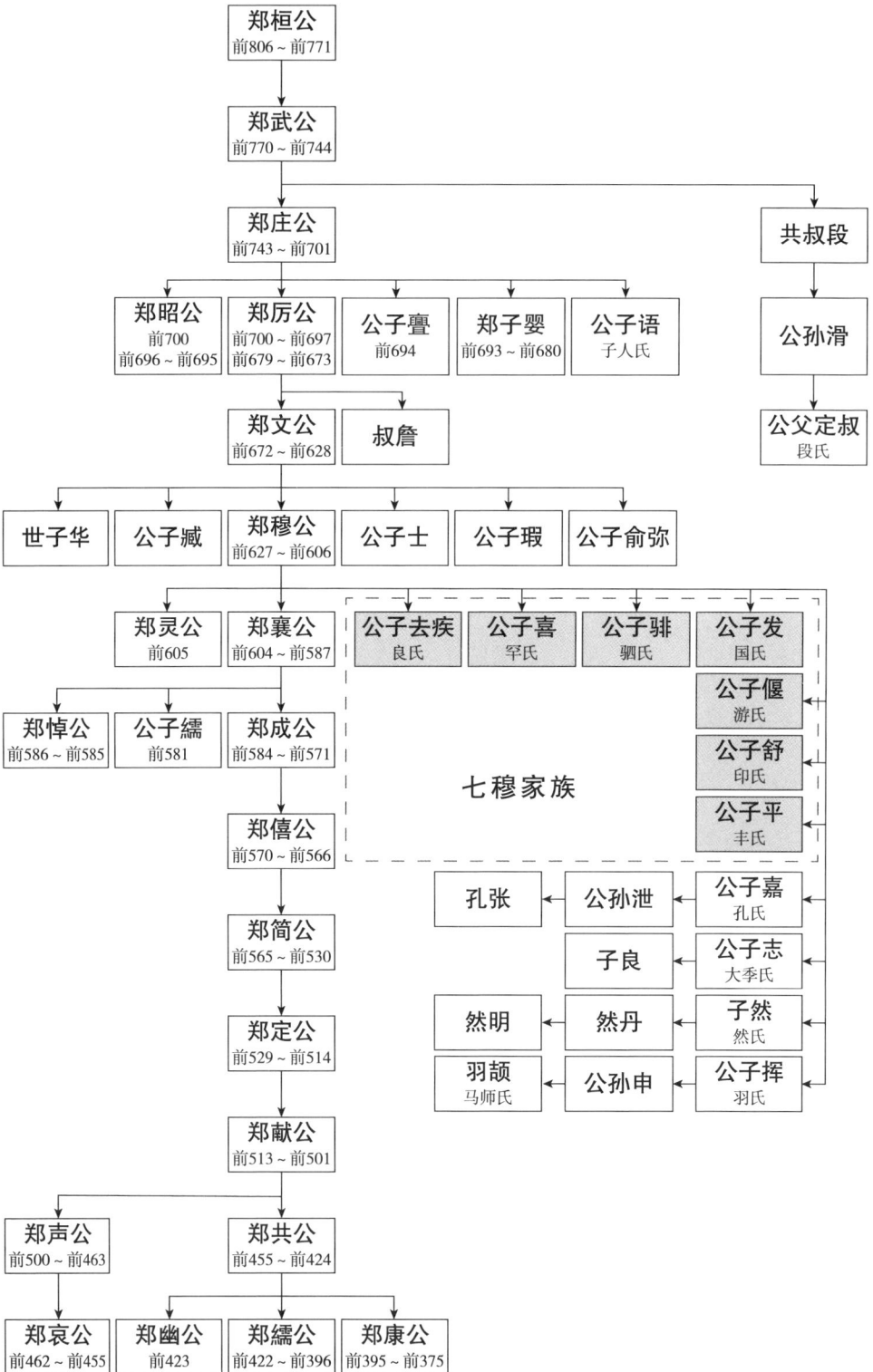

```
郑桓公
前806～前771
    │
郑武公
前770～前744
    │
    ├─────────────────────────────────────────────┐
郑庄公                                          共叔段
前743～前701                                        │
    │                                          公孙滑
    ├──────┬──────────┬──────┬──────┐                │
郑昭公   郑厉公      公子亹   郑子婴   公子语          公父定叔
前700    前700～前697   前694   前693～前680  子人氏          段氏
前696～前695 前679～前673
         │
    ┌────┴────┐
  郑文公      叔詹
前672～前628
    │
    ├──────┬──────┬──────┬──────┬──────┐
 世子华   公子臧   郑穆公   公子士   公子瑕   公子俞弥
                前627～前606
```

```
    ┌──────┬──────────────────────────────────────────────────┐
 郑灵公   郑襄公        ┌ 公子去疾   公子喜   公子騑   公子发 ┐
 前605   前604～前587    │  良氏      罕氏     驷氏     国氏  │
    │                  │                          公子偃  │
┌───┴──┬──────┐         │                          游氏   │
郑悼公  公子繻  郑成公     │                          公子舒  │
前586～前585 前581 前584～前571│                          印氏   │
              │          │                          公子平  │
            郑僖公        │             七穆家族       丰氏   │
            前570～前566   └──────────────────────────────────┘
              │
            郑简公              ┌ 孔张 ─ 公孙泄 ─ 公子嘉
            前565～前530         │                  孔氏
              │                │        子良 ─ 公子志
            郑定公              │                  大季氏
            前529～前514         │ 然明 ─ 然丹 ─ 子然
              │                │                  然氏
            郑献公              │ 羽颉 ─ 公孙申 ─ 公子挥
            前513～前501         │ 马师氏            羽氏
```

```
    ┌──────┬──────┐
 郑声公   郑共公
前500～前463 前455～前424
    │        │
 郑哀公   ┌──┼──────┐
前462～前455 郑幽公  郑繻公   郑康公
         前423  前422～前396 前395～前375
```

266

卫国世系图谱

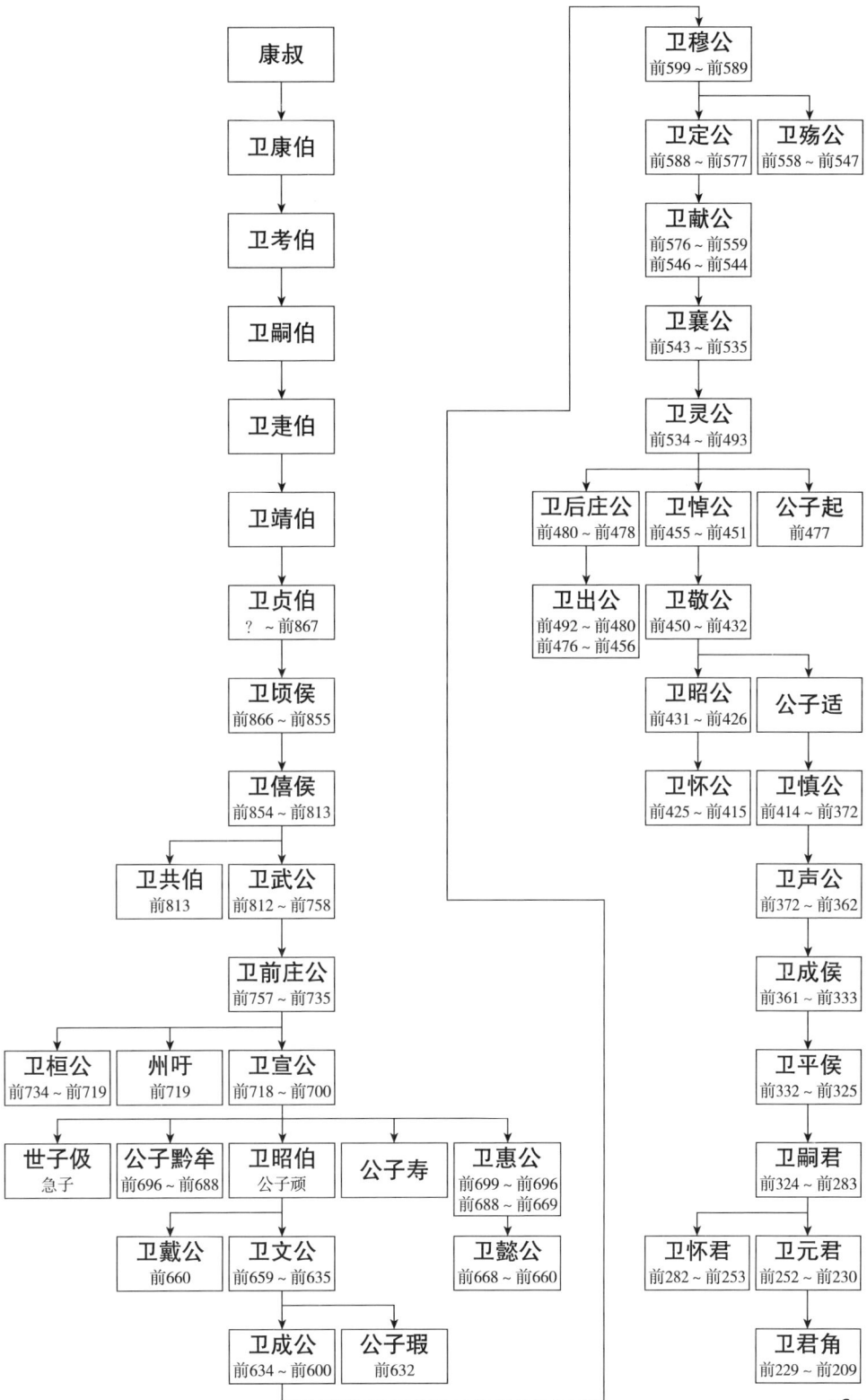

```
康叔
 ↓
卫康伯
 ↓
卫考伯
 ↓
卫嗣伯
 ↓
卫疌伯
 ↓
卫靖伯
 ↓
卫贞伯
？～前867
 ↓
卫顷侯
前866～前855
 ↓
卫僖侯
前854～前813
 ↓
```

卫共伯	卫武公
前813	前812～前758

```
 ↓
卫前庄公
前757～前735
```

卫桓公	州吁	卫宣公
前734～前719	前719	前718～前700

世子伋	公子黔牟	卫昭伯	公子寿	卫惠公
急子	前696～前688	公子顽		前699～前696 前688～前669

卫戴公	卫文公			卫懿公
前660	前659～前635			前668～前660

卫成公	公子瑕
前634～前600	前632

```
卫穆公
前599～前589
```

卫定公	卫殇公
前588～前577	前558～前547

```
卫献公
前576～前559
前546～前544
 ↓
卫襄公
前543～前535
 ↓
卫灵公
前534～前493
```

卫后庄公	卫悼公	公子起
前480～前478	前455～前451	前477

卫出公	卫敬公
前492～前480 前476～前456	前450～前432

卫昭公	公子适
前431～前426	

卫怀公	卫慎公
前425～前415	前414～前372

```
卫声公
前372～前362
 ↓
卫成侯
前361～前333
 ↓
卫平侯
前332～前325
 ↓
卫嗣君
前324～前283
```

卫怀君	卫元君
前282～前253	前252～前230

```
卫君角
前229～前209
```

267

齐国世系图谱 (姜齐)

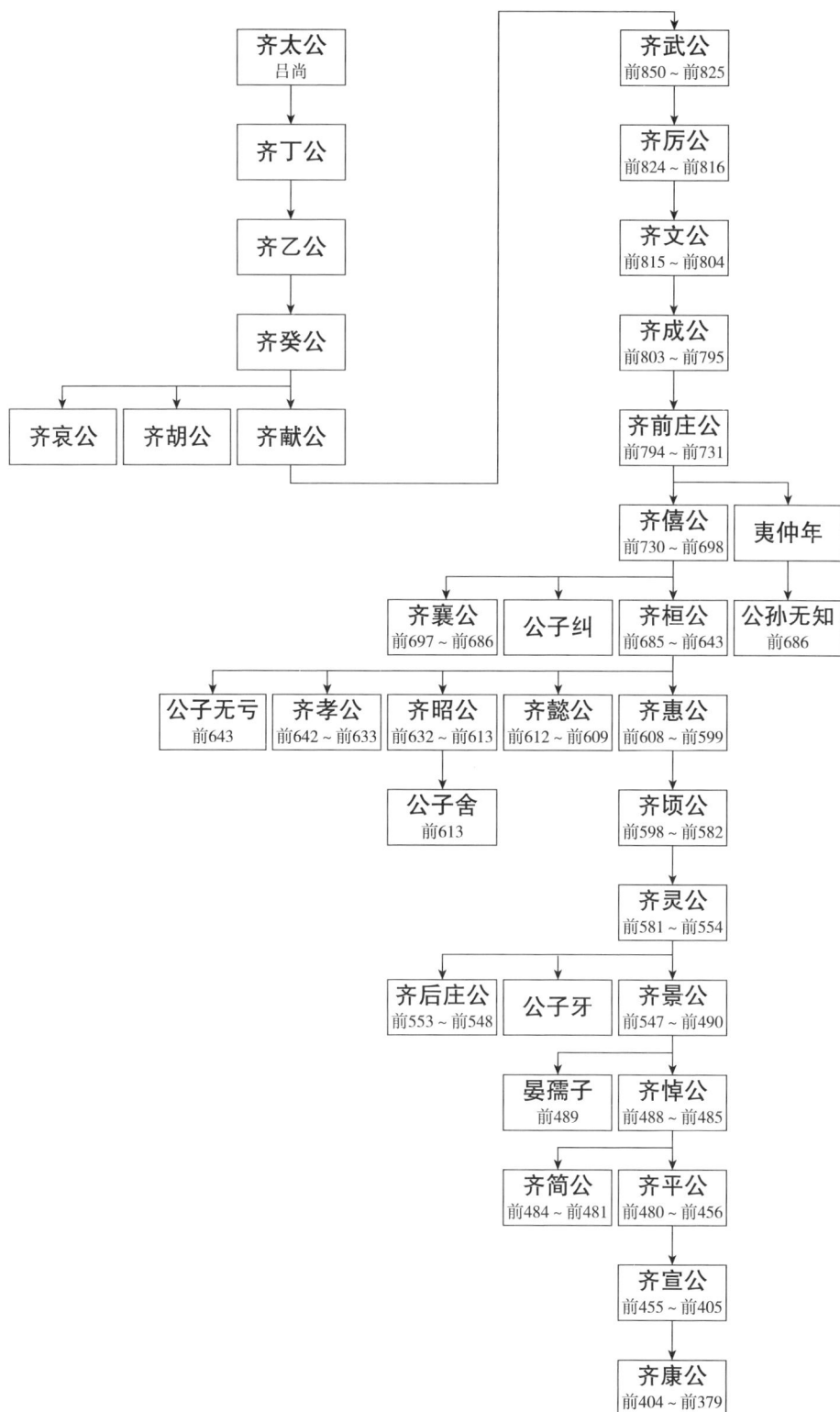

```
齐太公          ────────────────→  齐武公
吕尚                                前850~前825
  ↓                                    ↓
齐丁公                              齐厉公
                                   前824~前816
  ↓                                    ↓
齐乙公                              齐文公
                                   前815~前804
  ↓                                    ↓
齐癸公                              齐成公
                                   前803~前795
  ↓                                    ↓
┌────┬────┬────┐                  齐前庄公
齐哀公 齐胡公 齐献公                前794~前731
                                       ↓
                              ┌──────────────┬──────────┐
                              齐僖公          夷仲年
                              前730~前698
                                  ↓               ↓
                    ┌──────┬──────┬──────┐      公孙无知
                    齐襄公  公子纠  齐桓公        前686
                  前697~前686      前685~前643
                        ↓
        ┌──────┬──────┬──────┬──────┐
        公子无亏 齐孝公  齐昭公  齐懿公  齐惠公
        前643  前642~前633 前632~前613 前612~前609 前608~前599
                          ↓                      ↓
                        公子舍                  齐顷公
                        前613                 前598~前582
                                                  ↓
                                                齐灵公
                                              前581~前554
                                                  ↓
                              ┌──────┬──────┐
                              齐后庄公 公子牙  齐景公
                            前553~前548      前547~前490
                                  ↓               ↓
                              晏孺子            齐悼公
                              前489          前488~前485
                                  ↓               ↓
                              齐简公            齐平公
                            前484~前481      前480~前456
                                                  ↓
                                                齐宣公
                                              前455~前405
                                                  ↓
                                                齐康公
                                              前404~前379
```

齐国世系图谱（田齐）

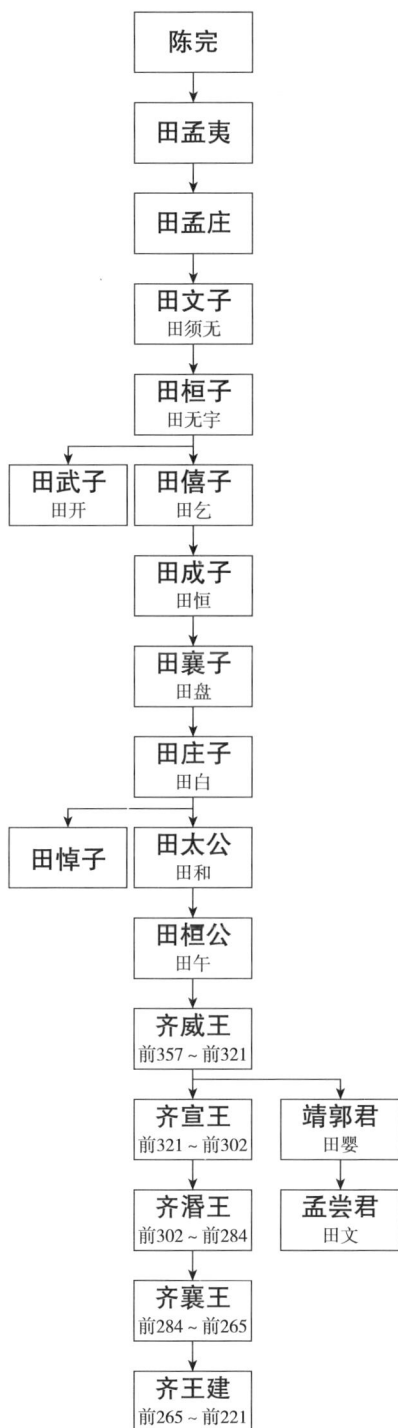

```
                    陈完
                     │
                   田孟夷
                     │
                   田孟庄
                     │
                   田文子
                   田须无
                     │
                   田桓子
                   田无宇
                ┌────┴────┐
              田武子    田僖子
              田开      田乞
                         │
                       田成子
                       田恒
                         │
                       田襄子
                       田盘
                         │
                       田庄子
                       田白
                ┌────────┤
              田悼子    田太公
                        田和
                         │
                       田桓公
                       田午
                         │
                       齐威王
                     前357～前321
                ┌────────┴────────┐
              齐宣王            靖郭君
          前321～前302          田婴
                │                │
              齐湣王            孟尝君
          前302～前284          田文
                │
              齐襄王
          前284～前265
                │
              齐王建
          前265～前221
```

鲁国世系图谱

伯禽

鲁考公
前997～前994

鲁炀公
前993～前988

鲁幽公
前987～前974

鲁魏公
前973～前924

鲁厉公
前923～前887

鲁献公
前886～前855

鲁真公
前854～前825

鲁武公
前824～前816

公子括

鲁懿公
前815～前807

鲁孝公
前795～前769

伯御
前806～前796

鲁惠公
前768～前723

鲁隐公
前722～前712

鲁桓公
前711～前694

庆父
孟孙氏

鲁庄公
前693～前662

叔牙
叔孙氏

季友
季孙氏

公子斑
前662～前661

鲁闵公
前661～前660

鲁僖公
前659～前627

季孙无佚

鲁文公
前626～前609

季文子
季孙行父

公子恶

公子视

鲁宣公
前608～前591

鲁成公
前590～前573

鲁襄公
前572～前542

鲁昭公
前541～前510

鲁定公
前509～前495

鲁哀公
前494～前468

鲁悼公
前467～前437

鲁元公
前436～前416

鲁穆公
前415～前383

鲁共公
前382～前353

鲁康公
前352～前344

鲁景公
前343～前323

鲁平公
前322～前303

鲁缗公
前302～前280

鲁顷公
前279～前249

270

晋国世系图谱

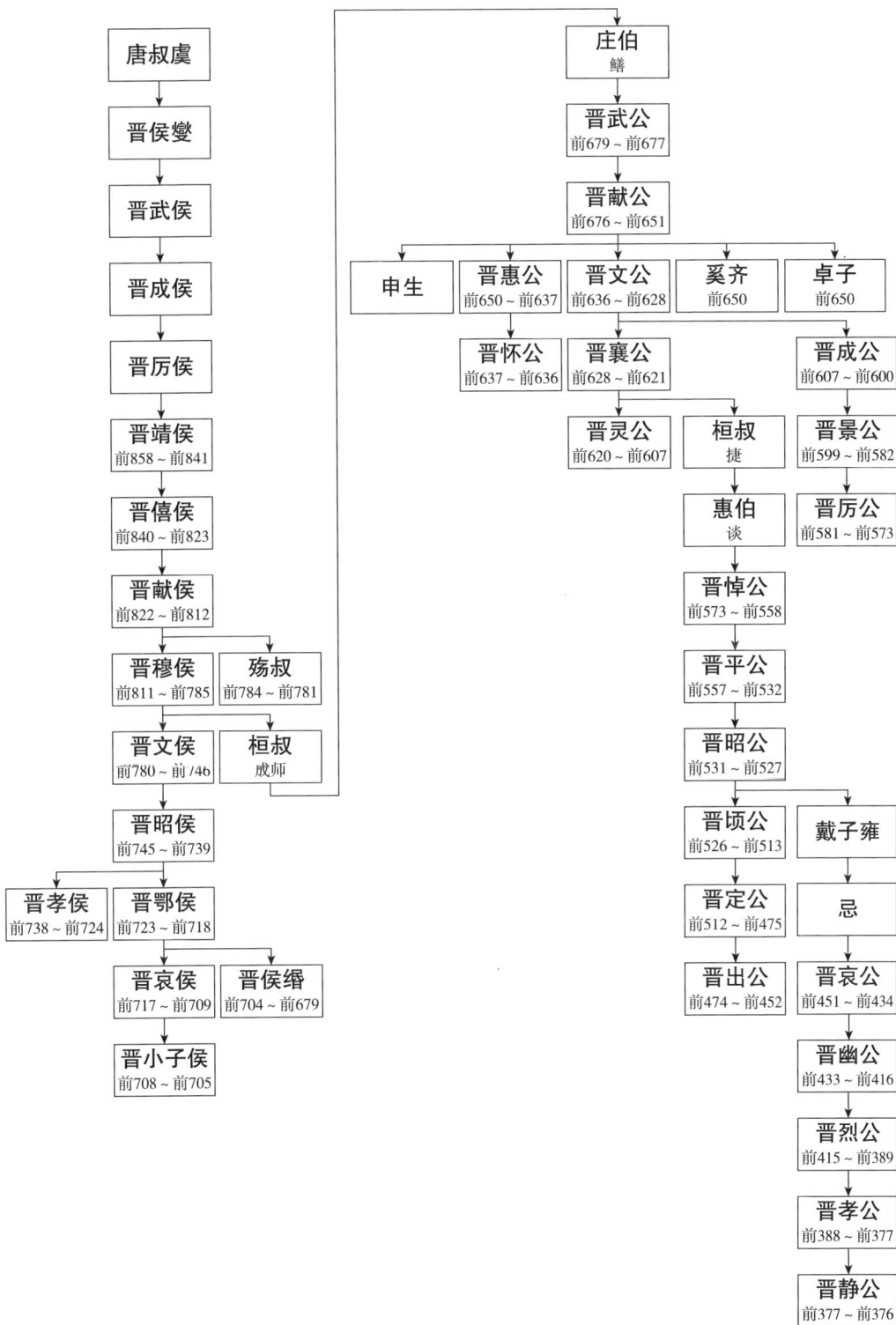

唐叔虞

晋侯燮

晋武侯

晋成侯

晋厉侯

晋靖侯
前858～前841

晋僖侯
前840～前823

晋献侯
前822～前812

晋穆侯
前811～前785

殇叔
前784～前781

晋文侯
前780～前746

桓叔
成师

晋昭侯
前745～前739

晋孝侯
前738～前724

晋鄂侯
前723～前718

晋哀侯
前717～前709

晋侯缗
前704～前679

晋小子侯
前708～前705

庄伯
鳝

晋武公
前679～前677

晋献公
前676～前651

申生

晋惠公
前650～前637

晋文公
前636～前628

奚齐
前650

卓子
前650

晋怀公
前637～前636

晋襄公
前628～前621

晋成公
前607～前600

晋灵公
前620～前607

桓叔
捷

晋景公
前599～前582

惠伯
谈

晋厉公
前581～前573

晋悼公
前573～前558

晋平公
前557～前532

晋昭公
前531～前527

晋顷公
前526～前513

戴子雍

晋定公
前512～前475

忌

晋出公
前474～前452

晋哀公
前451～前434

晋幽公
前433～前416

晋烈公
前415～前389

晋孝公
前388～前377

晋静公
前377～前376

楚国世系图谱

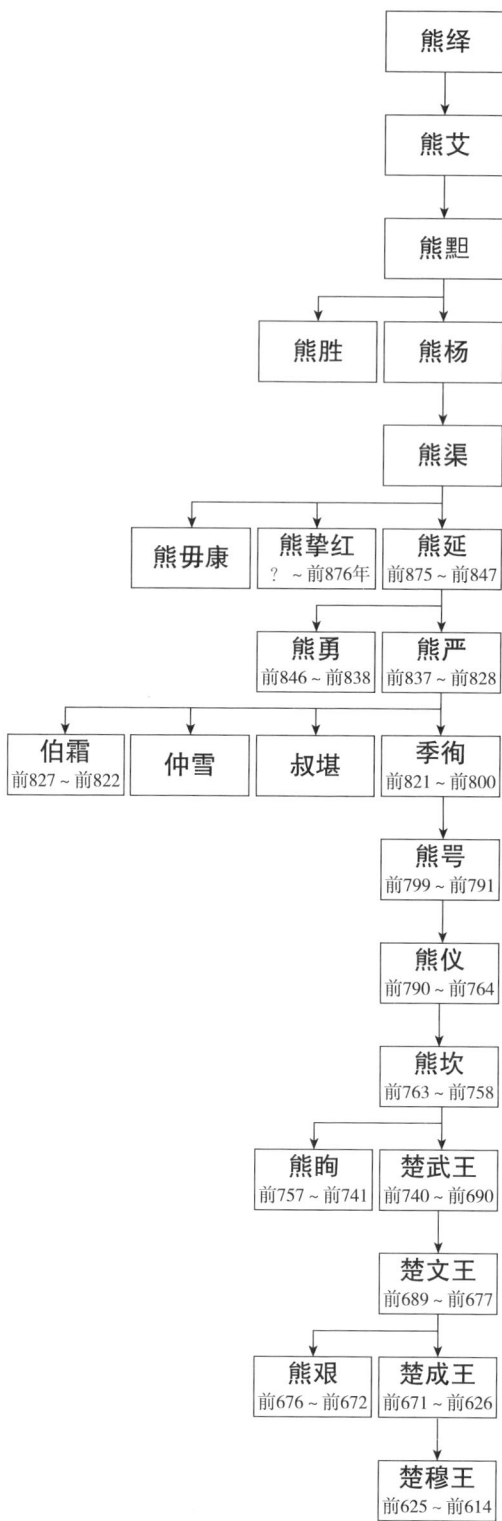

熊绎

熊艾

熊䵣

熊胜　　熊杨

熊渠

熊毋康　熊挚红
　　　　?～前876年　熊延
　　　　　　　　　前875～前847

熊勇　　熊严
前846～前838　前837～前828

伯霜　　仲雪　　叔堪　　季徇
前827～前822　　　　　　　前821～前800

熊咢
前799～前791

熊仪
前790～前764

熊坎
前763～前758

熊㽞　　楚武王
前757～前741　前740～前690

楚文王
前689～前677

熊艰　　楚成王
前676～前672　前671～前626

楚穆王
前625～前614

272

接下页

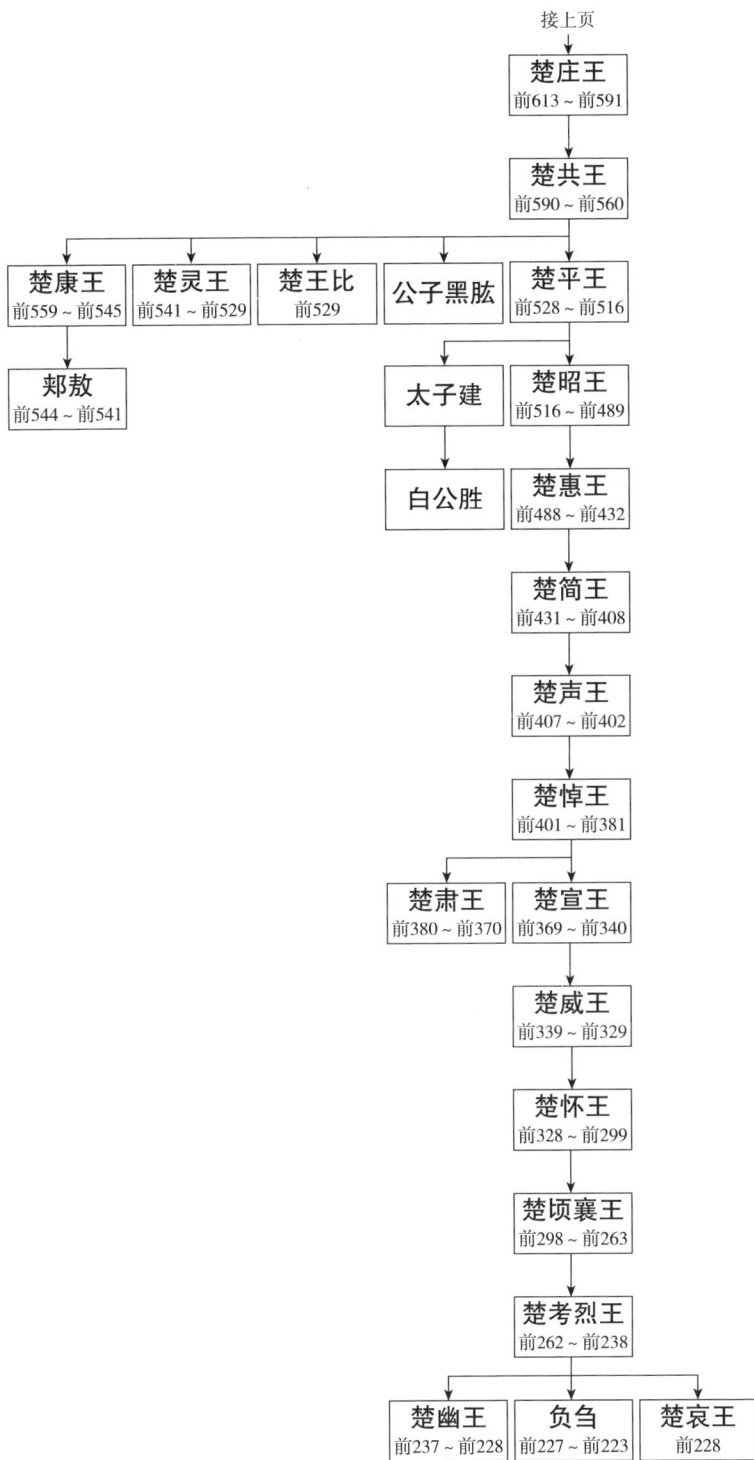

接上页

```
楚庄王
前613~前591

楚共王
前590~前560
```

楚康王
前559~前545

楚灵王
前541~前529

楚王比
前529

公子黑肱

楚平王
前528~前516

郏敖
前544~前541

太子建

楚昭王
前516~前489

白公胜

楚惠王
前488~前432

楚简王
前431~前408

楚声王
前407~前402

楚悼王
前401~前381

楚肃王
前380~前370

楚宣王
前369~前340

楚威王
前339~前329

楚怀王
前328~前299

楚顷襄王
前298~前263

楚考烈王
前262~前238

楚幽王
前237~前228

负刍
前227~前223

楚哀王
前228

宋国世系图谱

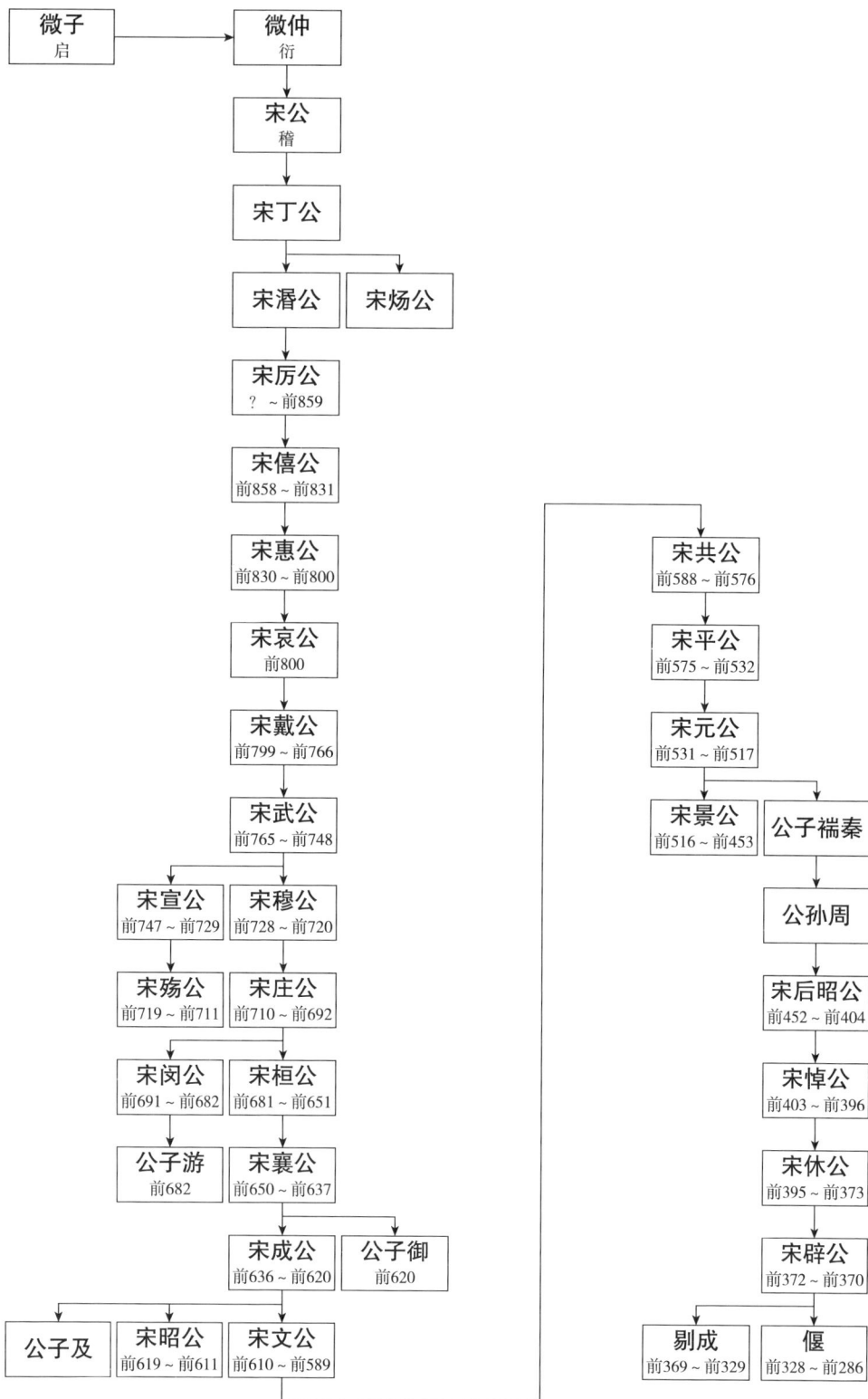

```
┌─────────┐      ┌─────────┐
│  微子   │─────→│  微仲   │
│  启     │      │  衍     │
└─────────┘      └─────────┘
                      │
                 ┌─────────┐
                 │  宋公   │
                 │  稽     │
                 └─────────┘
                      │
                 ┌─────────┐
                 │ 宋丁公  │
                 └─────────┘
                      │
            ┌─────────┴──────────┐
       ┌─────────┐          ┌─────────┐
       │ 宋湣公  │          │ 宋炀公  │
       └─────────┘          └─────────┘
            │
       ┌─────────┐
       │ 宋厉公  │
       │ ？～前859│
       └─────────┘
            │
       ┌─────────┐
       │ 宋僖公  │
       │前858～前831│
       └─────────┘
            │
       ┌─────────┐
       │ 宋惠公  │
       │前830～前800│
       └─────────┘
            │
       ┌─────────┐
       │ 宋哀公  │
       │  前800  │
       └─────────┘
            │
       ┌─────────┐
       │ 宋戴公  │
       │前799～前766│
       └─────────┘
            │
       ┌─────────┐
       │ 宋武公  │
       │前765～前748│
       └─────────┘
            │
     ┌──────┴──────┐
┌─────────┐   ┌─────────┐
│ 宋宣公  │   │ 宋穆公  │
│前747～前729│  │前728～前720│
└─────────┘   └─────────┘
     │             │
┌─────────┐   ┌─────────┐
│ 宋殇公  │   │ 宋庄公  │
│前719～前711│  │前710～前692│
└─────────┘   └─────────┘
     │             │
┌─────────┐   ┌─────────┐
│ 宋闵公  │   │ 宋桓公  │
│前691～前682│  │前681～前651│
└─────────┘   └─────────┘
     │             │
┌─────────┐   ┌─────────┐
│ 公子游  │   │ 宋襄公  │
│  前682  │   │前650～前637│
└─────────┘   └─────────┘
                   │
            ┌──────┴──────┐
       ┌─────────┐   ┌─────────┐
       │ 宋成公  │   │ 公子御  │
       │前636～前620│  │  前620  │
       └─────────┘   └─────────┘
            │
  ┌─────────┼──────────┐
┌─────────┐┌─────────┐┌─────────┐
│ 公子及  ││ 宋昭公  ││ 宋文公  │
│         ││前619～前611││前610～前589│
└─────────┘└─────────┘└─────────┘
```

```
       ┌─────────┐
       │ 宋共公  │
       │前588～前576│
       └─────────┘
            │
       ┌─────────┐
       │ 宋平公  │
       │前575～前532│
       └─────────┘
            │
       ┌─────────┐
       │ 宋元公  │
       │前531～前517│
       └─────────┘
            │
     ┌──────┴──────┐
┌─────────┐   ┌─────────┐
│ 宋景公  │   │ 公子褍秦 │
│前516～前453│  └─────────┘
└─────────┘        │
              ┌─────────┐
              │ 公孙周  │
              └─────────┘
                   │
              ┌─────────┐
              │ 宋后昭公 │
              │前452～前404│
              └─────────┘
                   │
              ┌─────────┐
              │ 宋悼公  │
              │前403～前396│
              └─────────┘
                   │
              ┌─────────┐
              │ 宋休公  │
              │前395～前373│
              └─────────┘
                   │
              ┌─────────┐
              │ 宋辟公  │
              │前372～前370│
              └─────────┘
                   │
            ┌──────┴──────┐
       ┌─────────┐   ┌─────────┐
       │  剔成   │   │  偃     │
       │前369～前329│  │前328～前286│
       └─────────┘   └─────────┘
```

燕国世系图谱

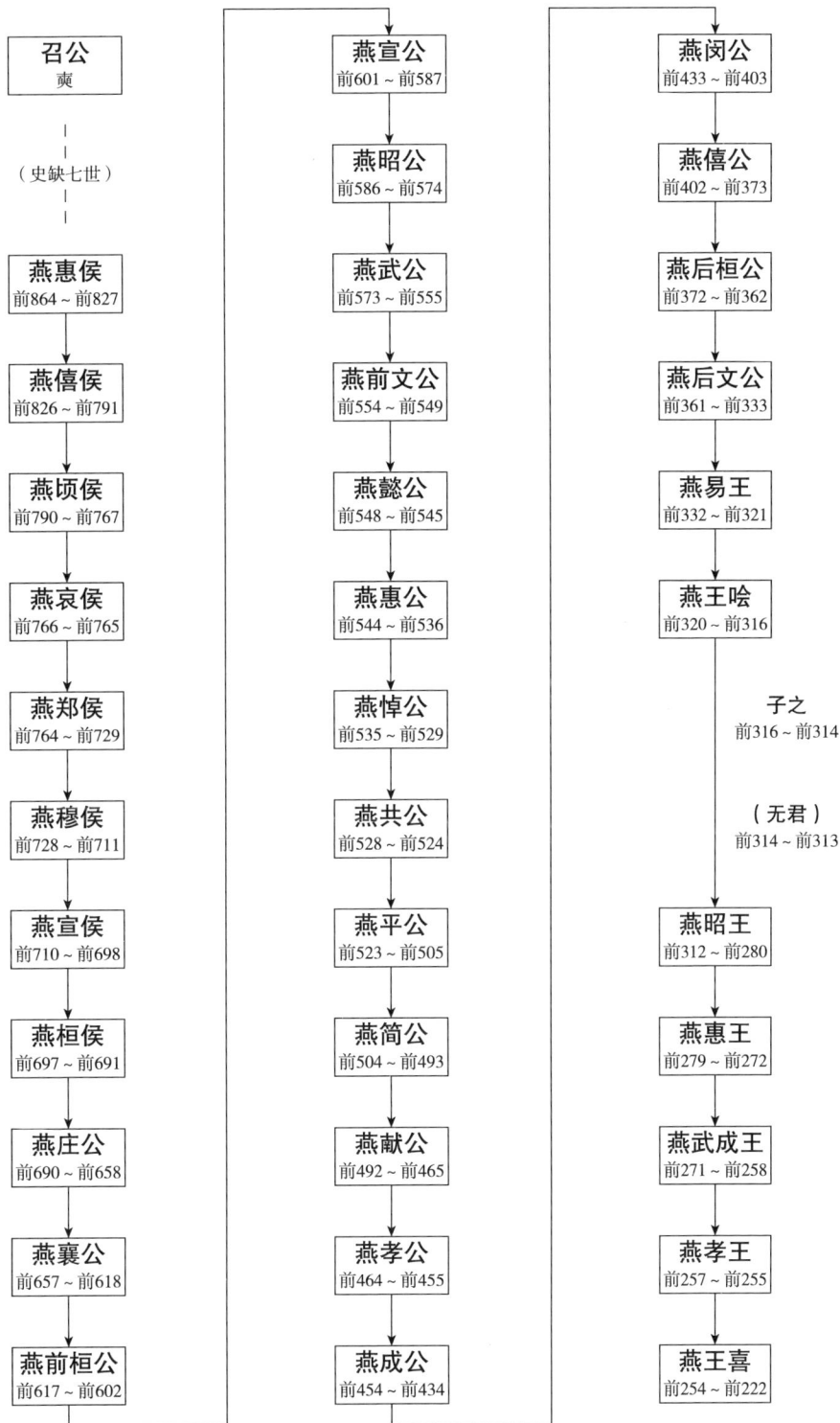

召公 奭	燕宣公 前601～前587	燕闵公 前433～前403
┊ (史缺七世) ┊	燕昭公 前586～前574	燕僖公 前402～前373
燕惠侯 前864～前827	燕武公 前573～前555	燕后桓公 前372～前362
燕僖侯 前826～前791	燕前文公 前554～前549	燕后文公 前361～前333
燕顷侯 前790～前767	燕懿公 前548～前545	燕易王 前332～前321
燕哀侯 前766～前765	燕惠公 前544～前536	燕王哙 前320～前316
燕郑侯 前764～前729	燕悼公 前535～前529	子之 前316～前314
燕穆侯 前728～前711	燕共公 前528～前524	(无君) 前314～前313
燕宣侯 前710～前698	燕平公 前523～前505	燕昭王 前312～前280
燕桓侯 前697～前691	燕简公 前504～前493	燕惠王 前279～前272
燕庄公 前690～前658	燕献公 前492～前465	燕武成王 前271～前258
燕襄公 前657～前618	燕孝公 前464～前455	燕孝王 前257～前255
燕前桓公 前617～前602	燕成公 前454～前434	燕王喜 前254～前222

吴国世系图谱

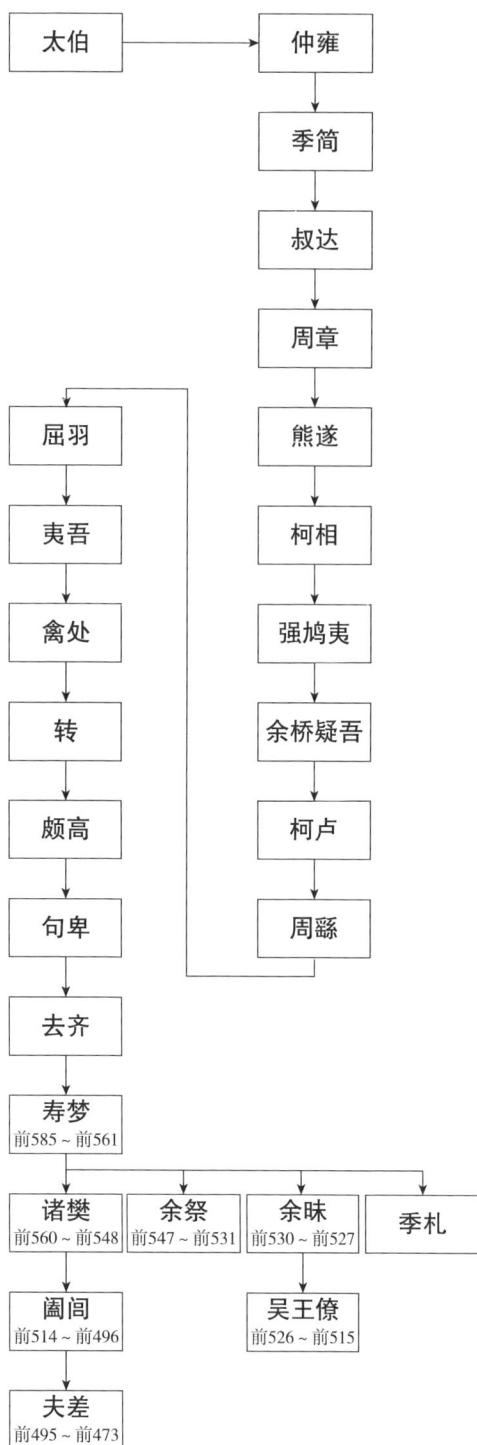

```
太伯 ────→ 仲雍
              │
              ▼
            季简
              │
              ▼
            叔达
              │
              ▼
            周章
              │
              ▼
屈羽 ←───── 熊遂
 │            │
 ▼            ▼
夷吾         柯相
 │            │
 ▼            ▼
禽处        强鸠夷
 │            │
 ▼            ▼
 转        余桥疑吾
 │            │
 ▼            ▼
颇高         柯卢
 │            │
 ▼            ▼
句卑         周繇
 │
 ▼
去齐
 │
 ▼
寿梦
前585～前561
```

```
寿梦
 ├──────┬──────┬──────┐
 ▼      ▼      ▼      ▼
诸樊    余祭   余眛   季札
前560   前547  前530
～前548 ～前531 ～前527
 │              │
 ▼              ▼
阖闾           吴王僚
前514           前526
～前496         ～前515
 │
 ▼
夫差
前495～前473
```

越国世系图谱

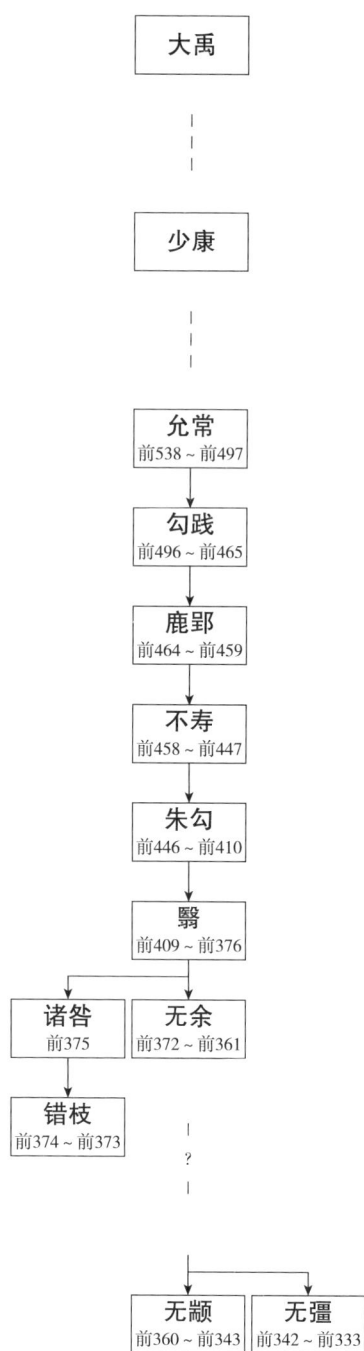

```
大禹
 ┊
少康
 ┊
允常
前538～前497
 │
 ▼
勾践
前496～前465
 │
 ▼
鹿郢
前464～前459
 │
 ▼
不寿
前458～前447
 │
 ▼
朱勾
前446～前410
 │
 ▼
翳
前409～前376
 ├──────┐
 ▼      ▼
诸咎    无余
前375   前372～前361
 │
 ▼
错枝
前374～前373
        ┊
        ?
 ┌──────┴──────┐
 ▼             ▼
无颛          无疆
前360～前343   前342～前333
```

276

魏国世系图谱

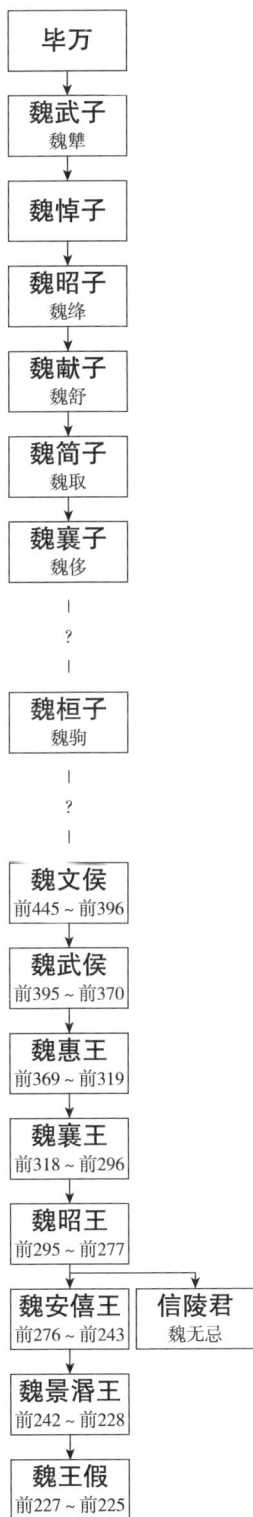

```
┌─────────┐
│  毕万    │
└────┬────┘
     ↓
┌─────────┐
│  魏武子  │
│   魏犫   │
└────┬────┘
     ↓
┌─────────┐
│  魏悼子  │
└────┬────┘
     ↓
┌─────────┐
│  魏昭子  │
│   魏绛   │
└────┬────┘
     ↓
┌─────────┐
│  魏献子  │
│   魏舒   │
└────┬────┘
     ↓
┌─────────┐
│  魏简子  │
│   魏取   │
└────┬────┘
     ↓
┌─────────┐
│  魏襄子  │
│   魏侈   │
└────┬────┘
     ?
┌─────────┐
│  魏桓子  │
│   魏驹   │
└────┬────┘
     ?
┌──────────────┐
│   魏文侯      │
│ 前445～前396  │
└──────┬───────┘
       ↓
┌──────────────┐
│   魏武侯      │
│ 前395～前370  │
└──────┬───────┘
       ↓
┌──────────────┐
│   魏惠王      │
│ 前369～前319  │
└──────┬───────┘
       ↓
┌──────────────┐
│   魏襄王      │
│ 前318～前296  │
└──────┬───────┘
       ↓
┌──────────────┐
│   魏昭王      │
│ 前295～前277  │
└──┬────────┬──┘
   ↓        ↓
┌─────────┐ ┌─────────┐
│ 魏安僖王 │ │ 信陵君   │
│前276～前243│ │  魏无忌  │
└────┬────┘ └─────────┘
     ↓
┌──────────────┐
│  魏景湣王     │
│ 前242～前228  │
└──────┬───────┘
       ↓
┌──────────────┐
│   魏王假      │
│ 前227～前225  │
└──────────────┘
```

韩国世系图谱

```
┌─────────┐
│  韩武子  │
│   韩万   │
└────┬────┘
     ┆
┌─────────┐
│  韩献子  │
│   韩厥   │
└────┬────┘
     ↓
┌─────────┐
│  韩宣子  │
│   韩起   │
└────┬────┘
     ↓
┌─────────┐
│  韩贞子  │
│   韩须   │
└────┬────┘
     ↓
┌─────────┐
│  韩简子  │
│  韩不信  │
└────┬────┘
     ↓
┌─────────┐
│  韩庄子  │
│   韩庚   │
└────┬────┘
     ↓
┌─────────┐
│  韩康子  │
│   韩虎   │
└────┬────┘
     ↓
┌─────────┐
│  韩武子  │
│  韩启章  │
└────┬────┘
     ↓
┌──────────────┐
│   韩景侯      │
│ 前408～前400  │
└──────┬───────┘
       ↓
┌──────────────┐
│   韩烈侯      │
│ 前399～前387  │
└──────┬───────┘
       ↓
┌──────────────┐
│   韩文侯      │
│ 前386～前377  │
└──────┬───────┘
       ↓
┌──────────────┐
│   韩哀侯      │
│ 前376～前374  │
└──────┬───────┘
       ↓
┌──────────────┐
│   韩懿侯      │
│ 前374～前363  │
└──────┬───────┘
       ↓
┌──────────────┐
│   韩昭侯      │
│ 前362～前333  │
└──────┬───────┘
       ↓
┌──────────────┐
│  韩宣惠王     │
│ 前332～前312  │
└──────┬───────┘
       ↓
┌──────────────┐
│   韩襄王      │
│ 前311～前296  │
└──────┬───────┘
       ↓
┌──────────────┐
│   韩僖王      │
│ 前295～前273  │
└──────┬───────┘
       ↓
┌──────────────┐
│  韩桓惠王     │
│ 前272～前239  │
└──────┬───────┘
       ↓
┌──────────────┐
│   韩王安      │
│ 前238～前230  │
└──────────────┘
```

赵国世系图谱

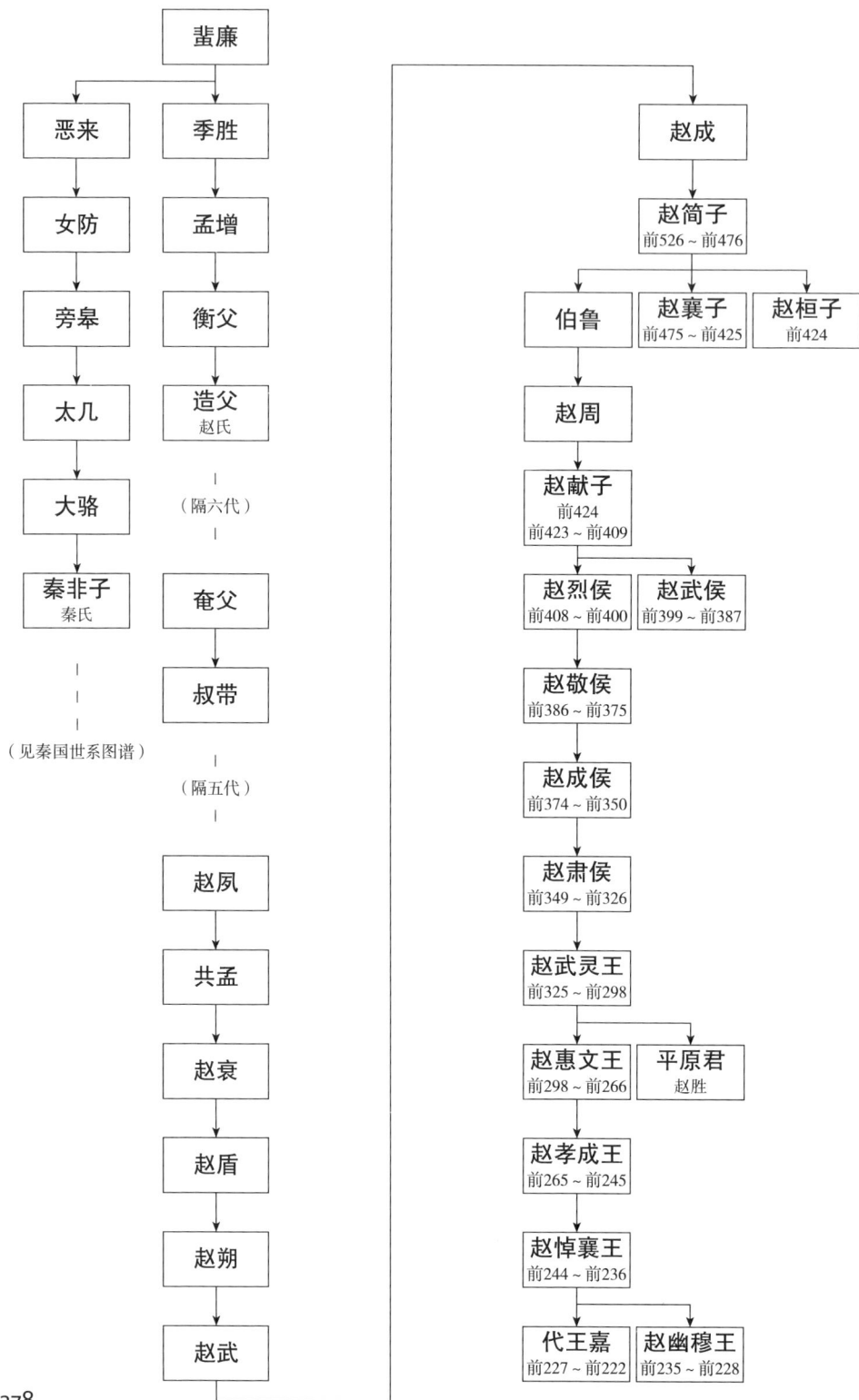

蜚廉

├── 恶来
│   └── 女防
│   └── 旁皋
│   └── 太几
│   └── 大骆
│   └── 秦非子
│   秦氏
│   ┆
│   （见秦国世系图谱）
│
└── 季胜
    └── 孟增
        └── 衡父
            └── 造父
                赵氏
                —
                （隔六代）
                —
                └── 奄父
                    └── 叔带
                        —
                        （隔五代）
                        —
                        └── 赵夙
                            └── 共孟
                                └── 赵衰
                                    └── 赵盾
                                        └── 赵朔
                                            └── 赵武
                                                └── 赵成
                                                    └── 赵简子
                                                        前526～前476
                                                        ├── 伯鲁
                                                        │   └── 赵周
                                                        │   └── 赵献子
                                                        │   前424
                                                        │   前423～前409
                                                        │   ├── 赵烈侯
                                                        │   │   前408～前400
                                                        │   │   └── 赵敬侯
                                                        │   │   前386～前375
                                                        │   │   └── 赵成侯
                                                        │   │   前374～前350
                                                        │   │   └── 赵肃侯
                                                        │   │   前349～前326
                                                        │   │   └── 赵武灵王
                                                        │   │   前325～前298
                                                        │   │   ├── 赵惠文王
                                                        │   │   │   前298～前266
                                                        │   │   │   └── 赵孝成王
                                                        │   │   │   前265～前245
                                                        │   │   │   └── 赵悼襄王
                                                        │   │   │   前244～前236
                                                        │   │   │   ├── 代王嘉
                                                        │   │   │   │   前227～前222
                                                        │   │   │   └── 赵幽穆王
                                                        │   │   │   前235～前228
                                                        │   │   └── 平原君
                                                        │   │   赵胜
                                                        │   └── 赵武侯
                                                        │   前399～前387
                                                        ├── 赵襄子
                                                        │   前475～前425
                                                        └── 赵桓子
                                                            前424

秦国世系图谱

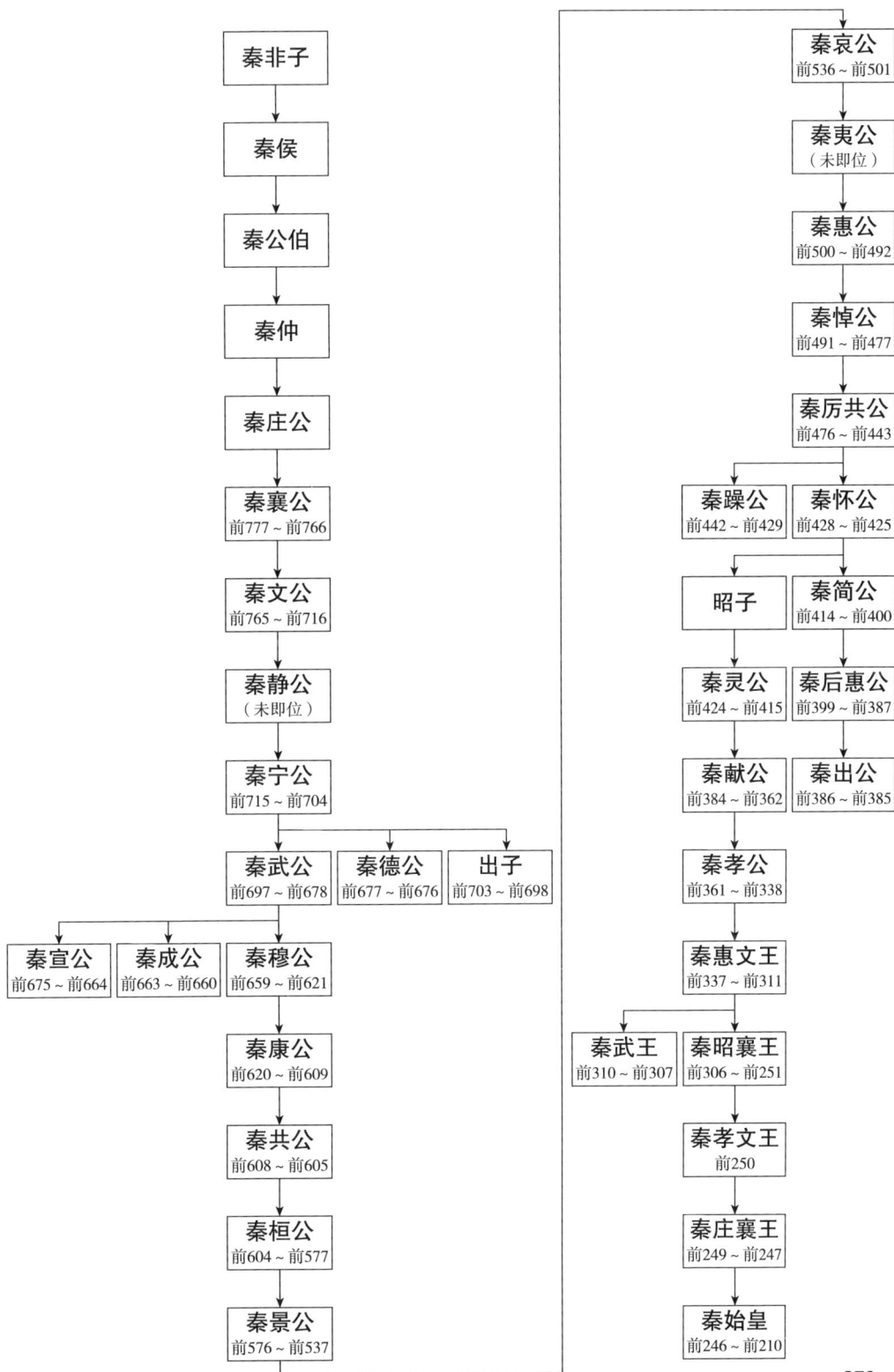

秦非子 → 秦侯 → 秦公伯 → 秦仲 → 秦庄公 → 秦襄公（前777～前766）→ 秦文公（前765～前716）→ 秦静公（未即位）→ 秦宁公（前715～前704）

秦宁公 → 秦武公（前697～前678）、秦德公（前677～前676）、出子（前703～前698）

秦武公 → 秦宣公（前675～前664）、秦成公（前663～前660）、秦穆公（前659～前621）

秦穆公 → 秦康公（前620～前609）→ 秦共公（前608～前605）→ 秦桓公（前604～前577）→ 秦景公（前576～前537）

秦景公 → 秦哀公（前536～前501）→ 秦夷公（未即位）→ 秦惠公（前500～前492）→ 秦悼公（前491～前477）→ 秦厉共公（前476～前443）

秦厉共公 → 秦躁公（前442～前429）、秦怀公（前428～前425）

秦怀公 → 昭子、秦简公（前414～前400）

昭子 → 秦灵公（前424～前415）

秦简公 → 秦后惠公（前399～前387）

秦灵公 → 秦献公（前384～前362）

秦后惠公 → 秦出公（前386～前385）

秦献公 → 秦孝公（前361～前338）→ 秦惠文王（前337～前311）

秦惠文王 → 秦武王（前310～前307）、秦昭襄王（前306～前251）

秦昭襄王 → 秦孝文王（前250）→ 秦庄襄王（前249～前247）→ 秦始皇（前246～前210）

参考资料

[西汉] 司马迁：《史记》，北京：中华书局，2011 年。

[西汉] 刘向：《战国策》，北京：中华书局，2012 年。

[战国] 吕不韦：《吕氏春秋》，北京：中华书局，2008 年。

[战国] 韩非：《韩非子》，北京：中华书局，2015 年。

[东晋] 常璩：《华阳国志》，北京：中华书局，2023 年。

[北宋] 司马光：《资治通鉴》，北京：中华书局，2013 年。

[清] 顾祖禹：《读史方舆纪要》，北京：中华书局，2019 年。

杨宽：《战国史》，上海：上海人民出版社，2019 年。

杨宽：《战国史料编年辑证》，上海：上海人民出版社，2016 年。

谭其骧：《中国历史地图集》，北京：中国地图出版社，1982 年。

郭沫若：《中国史稿地图集》，北京：中国地图出版社，1996 年。

中国地图出版社：《地图上的中国史》，北京：中国地图出版社，2019 年。

朱本军：《战国诸侯疆域形势图考绘》，北京：北京大学出版社，2019 年。

台湾三军大学：《中国历代战争史》，北京：中信出版社，2013 年。

史为乐：《中国历史地名大辞典》，北京：中国社会科学出版社，2005 年。

段国超，丁德科：《〈史记〉人物大辞典》，北京：商务印书馆，2017 年。

杜文玉：《中国历代大事年表》，北京：商务印书馆，2017 年。